中国—东盟区域发展协同创新中心成果文库

东盟

中国—东盟区域发展协同创新中心 编著

国情报告
2016 ~ 2017

经济管理出版社
ECONOMY & MANAGEMENT PUBLISHING HOUSE

图书在版编目（CIP）数据

东盟国情报告 2016～2017/中国—东盟区域发展协同创新中心编著 . —北京：经济管理出版社,2019.5
ISBN 978 - 7 - 5096 - 6484 - 1

I.①东… II.①中… III.①东南亚国家联盟—研究报告—2016 - 2017 IV.①D814.1

中国版本图书馆 CIP 数据核字（2019）第 058278 号

组稿编辑：张巧梅
责任编辑：张巧梅
责任印制：黄章平
责任校对：董杉珊

出版发行：经济管理出版社
　　　　　（北京市海淀区北蜂窝 8 号中雅大厦 A 座 11 层　100038）
网　　　址：www. E - mp. com. cn
电　　　话：（010）51915602
印　　　刷：北京晨旭印刷厂
经　　　销：新华书店
开　　　本：720mm×1000mm/16
印　　　张：15. 25
字　　　数：291 千字
版　　　次：2019 年 7 月第 1 版　　2019 年 7 月第 1 次印刷
书　　　号：ISBN 978 - 7 - 5096 - 6484 - 1
定　　　价：88. 00 元

# 编 委 会

主　任：梁淑红
委　员：（按姓氏笔画为序）
　　　　程　成　何　政　黄爱莲　金　丹
　　　　李雄师　罗传钰　毛　薇　缪慧星
　　　　谭春枝　王玉洁　岳桂宁

# 总　序

　　广西与东盟国家的传统友谊世代相传，是血脉相连、守望相助的好邻居、好伙伴。广西大学的专家学者很早就专门针对东盟政治、经济、社会问题展开了一系列的研究并产出了一批优秀成果。2002年，广西大学商学院联合广西大学东南亚研究中心共同研究出版了《中国—东盟经济与管理问题研究系列丛书》。2005年，广西大学整合全区高校和相关部门的研究力量，在原广西大学东南亚研究中心（1995年成立）的基础上，成立了中国—东盟研究院，并再次编辑出版了《中国—东盟自由贸易区研究文库》和《中国—东盟自由贸易区论丛》。2011年，在"211工程"重点学科建设的支持下，广西大学中国—东盟研究院出版《广西大学中国—东盟研究院文库》。2013年，中国—东盟自由贸易区建成3周年之际，中国—东盟区域发展研究创新团队作为自治区首批八桂学者设岗团队，入选教育部"长江学者和创新团队发展计划"，并推出《中国—东盟研究文库》。为了进一步推动学界、业界对中国—东盟国家合作发展情况以及东盟国家在各领域的最新发展与变化的全方位了解，中国—东盟区域发展协同创新中心、广西大学中国—东盟研究院决定从2014年开始，每年就东盟十国与中国合作和发展的情况推出《中国—东盟合作发展报告》系列成果。同时，从2017年开始设立"东盟国情报告"重大项目，每年推出《东盟国情报告》系列成果。这一系列成果的发布，对于加强中国—东盟区域发展重大理论与实践问题的综合研究做出了重要贡献，对于面向东盟的战略决策给予了全面性、前瞻性、科学性的指导，同时也见证了广西大学中国—东盟研究团队的成长与壮大。

　　2013年，习近平主席创新性地提出"一带一路"倡议，这是构建人类命运共同体的伟大实践，而东盟国家处于"一带一路"的陆海交汇地带，是中国推进"一带一路"建设的优先方向和重要伙伴。"一带一路"倡议提出近6年来，取得了巨大成就，也惠及了东盟国家的发展，一大批互联互通、产能合作项目稳步推进，中国—东盟合作已经成为亚太区域合作中最为成功和最具活力的典范。但是经济间的相互依存也意味着经济摩擦的出现，产品的同质性造成同类竞争的出现，同时国际关系的波动等一系列问题使得中国—东盟命运共同体的建设面临重重困难，特别是在当前贸易保护主义抬头、逆全球化思想暗流涌动的大格局变动下，发展中国家将会深受其害。中国与东盟唯有携手前行，秉承"互助共建""开放共享"新理念，才能实现国家利益的互利共赢。2015 年 3 月，习近平主席视察广西时指出，"随着国家推进'一带一路'建设，广西在国家对外开放大格局中的地位更加凸显，要加快形成面向国内、国际的开放合作新格局，把'转方式、调结构'摆到更加重要位置，做好对外开放这篇大文章"。站在新的历史起点上，广西迎来了历史性的发展机遇，同时也为广西大学中国—东盟研究院未来的研究指明了方向，提出了更高的要求。对此，2015 年，由广西大学牵头、以中国—东盟研究院为建设载体的中国—东盟区域发展协同中心在北京举行第二轮组建签约，将成员单位扩至 28 家，致力于针对中国—东盟政治互信、中国—东盟经济合作、中国—东盟命运共同体建设、次区域合作模式和理论创新、国际化人才培养模式创新等一系列重大问题展开协同攻关，以破解中国—东盟区域发展中的重大理论和政策难题。

在协同机制的推动下，中国—东盟区域发展协同创新中心及广西大学中国—东盟研究院实现重大突破。截至 2019 年 5 月，研究院科研人员已承担国家社科重大项目、教育部重大攻关项目共 6 项，围绕这些重大项目，形成了中国—东盟关系发展战略、合作机制与规则研究，中国—东盟经贸合作与区域经济一体化研究，中国—东盟产业合作、资源综合利用与生态保护研究三大研究方向，涵盖"一带一路、中国—东盟自由贸易区、中国—东盟命运共同体、泛北部湾区域经济合作、大湄公河次区域合作"等热点领域。同时，基于理论和实践研究，积极产出能对国家重大决策产生实际影响、重大经济效益和社会效益的成果，通过学术平台建设与全球研究东盟领域的智库合作互动，为党中央、国务院和地方党委、政府民主决策、科学决策做出贡献。目前，中国—东盟区域发展协同创新中心成果文库已有 61 篇政策建议入选中共中央对外联络部的《当代世界研究》、外交部的《外交政策咨询专报》《教育部简报（高校智库专刊）》等中央、自治区内参和要报或获得党和政府领导人的批示，其中 3 篇获得中央政治局常委、国务院副总理的批示，为国家相关部门制定对外合作特别是中国与东盟合作领域的政策发挥了重要的智囊和参谋作用。

2015 年，党的十八届五中全会首次提出"国家大数据战略"；2017 年，《大数据产业发展规划（2016～2020 年）》实施，推进大数据产业发展成为党中央、国务院的重大战略部署。在大数据对接东盟方面，建立中国—东盟信息港已成为国家"十三五"规划纲要的重大项目，而广西作为中国—东盟信息港建设的支点，打造面向东盟开放合作的"数字新高地"和"数字丝路"的重要门户迫在眉睫。在这样的背景下，协同创新中心紧跟国家、时代步伐，积极开展大数据研究，于 2018 年 9 月在广西壮族自治区人民政府的支持下，建立中国—东盟信息港大数据研究院。目前大数据研究院已建成中国—东盟全息数据研究与资讯中心平台、"一带一路"综合大数据平台、东盟舆情监测平台，正努力构建以数据挖掘为关键要素和以区块链为关键技术的中国—东盟合作数字经济，将大数据技术融入、贯通到中国—东盟研究中，为中国—东盟信息港建设助力，为党和国家制定相关国家战略提供前沿性的参考依据，为参与"一带一路"建设以及走向东盟的相关企业、组织或个人提供大数据应用服务。中国—东盟大数据研究的开展进一步提升了协同创新中心东盟研究的水平与特色，使得广西大学东盟研究始终处于全国领先地位。

一直以来，我本人密切关注中国—东盟区域发展协同创新中心成果文库的最新进展并聚焦中国—东盟领域的相关研究，近年来，在广西大学中国—东盟研究院的不懈努力下，特别是在中国—东盟区域发展协同创新中心的建设推动下，中国—东盟区域发展协同创新中心成果文库研究成果喷涌而出，如今又新添硕果。这是广西大学中国—东盟研究院以及以其为建设载体的中国—东盟区域发展协同创新中心聚焦东盟领域重大现实问题、热点难点问题，服务国家战略的又一体现。我相信通过这些成果的出版将进一步促进我国学界、业界对东盟国家各领域的最新发展与变化的全方位了解，进一步加强对中国—东盟深层次问题的思考与讨论，从而形成新的观点，碰撞出新的火花，为"一带一路"倡议下的中国—东盟命运共同体建设献计献策。谨此作序，以表祝贺。

于洪君

2018 年 11 月

# 序

　　广西中国—东盟研究院从 2013 年起成立了东盟十国国别研究所,各国别研究所按周、月进行国别研究并出具舆情周报和每月专题研究报告。中国—东盟区域发展协同创新中心、广西大学中国—东盟研究院根据每年国别研究的成果,从 2014 年开始就东盟十国与中国合作与发展的情况撰写中国—东盟合作发展报告(《中国—东盟合作发展报告》系列)。该系列报告在国内外获得了一致好评。为了与更多关心东盟国家发展情况的读者一起分享东盟国别研究的成果,中国—东盟区域发展协同创新中心、广西大学中国—东盟研究院决定从 2017 年开始设立"东盟国情报告"重大项目,每年针对东盟十国在政治、经济、安全、外交、社会文化等方面的情况进行系统阐述,对热点问题进行剖析,并就该国未来在相关领域的发展做出相应的研判。2017 年撰写的《东盟国情报告 2015～2016》作为第一次报告,以每个国家一本书的形式来完成。从第二版国情报告开始,即从《东盟国情报告 2016～2017》开始,将十个国家的国情报告合成一本书一起出版。

　　2017 年对东盟而言是重要的一年,这一年东盟成立 50 周年,东盟十国既要共同回首共同体建设的成就,也要面对未来的各种挑战。然而,对东盟十国而言,2017 年又各有不同。有的国家正在新政府的带领下,向更高更强的目标前进,如越南、老挝;有的国家则要在新政府的领导下,带领人民面对新旧更替过程中的各种困难和阵痛,如菲律宾、缅甸;有的国家则要为不久到来的新变动做准备,如马来西亚政府在 2017 年艰难应对 2018 年的大选;有的国家则在应对本国的各种内忧中前行,如印度尼西亚在应对频发的恐怖主义袭击、自然灾害等问题中发展,新加坡在李光耀家族的内讧、新总统的选举中落实产业转型蓝图等;有的国家则一如既往地走着原有的路,有惊喜也有烦恼,如泰国、柬埔寨、文莱。

　　《东盟国情报告 2016～2017》由各个国别研究所的研究人员根据日常对这个国家的观察与深入分析形成了各个国家的国情报告。国情报告既记录了各个国家相关领域的基本情况，也分享了这个国家的进步和发展中面对的种种困难与收获的各种成就。在各个国家的报告中，能看到广西大学中国—东盟研究院国别研究所研究人员的成长与工作热忱。正值《东盟国情报告 2016～2017》付梓之际，衷心感谢参与本书撰写的研究人员，感谢支持本书研究的领导与国内外各界人士！同时，衷心希望第二本的国情报告能得到读者的认可，并对本书不足之处予以批评指正，以便未来在新的报告中得到进步。为学者，立志之事也。相信在大家的共同努力下，东盟国情系列报告能越来越好！

　　是以为序。

梁淑红

2018 年 10 月

# 目　录

# 第一章　2016～2017年文莱国情报告[*]

2017年适逢苏丹哈桑纳尔登基50年，文莱举国欢庆的热闹氛围表明，文莱政治基础稳定，马来伊斯兰君主制政体持续稳固。同时，全球经济缓慢复苏，贸易保护主义抬头，文莱受此影响下经济增长遇到更多的挑战，经济多元化的脚步急需加快。此外，文莱也积极致力于改善民生，保障民众福利。

## 第一节　政治领域：和谐政治氛围中推动行政体制改革

### 一、马来伊斯兰君主制持续稳固

出于对外来文化冲击的担忧，本年度文莱在政治领域继续围绕强化与巩固马来伊斯兰君主制开展相关建设。

#### 1. 加强马来族优先化政策

近年来，由于国际市场油气价格不景气，文莱国家财政收入缩水严重，财政赤字加剧，政府对马来族民众社会福利倾斜愈加明显。同时，考虑到语言是国家文化传承载体及民族心理认同的重要形式，文莱也在强调马来语作为文莱国语和官方语言的地位。2017年4月10日，文莱苏丹在发表关于马来伊斯兰君主制概念的御辞中强调，马来语是促进文莱人民团结的最有效工具，没有马来语，文莱将不会被认为是一个主权国家。其意图旨在加强和重塑文莱马来传统文化，增强文化凝聚力，防止西方民主思潮的侵袭，稳固马来伊斯兰君主制意识形态。

---

* 本章由罗传钰、刘静、王勇负责撰写。罗传钰，广西大学中国—东盟研究院副院长，国际学院（中国—东盟研究院）文莱所所长；刘静，广西大学国际学院（中国—东盟研究院）文莱所研究助理；王勇，广西大学国际学院（中国—东盟研究院）文莱所研究助理。

**2. 增强伊斯兰国教地位**

由于伊斯兰教教义已成为文莱传统文化不可分割的一部分，渗透到民众生活的方方面面，文莱也在推动伊斯兰教的价值理念普世化趋势。首先，文莱苏丹强调，古兰经文化应该是文莱文化的一部分，应从其中寻求神的恩典，作为治愈的根源和对信徒的仁慈。文莱政府也采取措施避免穆斯林在掌握古兰经方面退步，如推广古兰经学习教育，举办多种形式的古兰经朗诵、背诵大赛等。其次，文莱鼓励穆斯林参加麦加朝圣，2017 年文莱宗教事务局组织 1000 名穆斯林前往沙特阿拉伯参加麦加朝觐。再次，文莱也在强化阿拉伯语教育，以此推广伊斯兰教。2017 年 12 月 11 日，文莱教育部副部长拿督巴伦表示，文莱教育部非常重视阿拉伯教育，并且鼓励更多的国民加入阿拉伯语的学习。最后，文莱继续扩大清真寺建设规模。以行政力量与手段来促进宗教发展，是政教合一体制的重要特征。为应对国家油气收入下降所产生的伊斯兰教资助压力，扩大清真寺建设基金来源，文莱苏丹同意批准文莱伊斯兰宗教委员会于 2017 年 6 月起，从每名穆斯林全职公务员工资中自动扣除 2 文莱元，作为对文莱清真寺建设慈善基金的捐款，不愿意参加捐款计划或希望增加捐款金额的公务员可以向有关部门提出申请。通过此举设立公务员宗教发展基金，进而支持伊斯兰教的发展。2017 年 4 月 7 日，都东县胜卡莱本基兰阿纳哈志莫和末亚兰清真寺落成。

此外，文莱虽然允许民众享有宗教自由的权利，但规定其他宗教教徒禁止向当地穆斯林传教，不准在公共场合宣扬非伊斯兰教义。2016 年 6 月文莱民众对美里基督教堂向穆斯林传教，致函美里市议会，并请求文莱政府提出此诉求，将所有美里通往文莱路上的基督教堂拆除。

**3. 巩固苏丹君主政权**

第一，苏丹亲民活动愈加频繁。文莱苏丹亲民形象广为人知。本年度除了参加重大节庆日与民同乐活动，苏丹还参加了一些公益文体活动，展示自己统治的爱民如子的亲民形象，拉近民众与苏丹间的心理距离，营造和谐温润的政治氛围。2017 年 2 月 23 日，文莱举行盛大的国庆日集会与游行，苏丹冒着细雨走下皇室看台会见参加大会操的中小学生，场面十分温馨感人；2017 年 5 月 7 日，苏丹率千人一同参加第 6 届文莱全国家庭日的自行车骑行活动；2017 年 10 月 8 日，苏丹携皇室成员出席由文化、青年与体育部举办的"金禧 50 骑自行车休闲活动"。

第二，继续开展忠君爱国教育。君主爱国教育是文莱王朝延续与传承的重要保障。为此，一方面，文莱将忠君爱国思想与伊斯兰教义相结合，通过中小学教育或宗教学校教育将忠君爱国思想深入国民人心。2017 年 1 月 30 日，文莱甘榜卡卓一所以苏丹后名字命名的宗教中学竣工建成，彰显苏丹皇室恩典。同时，另一方面，对于社会公民或准出国留学生，文莱专门开设公民课程，向学员灌输宣传文莱马来君主制度及爱国精神，鼓励国民深入了解文莱社会文化及政治结构。2017 年 5 月 15 日，共有 45 名即将出国深造的大学毕业生参加公民课程教育，鼓励他们增强公民仪式，在国外活出文莱国民应有的特征。此外，忠君爱国也是文莱各式节庆活动不可或缺的重要主题。2017 年文莱第 33 届国庆节的主题为"实现国家愿景"，其内涵包括对苏丹和国家忠诚、信仰伊斯兰价值观和社会传统习俗和谐。

第三，民众对苏丹认同感高涨。文莱民间普遍有种说法，第二十八世苏丹开采石油，丰厚的石油收入使文莱由落后的农业国变为富足的石油国家，而现任第二十九世苏丹则继续励精图治，领导文莱人民过上更加富足的生活，文莱民众普遍感恩苏丹领导。2017 年恰逢现任苏丹登基 50 周年。苏丹皇室和政府举行了盛大庆典和御辇巡游，文莱国内在本年度也开展了如发行纪念邮票、纪念流通货币、出版苏丹特辑书籍等各式宣传庆典活动，普通社会民众也纷纷组织参与感恩仪式、体育赛事等民间庆典活动。10 月，文莱举行苏丹哈桑纳尔登基 50 周年金禧庆典，这是文莱的历史性时刻和具有里程碑意义的历史事件。苏丹在金禧庆典御词中强调，苏丹和子民之间没有隔阂，苏丹和子民互相极大信任，公正和忠诚是子民生存的支柱，也强调苏丹的义务是对子民公正，子民的义务是对苏丹保持忠诚。举国欢庆金禧庆典彰显了马来伊斯兰君主制在文莱的历史影响和对当下政治社会文化乃至国民属性的深刻影响，也表明苏丹掌管文莱的成功及社会民众对苏丹领导文莱人民所取得历史功绩的认可和拥戴。

## 二、行政体制改革稳中求进

### 1. 推行行政法治化

第一，杜绝贪污。苏丹政府一直致力于打击腐败行动，对任何形式的腐败都是零容忍，明确规定业务诚信事项，并充分利用法律来处理罪犯，政治风气良好。2016 年文莱的腐败程度全球排名第 41 位，较 2012 年排名上升 5 位。2017 年 2 月 22 日，苏丹在国庆日前夕发表御词中呼吁，文莱国民不要涉及贪污行为，以免破坏国家形象、进步与繁荣。2017 年 5 月，文莱壳牌石油、文莱液化天然气、文莱壳牌市场、文莱煤气运营商、恒逸工业等 10 家企业，作为文莱的主要石油和天然气的经营者和领导者，签署一份能源业商业信誉公约。该公约旨在推动和维护诚信经营，确保公司有效的内部控制，以清除任何腐败行为。这是文莱油气业首个此类公约，也是文莱首例。

第二，反对暴政。文莱虽实行马来伊斯兰君主制，但苏丹勤勉亲民，坚决反对暴政。伊斯兰教教义认为，先知穆罕默德是公平的人，他对任何的事与物都是公平的，绝不允许暴政。2017 年 12 月 1 日，苏丹在先知穆罕默德诞辰纪念活动上发表御词时，表示鼓吹暴政者虽拥有权力，但是在真主面前都是平等的，所以文莱遵循真主教导绝不涉及任何的恐怖主义，而且政府绝对是公平及和平的，并通过制定法律，对违反伊斯兰教义的行为及暴政予以管制。

第三，倡导奉献。文莱政府公职人员主要部分是信奉伊斯兰教的马来人，马来人温和的民族性格、伊斯兰教平等友爱奉献的教义指导与公职人员崇高的社会地位及丰厚的薪水收入，使得文莱政府工作人员清廉友好，具有奉献精神。2017年11月22日，在第24届公共服务日政府公务员品管圈卓越杰出奖的颁奖典礼上，苏丹在致御辞时强调，既然公务员被赋予权力，那么此权力是一种信任，不能为了自己的私利或个人喜好而滥用权力。若滥用权力来折磨或陷害人，光有效率也不会有任何意义。文莱政府各部门也会对有奉献有服务精神的公务员进行表彰，以此鼓励倡导公职人员具有奉献和担当精神。

2. 提升行政效率

第一，推动政府绩效改革。为提高公共服务领域的生产力及竞争力，为人民提供高效兼有素质的服务，激发政府员工的创新力，2017年10月，文莱政府实施新的绩效表现管理制度，对每位官员和工作人员进行公平、透明与客观的工作评估，反映其在有关领域的贡献，每一位工作人员将依据这项绩效管理体系中制定的方针执行任务。新绩效管理系统的实施彰显文莱政府推行行政绩效改革，提升公共服务水平的决心，进一步构建公务员体系绩效文化。在对政府人员2016年工作绩效统计后显示，在55144名公务员中，92.8%的公职人员已获得甲级和乙级评定，公务员队伍的表现水平良好。

第二，变革调整行政机构。为促进文莱2035宏愿实现，促进经济多元化发展，文莱大力扶持非油气产业，营造良好营商环境，吸引外资，发展港口经济，并在文莱最大港口摩拉港附近的特鲁晋村建立商业自由贸易区，为国内制造企业创造良好的运营、贸易平台。为此，2017年9月28日，苏丹指令将文莱海洋局和港口局合二为一，正式合并为文莱海事港口管理局，负责监督、管理国内的港口安全和航运事务，从而有效提升港口与海洋经济运营监管效率。

第三，治国理政经验交流。文莱政府也开展与其他国家，特别是伊斯兰国家、君主制国家及英联邦国家间治国理政的经验交流，与邻国马来西亚的公务员交流活动尤为频繁及机制化。2017年5月13日，马来西亚首席秘书拜访团一行人，拜访文莱能源与工业部。这是文莱与马来西亚政府公务员展开第16届公务员交流活动中的一部分。通过治国理政经验交流，开放包容，相互借鉴，取长补短，提升政府行政管理方式与管理水平。

## 三、政治风险与挑战

1. 极端组织恐怖活动威胁不断渗透

恐怖主义仍是全球安全的主要威胁。ISIS（伊斯兰国极端组织）近年来甚嚣尘上，并不断向东南亚国家渗透。2016 年 7 月 ISIS 推出马来文报讯，以集合所有马来语社区支持者，加强该组织在东南亚地区的影响力，通过招募更多的追随者，不惜通过在文莱发售渲染该组织理念的非法刊物，以对人们进行洗脑。2017年 4 月 8 日，4 名外籍嫌疑人因持有与 ISIS 有关的宣传材料，或在互联网上下载并传播 ISIS 视频等极端主义宣传材料，涉嫌参与 ISIS 极端主义相关活动，被文莱政府拘捕，并被永久性驱逐出境。这表明文莱国内存在极端主义和恐怖主义相关活动的苗头，这将对文莱国内安全和政治稳定构成重要威胁。

**2. 西方自由民主思潮对文莱有一定的影响**

互联网日趋发达，在西方民主自由普世价值观普遍渗透的形势下，文莱民众，特别是年轻一代谙熟互联网，对西方自由民主思潮的了解渠道更加宽松。为此，文莱自 2014 年 5 月起分阶段实施《伊斯兰刑法》，以维护马来伊斯兰君主制，遏制西方思潮的潜在影响。

**3. 苏丹政权交替有待观察**

按照文莱以往政权交接传统，文莱王室苏丹接班人历来由前任苏丹儿子或兄弟中产生。苏丹博尔基亚自 1967 年接替其父禅让出任文莱第 29 世苏丹至今，已是 71 岁高龄。政权交接与更替成为关乎文莱政局的重要问题。从苏丹各王子的血统纯正性与政治实力来看，王储比拉比其他王子实力优势明显，应是正常事态下的下一任苏丹接班人。苏丹面临着是仿效先父禅让王位于王储还是终身掌权的选择。同时，此类政权交接与更替往往是政局稳定与动荡的敏感时期。下一任苏丹是否有足够的领导才能及政治威望以领导文莱继续繁荣稳定，也是接班后面临的挑战。在这方面，由于沙特阿拉伯与文莱在政治经济社会结构上有许多相似之处，两国都是伊斯兰君主制国家，国家财政收入均主要来源于原油和天然气出口，文莱也多次将沙特阿拉伯的治国经验用于自身发展。因此，文莱或许需要从沙特阿拉伯身上继续借鉴。

# 第二节　经济领域：缓慢增长中带来一定的挑战

## 一、经济增长总体放缓

如图 1 - 1 所示，2016 年，文莱实际 GDP 由 2015 年的 18595 百万文莱元下降为 18136.5 百万文莱元，实际 GDP 增长率为 - 2.5%，相较于 2015 年的 - 0.4% 而言，经济衰退速度有所增加，且从 2016 年季度数据来看，2016 年第一季度 GDP 为本年最高值，第二季度 GDP 锐减，环比下降 5.2%，第三、第四季度 GDP 又有所增加。2017 年第一季度的数据显示，其实际 GDP 环比增长 2.2%，第二季度 GDP 呈下降趋势，环比下降 -2.8%，第三季度 GDP 又有所上升，环比增长 1.9%。总体看来，2016～2017 年的第三季度，文莱实际 GDP 增长呈现第一季度为全年最高值，第二季度锐减，第三、第四季度又有增加的趋势，且从环比增长率上来看，除第二季度环比增长率为负以外，其他三个季度都为正值。呈现此种发展趋势的原因：一方面受国际原油价格的影响，另一方面可能与第一季度正值春节及学校假期，来文莱旅游人数增加，导致国内服务业对 GDP 的贡献率增加有关。

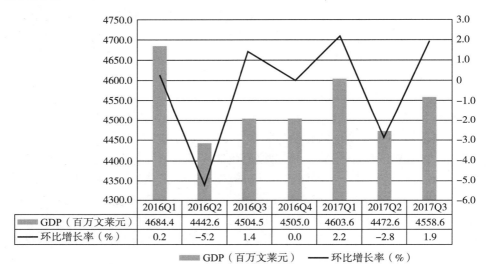

| | 2016Q1 | 2016Q2 | 2016Q3 | 2016Q4 | 2017Q1 | 2017Q2 | 2017Q3 |
|---|---|---|---|---|---|---|---|
| GDP（百万文莱元） | 4684.4 | 4442.6 | 4504.5 | 4505.0 | 4603.6 | 4472.6 | 4558.6 |
| 环比增长率（%） | 0.2 | -5.2 | 1.4 | 0.0 | 2.2 | -2.8 | 1.9 |

■ GDP（百万文莱元）　—— 环比增长率（%）

**图 1-1　文莱 GDP 及其增长率（按 2010 年价格计算）**
**（2016 年第一季度至 2017 年第三季度）**

资料来源：文莱经济计划与发展局（Economic Planning and Development, Prime Minister's office Brunei Darussalam）。

与此同时，在财政与金融方面，2017 年第三季度，银行业总资产额和银行存款分别为 174 亿文莱元和 147 亿文莱元，与 2016 年分别同比下降 8.5% 和 6.4%。银行贷款为 5.2 亿文莱元，同比下降 12.1%，主要是由于大型企业发展不成熟，未偿还贷款增加，以及商业领域贷款减少，特别是制造业、金融和运输部门的贷款减少。而银行存款减少则主要是由机构客户银行存款减少所致。

2017 年第三季度银行业资产质量略有下降，其不良贷款率已从 2016 年第三季度的 2.1% 上升为 2.4%，上升了 0.3 个百分点。这一增加主要是由于家庭部门无担保的个人理财及其他几个行业，如服务业的不良贷款率的上升造成的。随着《国际财务报告准则第 9 号》（IFRS9）于 2018 年 1 月 1 日起开始生效，文莱金融管理局（AMBD）也正着手修订对监管分类的方法。

　　总的来说，尽管全球挑战加剧，但文莱银行业的关键财务稳健性指标均保持在健康水平。截至 2017 年第三季度，银行业资本充足率为 19.7%，远高于《2006 年银行法》和《2008 年伊斯兰银行法》中最低 10% 的资本充足率要求；流动性资产比率高达 51.8%，总资产回报率和股本回报率分别为 1.7% 和 11.5%。①

　　此外，根据文莱经济策划及发展局公布的数据显示，2016～2017 年，由于国际石油价格极度低迷，文莱的财政预算案赤字高达 26 亿文莱元，占国内生产总值的 16.6%，成为有史以来财政赤字最高的一年。② 财政收入预算为 17.64 亿文莱元，较上一财年减少 23.53 亿文莱元，降幅 57%；预算赤字 38.36 亿文莱元，赤字依存度高达 68.5%。③

## 二、相关产业发展情况分析

　　文莱产业结构主要由三大产业组成：农林牧渔业、工业和服务业。其中，以表 1 - 1 对 2016 年的 GVA（Gross value added）现值计算可见，以油气业为主的工业对 GDP 贡献率最高（61.9%），其次是服务业（37.3%），贡献率最低的是农林渔业（0.8%）。下面分析三大产业及相关产业的发展情况。

　　1. 农林牧渔业领域

　　如表 1 - 1 所示，2016～2017 年第三季度，文莱第一产业的 GVA 贡献率非常低，还不到 1%，一直在 0.83% 左右徘徊。其中，渔业和畜牧业产值较高，对第一产业贡献较大，蔬菜水果和其他农作物的产值很低，这与文莱土地面积狭小且贫瘠，不适合农作物种植有很大关联。

　　2. 在工业领域

　　如表 1 - 1 所示，2016～2017 年第三季度，工业仍旧是文莱国民经济的主要支柱，其 GVA 贡献率超过 60%。其中，油气产业 GVA 贡献率超过 57%，服装、纺织、建筑及其他制造业的 GVA 却不足 5%。具体来看，2017 年第二、第三季度，油气产业 GVA 贡献率下降，而 GDP 却呈上升趋势，结合其他产业各部门第二、第三季度发展情况，可以发现，此时期仅第一产业的畜牧业和渔业及第二产业的水电和建筑业 GVA 贡献率有所增加，因此可初步断定 2017 年第二、第三季度 GVA 贡献率的增加与上述因素有关。

---

　　①　文莱金融管理局政策声明（2017 年 12 月）。

　　②　婆罗洲公布：https://borneobulletin.com.bn/b5 - 3b - budget - proposed/.

　　③　马静，马金案. 文莱：2016 年回顾与 2017 年展望［J］. 东南亚纵横，2017（2）：16 - 21.

3. 在服务业领域

如表 1-1 所示，2016～2017 年第三季度，文莱服务业 GVA 贡献率约为 37%。其中，公共管理与服务 GVA 贡献率超过 10%，批发和零售与金融的 GVA 贡献率也分别超过了 4.9%、5.5%。具体来看，公共管理与服务 GVA 贡献率在 2016 年第一季度至第四季度逐季度增加，在 2017 年第一季度至第三季度逐季度递减，整体来看，2017 年明显低于 2016 年；批发与零售 GVA 贡献率在 2016 年第一季度至第四季度及 2017 年第一季度至第三季度都呈逐季度递减趋势。其他行业的 GVA 贡献率都呈不规律变化，因此导致服务业整体的 GVA 贡献率也呈不规律变化趋势。

表 1-1  文莱各行业 GVA 贡献率（按 2010 年价格计算）（2016 年至 2017 年第三季度）

| 产业 | GVA 贡献率（%） | | | | | | | |
| | 2016 年 | | | | | 2017 年 | | |
| | 年度 | Q1 | Q2 | Q3 | Q4 | Q1 | Q2 | Q3 |
|---|---|---|---|---|---|---|---|---|
| 农林牧渔业 | 0.83 | 0.78 | 0.87 | 0.87 | 0.80 | 0.78 | 0.82 | 0.85 |
| 蔬菜、水果和其他农业 | 0.12 | 0.14 | 0.11 | 0.14 | 0.11 | 0.14 | 0.10 | 0.14 |
| 家畜、养殖业 | 0.34 | 0.32 | 0.35 | 0.37 | 0.33 | 0.30 | 0.33 | 0.36 |
| 林业 | 0.08 | 0.07 | 0.09 | 0.08 | 0.09 | 0.06 | 0.06 | 0.06 |
| 渔业 | 0.28 | 0.26 | 0.32 | 0.28 | 0.28 | 0.28 | 0.32 | 0.29 |
| 油气开发业 | 44.05 | 44.84 | 43.09 | 44.30 | 43.92 | 43.43 | 41.82 | 42.90 |
| 液化气、天然气及甲醇制造业 | 13.64 | 15.10 | 14.11 | 13.49 | 11.82 | 15.28 | 15.62 | 14.29 |
| 服装及纺织品制造业 | 0.20 | 0.18 | 0.23 | 0.22 | 0.19 | 0.17 | 0.24 | 0.21 |
| 食品及饮料制造业 | 0.14 | 0.12 | 0.18 | 0.15 | 0.12 | 0.12 | 0.20 | 0.16 |
| 其他制造业 | 0.70 | 0.49 | 0.80 | 0.68 | 0.84 | 0.50 | 0.76 | 0.70 |
| 水电业 | 0.86 | 0.78 | 0.99 | 0.85 | 0.84 | 0.76 | 0.97 | 0.92 |
| 建筑业 | 2.30 | 1.65 | 2.46 | 3.23 | 1.88 | 1.65 | 2.53 | 3.71 |
| 服务业 | 37.27 | 36.06 | 37.26 | 36.22 | 39.58 | 37.33 | 37.04 | 36.27 |
| 批发及零售业 | 4.83 | 5.64 | 5.34 | 4.26 | 4.06 | 5.71 | 5.21 | 4.35 |
| 陆上运输业 | 0.06 | 0.07 | 0.08 | 0.03 | 0.07 | 0.07 | 0.09 | 0.03 |
| 水上运输业 | 0.81 | 0.31 | 0.55 | 1.14 | 1.25 | 0.32 | 0.55 | 1.24 |
| 航空运输业 | 0.42 | 0.30 | 0.43 | 0.42 | 0.52 | 0.30 | 0.37 | 0.43 |
| 其他运输服务业 | 0.51 | 0.51 | 0.65 | 0.43 | 0.47 | 0.50 | 0.57 | 0.42 |
| 通信业 | 1.57 | 1.36 | 1.53 | 2.01 | 1.41 | 1.49 | 1.50 | 1.97 |
| 金融业 | 5.38 | 5.12 | 6.25 | 5.13 | 5.03 | 5.34 | 6.35 | 5.09 |

续表

| 产业 | GVA 贡献率（%） | | | | | | | |
|---|---|---|---|---|---|---|---|---|
| | 2016 年 | | | | | 2017 年 | | |
| | 年度 | Q1 | Q2 | Q3 | Q4 | Q1 | Q2 | Q3 |
| 房地产业 | 3.85 | 3.70 | 3.93 | 3.87 | 3.91 | 3.86 | 4.04 | 3.92 |
| 酒店业 | 0.10 | 0.15 | 0.12 | 0.12 | 0.02 | 0.16 | 0.13 | 0.13 |
| 饭店业 | 0.84 | 0.86 | 0.80 | 0.91 | 0.80 | 0.87 | 0.85 | 0.91 |
| 健康服务业 | 1.40 | 1.30 | 1.08 | 1.44 | 1.77 | 1.35 | 1.04 | 1.53 |
| 教育服务业 | 3.21 | 3.17 | 3.13 | 2.94 | 3.61 | 2.89 | 3.08 | 2.81 |
| 商业服务业 | 2.10 | 2.83 | 1.77 | 1.83 | 1.93 | 2.74 | 1.77 | 2.00 |
| 国内服务业 | 0.42 | 0.40 | 0.43 | 0.42 | 0.43 | 0.42 | 0.43 | 0.43 |
| 其他私人领域 | 0.52 | 0.47 | 0.48 | 0.49 | 0.63 | 0.50 | 0.46 | 0.49 |
| 政府服务/行政管理 | 11.24 | 9.88 | 10.68 | 10.77 | 13.68 | 10.80 | 10.59 | 10.53 |
| GVA | 100 | 100 | 100 | 100 | 100 | 100 | 100 | 100 |

资料来源：笔者根据文莱经济计划与发展局统计数据整理，http：//www.depd.gov.bn/SitePages/National%20Statistics.aspx。

**4. 油气业和非油气业领域**

如表 1-2 所示，2017 年第 3 季度，油气业产值为 2656.2 百万文莱元，与2016 年同期相比增长 0.1%，GVA 贡献率为 57.19%，油气产业仍旧是文莱经济增长的引擎。2016~2017 年第三季度，非油气业产值逐季度增加，2017 年第三季度达 1988.2 百万文莱元，与 2016 年同期相比增长了 2.6%，其 GVA 贡献率为42.81%。总体看来，油气产业的 GVA 贡献率有轻微下降趋势，反之，非油气产业 GVA 贡献率呈上升趋势。这与国家着力发展多元化经济、减轻对油气产业的过度依赖有很大关联。

**表 1-2 文莱油气业和非油气业 GVA 贡献率对比（按 2010 年价格计算）**
**（2016~2017 年第三季度）**

单位：百万文莱元

| 领域 | 2016 年第 3 季度 | 2017 年第 2 季度 | 2017 年第 3 季度 |
|---|---|---|---|
| 油气 | 2652.3 | 2617.5 | 2656.2 |
| 非油气 | 1937.3 | 1939.7 | 1988.5 |
| 合计 | 4589.6 | 4557.1 | 4644.7 |
| GVA 贡献率（%） | 2016 年第 3 季度 | 2017 年第 2 季度 | 2017 年第 3 季度 |
| 油气 | 57.79 | 57.44 | 57.19 |

续表

| 领域 | 2016 年第 3 季度 | 2017 年第 2 季度 | 2017 年第 3 季度 |
|---|---|---|---|
| 非油气 | 42.21 | 42.56 | 42.81 |
| 按年价格增长率（％） | 2016 年第 3 季度 | 2017 年第 2 季度 | 2017 年第 3 季度 |
| 油气 | 3.8 | 1.1 | 0.1 |
| 非油气 | 3.3 | 0.1 | 2.6 |
| 合计 | 3.6 | 0.7 | 1.2 |

资料来源：文莱经济计划与发展局，http：//www. depd. gov. bn/SitePages/National%20Statistics. aspx。

## 三、对外经济情况分析

### 1. 对外贸易情况分析

2017 年 1～11 月，文莱贸易总额为 10827.7 百万文莱元，与 2016 年同期相比增长 12.5%，出口额为 6961.4 百万文莱元，同比增长 11.5%，进口额为 3866.3 百万文莱元，同比增长 14.4%，贸易盈余为 3095.1 百万文莱元，同比增长 8%。2017 年 11 月，文莱贸易总额为 1107.6 百万文莱元，与 2016 年同比增长 29.6%，环比增长 18.6%，主要是由于出口额增长了 36%。其中，出口额为 791.5 百万文莱元，进口额为 316.1 百万文莱元，贸易盈余为 475.4 百万文莱元，贸易盈余同比增长 72.6%（见表 1-3）。

表 1-3　文莱进出口贸易状况（2016 年至 2017 年 11 月）

| 时间 | Value（BND Million） | | | | | |
|---|---|---|---|---|---|---|
| | 出口 | | | 进口 | 贸易总额 | 贸易平衡 |
| | 合计 | 国内出口 | 再出口 | | | |
| 2016 年 | 6790.0 | 6161.2 | 628.8 | 3689.0 | 10479.0 | 3101.0 |
| Q1 | 1915.5 | 1786.7 | 128.8 | 979.1 | 2894.6 | 936.4 |
| Q2 | 1523.3 | 1408.8 | 114.5 | 967.8 | 2491.1 | 555.5 |
| Q3 | 1729.2 | 1451.0 | 278.2 | 843.5 | 2572.7 | 885.7 |
| Q4 | 1622.1 | 1514.8 | 107.3 | 898.5 | 2520.6 | 723.6 |
| Jan | 718.3 | 683.5 | 34.7 | 384.1 | 1102.4 | 334.2 |
| Feb | 545.1 | 525.2 | 19.9 | 240.7 | 785.8 | 304.4 |
| Mar | 652.1 | 578.0 | 74.1 | 354.3 | 1.006.4 | 297.8 |
| Apr | 478.7 | 440.3 | 38.4 | 316.4 | 795.1 | 162.3 |

续表

| 时间 | Value（BND Million） | | | | | |
| --- | --- | --- | --- | --- | --- | --- |
| | 出口 | | | 进口 | 贸易总额 | 贸易平衡 |
| | 合计 | 国内出口 | 再出口 | | | |
| May | 549.5 | 504.7 | 44.8 | 314.2 | 863.7 | 235.3 |
| June | 495.1 | 463.8 | 31.3 | 337.3 | 832.4 | 157.8 |
| July | 690.9 | 504.7 | 186.1 | 260.1 | 951.0 | 430.8 |
| Aug | 453.4 | 402.9 | 50.5 | 318.0 | 771.4 | 135.4 |
| Sept | 584.9 | 543.4 | 41.6 | 265.3 | 850.2 | 319.6 |
| Oct | 511.2 | 482.5 | 28.7 | 299.3 | 810.5 | 211.9 |
| Nov | 565.0 | 530.0 | 35.0 | 289.6 | 854.6 | 275.4 |
| Dec | 545.9 | 502.3 | 43.5 | 309.6 | 855.5 | 236.3 |
| 2017 年 | 6961.4 | 6420.1 | 541.3 | 3866.3 | 10827.7 | 3095.1 |
| Q1 | 1973.8 | 1903.7 | 70.2 | 996.7 | 2970.5 | 977.1 |
| Q2 | 1850.0 | 1694.1 | 156.0 | 1054.1 | 2904.1 | 795.9 |
| Q3 | 1764.1 | 1679.6 | 84.5 | 1147.8 | 2911.9 | 616.3 |
| Jan | 694.9 | 676.1 | 18.9 | 325.8 | 1020.7 | 369.1 |
| Feb | 649.9 | 627.0 | 22.9 | 273.0 | 922.9 | 376.9 |
| Mar | 628.9 | 600.5 | 28.4 | 397.9 | 1026.8 | 231.0 |
| Apr | 568.8 | 523.0 | 45.8 | 319.3 | 888.1 | 249.5 |
| May | 726.8 | 643.4 | 83.5 | 343.7 | 1070.5 | 383.1 |
| June | 554.4 | 527.6 | 26.8 | 391.1 | 945.5 | 163.3 |
| July | 593.8 | 562.6 | 31.2 | 286.6 | 880.4 | 307.2 |
| Aug | 536.2 | 504.8 | 31.4 | 431.5 | 967.7 | 104.7 |
| Sept | 634.1 | 612.1 | 22.0 | 429.7 | 1063.8 | 204.4 |
| Oct | 582.0 | 541.9 | 40.0 | 351.6 | 933.6 | 230.4 |
| Nov | 791.5 | 601.0 | 190.5 | 316.1 | 1107.6 | 475.4 |

资料来源：文莱经济计划与发展局，http：//www.depd.gov.bn/SitePages/National%20Statistics.aspx。

　　此外，根据图1-2可清晰看出，2016～2017年11月文莱的进口额、出口额及贸易顺差都呈波动性上升趋势，这可能与国际市场经济复苏，逐渐加大对原油及液化天然气的进口有关。

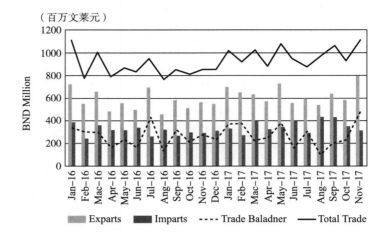

**图1－2　文莱进出口贸易状况（2016～2017 年 11 月）**

资料来源：文莱经济计划与发展局，http：//www. depd. gov. bn/SitePages/National%20Statistics. aspx。

从文莱的贸易结构来看，如图 1－3 所示，2016 年 1～11 月，矿物燃料的出口额为 5492.4 百万文莱元，占全年总出口额的 88.0%。2017 年 1～11 月，文莱矿物燃料出口额上涨到 6219.6 百万文莱元，与 2016 年同比增长了 13.2%，占全年总出口额的 89.3%，这一增加主要与 11 月杂项制品出口量的突然飙升有关，其出口量占本月总出口额的 22.4%，同比增长率和环比增长率分别高达3303.9% 和 2202.2%。2017 年 1～11 月，出口额排在第二、第三、第四位的分别是化工品、杂项制品、机械和交通工具，分别出口 259.7 百万文莱元、229.3百万文莱元和 176.1 百万文莱元，对总出口额贡献率分别为 3.4%、3.3% 和2.5%，与 2016 年分别同比增长 - 14.7%、330.2% 和 - 41.9%。

如图 1－4 所示，2016 年 1～11 月，机械和交通工具进口额为 1114.6 百万文莱元，占全年总进口额的 33.0%。2017 年 1～11 月，文莱机械和交通工具进口额上涨到 1326 百万文莱元，与 2016 年同比增长了 19%，占全年总进口额的34.3%，2017 年 1～11 月，进口额排在第二、第三位的分别是制成品和食品，进口额分别为 887.4 百万文莱元和 520.4 百万文莱元，对总进口额贡献率分别为22.95% 和 13.46%，与 2016 年分别同比增长 29.6% 和 - 5.1%。矿物燃料、杂项制品及化工品进口对总进口贡献率均达 8% 以上。

如图 1－5 所示，2017 年 11 月，文莱出口前五位的国家分别是日本（22.6%）、瑞士（21.5%）、泰国（17.8%）、新加坡（9.9%）和韩国（8.1%），对其他国家出口仅占 20.2%。再观文莱主要进口来源国，中国为文莱第一进口来源国（24.6%），其次是马来西亚（22.3%）、新加坡（16.6%）、美国（5.6%）和日本（5.3%），最后是其他国家，占出口总额的 25.6%。

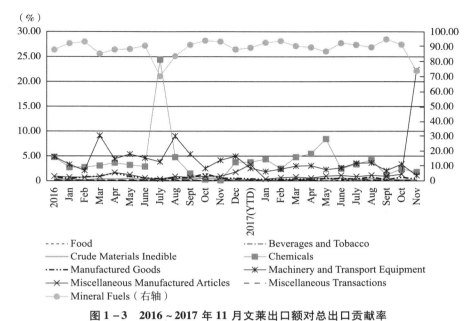

**图 1－3　2016～2017 年 11 月文莱出口额对总出口贡献率**

资料来源：文莱经济计划与发展局，http：//www. depd. gov. bn/SitePages/National%20Statistics. aspx。

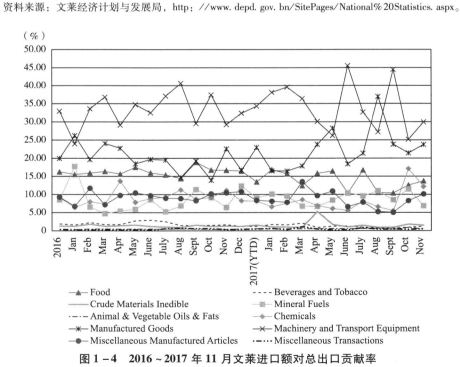

**图 1－4　2016～2017 年 11 月文莱进口额对总出口贡献率**

资料来源：文莱经济计划与发展局，http：//www. depd. gov. bn/SitePages/National%20Statistics. aspx。

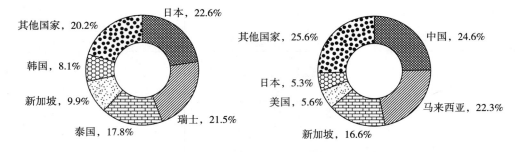

**图 1 – 5　2017 年 11 月文莱出口目的地和进口来源国及其占比**

此外,据表 1 – 4 可知,2017 年 11 月,文莱出口额虽然仅为 3400 万文莱元,但与 2016 年同比增长率高达 33900%,对澳大利亚、菲律宾、马来西亚和新加坡的出口额同比增长率也分别达 13850%、6350%、552.8% 和 427.7%。从进口来源国进行分析,发现 2017 年 11 月文莱从中国进口额相比 2016 年同比增长了98.0%,环比增长率也达 22%,从日本、德国进口也都有很好的表现,同比增长率分别为 98.8% 和 80%,而从美国进口额则同比下降了 69.8%。总的来看,文莱的主要进出口国主要集中在亚太地区,主要是域内东盟国家和东亚中日韩三国。

**表 1 – 4　文莱进出口情况（按国家或地区划分）**

| 国家或地区 | 总额（百万文莱元） | | | 变化（％） | |
|---|---|---|---|---|---|
| | 2016 年 11 月 | 2017 年 10 月 | 2017 年 11 月 | 按年 | 按月 |
| 出口目的地 | | | | | |
| 日本 | 169.9 | 72.8 | 178.7 | 5.2 | 145.5 |
| 瑞士 | 0.0 | — | 170.3 | — | — |
| 泰国 | 77.1 | 24.5 | 141.0 | 82.9 | 475.5 |
| 新加坡 | 14.8 | 37.4 | 78.1 | 427.7 | 108.8 |
| 韩国 | 107.1 | 135.8 | 63.9 | – 40.3 | – 52.9 |
| 马来西亚 | 8.9 | 101.0 | 58.1 | 552.8 | – 42.5 |
| 中国台湾地区 | 0.1 | 73.5 | 34.0 | 33900.0 | – 53.7 |
| 澳大利亚 | 0.2 | 22.9 | 27.9 | 13850.0 | 21.8 |
| 菲律宾 | 0.4 | 0.2 | 25.8 | 6350.0 | 12800.0 |
| 其他国家 | 186.5 | 113.9 | 13.7 | – 92.7 | – 88.0 |
| 合计 | 565.0 | 582.0 | 791.5 | 40.1 | 36.0 |

| 国家或地区 | 总额（百万文莱元） | | | 变化（%） | |
|---|---|---|---|---|---|
| | 2016年11月 | 2017年10月 | 2017年11月 | 按年 | 按月 |
| 进口来源地 | | | | | |
| 中国 | 39.2 | 63.6 | 77.6 | 98.0 | 22.0 |
| 马来西亚 | 61.3 | 97.4 | 70.6 | 15.2 | -27.5 |
| 新加坡 | 45.1 | 66.0 | 52.5 | 16.4 | -20.5 |
| 美国 | 58.6 | 5.0 | 17.7 | -69.8 | 254.0 |
| 日本 | 8.4 | 14.2 | 16.7 | 98.8 | 17.6 |
| 韩国 | 9.9 | 8.9 | 11.3 | 14.1 | 27.0 |
| 德国 | 6.0 | 5.8 | 10.8 | 80.0 | 86.2 |
| 泰国 | 13.4 | 9.3 | 9.9 | -26.1 | 6.5 |
| 印度尼西亚 | 9.2 | 7.0 | 7.6 | -17.4 | 8.6 |
| 英国 | 6.7 | 9.7 | 7.0 | 4.5 | -27.8 |
| 其他国家 | 31.8 | 64.7 | 34.4 | 8.2 | -46.8 |
| 合计 | 289.6 | 351.6 | 316.1 | 9.2 | -10.1 |

资料来源：文莱经济计划与发展局，http：//www. depd. gov. bn/SitePages/National%20Statistics. aspx。

2. 对外投资情况分析

在文莱投资的世界著名跨国公司包括壳牌公司、法国道达尔、日本三菱煤气、日本伊藤忠商社等。根据联合国贸易和发展会议（UNCTAD）发布的《2017年世界投资报告——投资和数字经济》显示，2016年，文莱吸收外资流量为-1.5亿美元；截至2016年底，文莱吸收外资存量为57.4亿美元。特别是近年来中国对文莱直接投资不断增加，包括浙江恒逸集团、广西北部湾港务集团、中海油田服务贸易股份有限公司、北京同仁堂、葫芦岛七星集团、广西海世通、北京芝视界科技有限公司等。

# 第三节　社会领域：持续营造良好民生环境

## 一、政府加大对民生领域关注力度

1. 国民住房计划

为实现文莱2035宏愿，保障国民住房计划实施，文莱发展部加快国家住房计划申请人和土著居民土地奖励计划的数据收集，与私营部门加强合作，使文莱公民获得住房分配的等待时间从 20 年下降至 9 年，其国民住房计划进展良好有序。

首先，放宽了房屋贷款政策。文莱发展部实施住房贷款政策，截至 2017 年 3 月 31 日前申请，可以享受来自渣打银行的 10000 文莱元家庭贷款补贴。补贴将用于支付包括火灾保险和评估报告在内的费用。该住房贷款政策有利于减轻文莱民众，尤其是贫困民众的贷款负担，增加了民众福祉。

其次，对土地政策进行持续改革，以促进房地产市场发展及带动其他产业发展。2012 年，文莱修改了《土地法》以彻底禁止非文莱公民拥有永久地契的地产，但外国直接投资者可以购买分层产权房产，亦可租用土地及房产。2016 年，文莱土地局和电子政府中心联手推出了网上土地交易系统，实现土地交易事宜电子化。2017 年 2 月，文莱土地局鼓励当地开发商或业主应申请并登记地契，允许买方拥有建筑物内的单位的所有权，也有利于吸引国外投资者。

最后，增加新屋钥匙发放量。国民住房计划是苏丹政府为文莱民众提供的重要社会福利，其目标是让居者有其屋。2017 年 5 月，苏丹为 954 名文莱公民颁发新房屋钥匙或房屋地契。2017 年 11 月，892 名国民获授予地段和房屋钥匙。全年新屋钥匙发放及地契授予量较去年略有增加，体现国民房屋计划下政府对实现房屋规划的承诺与决心，确保文莱 2035 宏愿发展策略的实现。

2. 医疗卫生

第一，国民健康状况。文莱正面临肥胖流行，肥胖会引发各种慢性疾病，如高血压、糖尿病、心脏病、肾病及其他慢性病等。其中，心脏病和中风等心血管疾病是致使文莱国民死亡的主要原因之一。癌症已成为文莱人最大的疾病杀手，2016 年文莱共有 600 名癌症患者。文莱抑郁或焦虑等精神性疾病患者也有增加趋势，2005~2015 年，文莱精神疾病患者增加 18%，多数为抑郁症患者。2016 年文莱精神科门诊共提供了 9000 次的病情问诊数次，当中有 346 名属于新增的病患。此外，文莱肺结核病患人数也有增加趋势。不健康的生活方式如运动量不足等，是导致文莱各种疾病问题日益严重的重要原因。2017 年 5 月，文莱卫生部称，4 个人当中，就有 1 个人每周的运动量不足。因此，增强民众健康意识，改掉不健康的生活习惯，改善现有的医疗保健条件，是改善文莱国民健康状况的当务之急。

第二，提升国民医疗保障服务水平。作为 2017~2018 财年国家财政预算案中政府的重点工作内容，文莱卫生部表示，文莱每年需要至少新增 30~40 名医生，以满足国民医疗健康保障要求。同时，文莱部分医疗设施达到国际标准，2017 年 2 月，彭卡兰巴都健康中心成为文莱首家政府健康卫生设施获得国际医疗卫生机构联合委员会（JCI）认证的医疗机构。此外，文莱 5 岁以下儿童获注射疫苗实现全覆盖，避免了各种对健康有威胁的疾病。文莱已无小儿麻痹症和先天性风疹综合症。

第三，打击毒品犯罪。文莱严厉打击毒品犯罪活动，对毒品管制较为严格，查获任何毒品，轻者被处以鞭笞、拘禁、罚款及驱逐出境，重者甚至可被处以死刑。文莱肃毒局发布资料显示，2016 年文莱涉毒被捕者为 641 人，占总人口的 0.14%，与 2015 年的 639 人相比基本持平。文莱还与他国联合禁毒。文莱禁毒协会与马来西亚纳闽携手打击毒品威胁。

### 3. 国民教育

第一，提升教育水平。文莱教育水平提升首先体现在教育管理方式改善上，2017 年 4 月 22 日，文莱学校领导委员会成立，为学校领导人进行讨论、交换意见和看法搭建平台，其通过就共同关心问题分享有关经教育实践经验与知识，提高学校管理人员的领导力。其次体现在高等教育办学水平提高，在 2017 年 QS（Quacquarelli Symonds）世界大学排名中，文莱大学首次进入 QS 世界大学前 400 大排名，排在第 349 位。QS 已将文莱大学列为全球排名前 1.3% 的大学之一；文莱理工大学（UTB）在亚洲高校排名第 165 位。在东南亚的所有国家中，UTB 排名第 30 位。最后体现在教育机构数量增加，2017 年文莱新增了 15 家私立教育机构，包括 6 家私立幼教学校和 9 家高等教育机构。

第二，优化教育质量。注重教师教学技能培训是文莱教育质量优化的重要表现。世界形势的变化发展对教师技能提出了更高的要求。2017 年 2 月，文莱教育部长苏尤表示，教育部将继续努力提高各级教育质量，开发人力资源的素质和技能，并向多样化发展而努力，21 世纪国民教育体系的实施中有三个重大变化，即课程和评估、教育系统结构、技术和职业教育。亚洲开发银行公布的《2017 年亚洲和太平洋地区关键指标》显示，文莱至少接受过最低等级的有组织的教师培训的比例为 90.1%，在东盟国家中位居前列。

第三，加强跨国教育合作。文莱加强教育合作，整合国际教育资源，互通有无，取长补短，促进教育发展。2017 年，文莱大学分别与泰国医院、韩国大学签署合作谅解备忘录，加强办学合作及医学、环境与生物多样性等领域学术研究合作；2017 年 2 月，苏丹沙里夫阿里伊斯兰教大学（UNISSA）校长参加第七届伊斯兰世界大学联盟（FUIW）会议，寻求伊斯兰教育合作发展机会；2017 年 4 月，文莱理工大学副校长哈嘉佐拉博士接见比利时大使阿布苏菲安和 HRDS 教育机构代表，双方共同探讨技术教育领域合作。此外，国外高校瞄准文莱市场，积极招收留学生。英国文化教育协会定在文莱举办"2017 年英国教育展"，31 所英国大专院校前来参展，旨在文莱招收留学生。

## 二、青年发展受到重视

### 1. 塑造青年价值观

青年一代是文莱国家发展的未来，苏丹政府一直致力于以马来伊斯兰君主制为基础的国家哲学价值观武装青年头脑，使之成为健康、活泼、机智和富有责任心的一代。2017 年 1 月 18 日，文化、青年与体育部长哈尔比接见来自全国的 45 名青年协会代表时表示，青年一代应该明确在实现文莱 2035 宏愿及国家发展道路上所应扮演的角色与责任，努力促进国家的发展，为未来美好的生活奠定基础。2017 年 8 月 1 日，苏丹在第 12 届文莱全国青年日发表御词时强调了青年一代接受教育、提升自身素质的重要性。

### 2. 制订青年领袖计划

文莱政府也非常注重青年人国际视野的提升，培养未来青年领袖。2017 年 3 月，文莱文化、青年与体育部委派 6 名青年领袖代表国家赴中国，参加第 45 届亚洲青年领袖培训课程，以此促进中国与亚洲青年之间的友谊与联系发展。2017 年 10 月 24 日，文莱首相署高级部长王储比拉为第 8 届东南亚青年可兰经诵读比赛开幕致词时表示，呼吁各方思考区域青年发展综合计划，加强穆斯林良好的价值观和团结精神，培育出具有道德青年领袖，促进青年穆斯林对文明和文化的贡献。

### 3. 培养创业人才

苏丹政府注重青年创新人才培养，促进文莱经济多元化发展。文莱政府成立达鲁萨兰企业，为创新创业人才提供相关咨询、培训及业务等支持。2017 年 5 月 20 日，文莱达鲁萨兰企业与文莱马来工商联合会签署租赁协议，在柏里比轻工业园内为青年推出微型企业创业孵化区，每月租金仅 90 文莱元，帮助文莱青年创业者提供企业创新孵化，发展自己的产品和服务。

### 4. 营造生态环境

一方面，加大森林保护力度。文莱全国森林保护区占全国面积的 41%，政府当局希望未来提升至 55%。为了维持环境保护，文莱林业局加强森林巡逻和执法活动。2016 年因为非法伐木活动造成的经济损失约 9.5 万文莱元，在展开的 174 次森林巡逻行动中，共发现 24 次非法伐木活动，并且有 4 人被逮捕。在文莱，未有任何批准文件而进行伐木、取走森林资源、清理森林区、丢弃垃圾于森林区、在森林区打猎活动及在森林区燃烧等，都是违法犯罪行为。

另一方面，努力提升国民环保意识。民众生活质量改善是文莱 2035 宏愿的重要目标，文莱政府十分重视社会民众环保意识的培养。2017 年 5 月 18 日，为响应"绿色浪潮"，庆祝国际生物多样性日，文莱森林局与数千名青年在巴拉卡斯森林公园内种植约 200 棵树木。政府和公众共同参与环境保护，守护好幸福美好家园。

# 第四节　国防安全

文莱的武装部队虽然规模小，但是军种齐全，近几年来正在投入资金加强其陆军、海军和空军的能力，使其在确保国家安全的同时能够胜任各种人道主义任务。此外，狭小的国土面积和有限的人口决定了文莱在军事国防安全方面不可能单打独斗，在积极筹备建设自身军事力量的同时，采取以东盟为中心，以域外大国为抓手的军事安全模式成为文莱维护自身国家安全的重要方式。

## 一、以军事现代化推动军队建设

### 1. 军队投入占比持续增加

根据文莱国防部公布，2016～2017 年，分别招募 155 届、156 届、157 届、158 届、159 届 5 届男兵新兵，共招募 775 人。此外，2016 年 8 月 19 日，52 届女性新兵招募了 59 名女兵。招聘新兵壮大了文莱军队队伍，为军队建设注入了"新鲜血液"。

2017～2018 年国防部门财政预算拨款 4.52 亿文莱元，确保国防部门继续采取动态方法加强对国家利益，如国家领土完整与主权、经济发展、社会和谐及马来伊斯兰君主制等的保护。国防部门和文莱皇家武装部队将进一步集中精力，提高准备水平、能力发展水平、国防参与度、人力资源生产力及资产管理水平。

### 2. 武器进出口

根据斯德哥尔摩国际和平研究所（SIPRI）公布的全球武器出口排名前 50 位的国家中，文莱武器出口排名在 2015～2016 年和 2016～2017 年均为第 42 位，2016 年武器出口额为 1200 万美元，占全球武器出口额的 0.037%。从武器进口方面来看，文莱不在全球武器进口排名前 50 个国家之列。[1]

## 二、加强对外军事合作

文莱在其国防政策方针中明确指出，"文莱国防政策和国防能力建设要与地区安全合作相适应"[2]。文莱已经和英国、美国、新加坡及马来西亚签订了防御

---

[1]　斯德哥尔摩国际和平研究所，http：//armstrade. sipri. org/armstrade/page/toplist. php.

[2]　Brunei Darussalam Defence Department，Brunei Darussalam Defence White Paper：Defending the Nation's Sovereignty，2004.

协定。根据协议的一部分，文莱和美国、新加坡及马来西亚进行联合训练和演习。① 2017 年，文莱通过参加防展、互访、军事演习、会议等方式继续加强与域内外国家的国际安全交流与合作。

如表 1-5 所示，从数量上来看，2017 年全年，文莱开展国防交流与合作次数高达 50 余次；从形式来看，文莱主要通过互访、军演和参与国防军事会议的方式与其他国家进行安全合作与交流，其中与对方国家开展互访次数将近 40 次，进行军演次数 4 次，参加会议次数 10 次。值得注意的是，2017 年，文莱再次参加了近年来对南海地区安全形势影响最大的"卡拉特"军事演习；从对象上来看，文莱的军事交流与合作的重点仍旧为东盟国家，其中与新加坡、马来西亚、印度尼西亚、菲律宾的军事交流与合作更为频繁。域外国家则主要是以与美国、澳大利亚、俄罗斯、英国、日本、中国的交流与合作为主；从内容上来看，文莱主要与他国开展海军合作，文莱国防部副部长第一海军上将（退休）阿齐兹在 2017 年有多达 15 次代表文莱与他国国防部门举行会谈，凸显了文莱对海军发展的高度重视。

表 1-5　2017 年文莱军事国际合作一览表

| 编号 | 时间 | 合作国家 | 事件 | 天数（天） | 形式 |
|---|---|---|---|---|---|
| 1 | 2017 年 12 月 12 日 | 美国 | 美国太平洋司令部国际物流与安全合作（DJ4-IL-SC）副主任 Brigadier General Rory Copinger-Symes 拜访文莱国防部代理部长第一海军上将（退休）阿齐兹 | 1 | 接待 |
| 2 | 2017 年 12 月 7 日 | 印度尼西亚 | 文莱国防部与印度尼西亚国民军（TNI）联合举办第四次联合行动和演习小组委员会会议 | 1 | 会议 |
| 3 | 2017 年 11 月 25~28 日 | 印度 | 印度海军舰艇（INS）SATPURA 驱逐舰对文莱进行友好访问 | 4 | 接待 |
| 4 | 2017 年 11 月 6~22 日 | 东盟 | 新加坡陆军举行第 27 届东盟军队步枪会议（AARM），文莱皇家陆军指挥官阿迷南出席闭幕式，并参加新奇的手枪射击比赛 | 17 | 会议 |
| 5 | 2017 年 11 月 21 日 | 东盟 | 新加坡举行第 18 届东盟军事首脑多边会议（第 18 届 ACAMM），文莱皇家陆军指挥官阿迷南出席 | | 会议 |
| 6 | 2017 年 11 月 18~20 日 | 英国 | 苏丹陛下接见英国廓尔喀部队总参谋部副司令兼上校指挥官 Lieutenant General Nicholas Pope | 3 | 接待 |

①　战略军事网，http://www.chinaiiss.com/military/view/3-19。

续表

| 编号 | 时间 | 合作国家 | 事件 | 天数(天) | 形式 |
|---|---|---|---|---|---|
| 7 | 2017 年 11 月 20 日 | 东盟 | 第 11 届东盟海军首脑会议（ANCM）在泰国举行，文莱皇家海军司令 Norazmi 出席 | 1 | 会议 |
| 8 | 2017 年 11 月 18～27 日 | 新加坡 | 第 22 届文莱皇家陆军与新加坡军队联合军演在文莱皇家陆军第三营拉开帷幕 | 10 | 军演 |
| 9 | 2017 年 11 月 14～17 日 | 新加坡 | 新加坡海军可畏级护卫舰 RSSSTALWART 对文莱进行港口访问 | 4 | 接待 |
| 10 | 2017 年 11 月 14 日 | 美国 | 文莱与美国第 14 次联合防务工作委员会（JDWC）会议在博尔基亚驻军官邸举行 | 1 | 会议 |
| 11 | 2017 年 11 月 10～14 日 | 韩国 | 韩国海军（ROKS）驱逐舰 DAEJOYEONG 对文莱进行友好访问 | 5 | 接待 |
| 12 | 2017 年 11 月 9 日 | 东亚 | 文莱国防部举办第 10 届东亚安全展望研讨会，东亚国家代表发言 | 1 | 会议 |
| 13 | 2017 年 11 月 6～10 日 | 美国 | 文莱皇家武装部队（RBAF）和美国海军进行了 CARAT 演习，两军通过联合军事训练等互动加强了文莱和美国之间的关系，期间，美军西太平洋后勤集团海军少将分别拜访文莱皇家武装部队总司令塔维和文莱国防部副部长第一海军上将（退休）阿齐兹，肯定了两国的友好关系和享有的防务合作 | 5 | 军演 |
| 14 | 2017 年 11 月 6 日 | 新加坡 | 文莱国防部副部长第一海军上将（退休）阿齐兹收到新加坡教育部长（高等教育和技能）兼国防部长 Mr. OngYeKung 的介绍性访问，双方就两国国防部门之间的密切关系及共同关心的安全问题交流意见 | 1 | 接待 |
| 15 | 2017 年 10 月 26 日～ 11 月 4 日 | 印度尼西亚 | 文莱皇家武装部队特种部队与印度尼西亚国民军特种部队 KOPASSUS 举行联合军演。期间，印度尼西亚国民军（TNI）特种部队司令部司令 Madsuni 少将分别对苏丹陛下、皇太子比拉及文莱皇家武装部队总司令塔维进行礼节性拜访，两国的防务关系将继续得到加强 | 10 | 军演、接待 |
| 16 | 2017 年 11 月 1 日 | 新加坡 | 文莱与新加坡举行的第六次防务政策对话会，双方重申两国的长期防务关系，就地区安全问题交换意见 | 1 | 访问 |

续表

| 编号 | 时间 | 合作国家 | 事件 | 天数（天） | 形式 |
|---|---|---|---|---|---|
| 17 | 2017 年 10 月 23 日 | 东盟 | 第 11 届东盟国防部长会议（ADMM）在菲律宾举行，文莱首相署能源与工业部常务秘书及其他官员代表文莱出席。会上，各国防部长就 ADMM 的发展及未来 3 年将开展的工作进行讨论，促进地区和平与稳定 | 1 | 会议 |
| 18 | 2017 年 10 月 23 日 | 缅甸 | 文莱皇家武装部队（RBAF）总司令塔维收到缅甸新任国防部 SannNyantOo 上校的介绍性访问 | 1 | 接待 |
| 19 | 2017 年 10 月 12 ~ 17 日 | 日本 | 俄罗斯太平洋舰队特遣部队对文莱进行友好访问，访问期间文莱皇家海军和俄罗斯海军进行各种专业交流、体育互动，以增进两国海军间的相互了解 | 6 | 接待 |
| 20 | 2017 年 10 月 9 ~ 11 日 | 新加坡 | 文莱皇家海军部队指挥官第一海军上将 Norazmi 对新加坡进行友好访问，访问期间拜访新加坡国防部长黄永宏，并被授予新加坡功勋奖章（军事） | 3 | 访问 |
| 21 | 2017 年 10 月 3 ~ 8 日 | 菲律宾 | 菲律宾皇家海军 ANDRESBONIFACIOFF – 17 抵达文莱摩拉港对文莱皇家海军进行友好访问，进行交流互动和通道演习（Passage Exercise） | 6 | 接待 |
| 22 | 2017 年 9 月 30 日 ~ 10 月 2 日 | 澳大利亚 | 澳大利亚皇家海军（RAN） HMASMELBOURNE（FFG05）对文莱进行友好访问，双方进行各种专业交流和体育互动，FFG05 也进行通道演习 | 3 | 接待 |
| 23 | 2017 年 9 月 25 ~ 27 日 | 中国 | 中国海军 150 编队抵达文莱摩拉港，期间会开展高层会谈、联合军演、专业交流等多项活动进一步增强两国军事合作 | 3 | 接待 |
| 24 | 2017 年 9 月 15 日 | 菲律宾 | 菲律宾国防部计划和方案助理秘书 Teodoro Cirilo T. Torralba Ⅲ 对文莱国防部副部长第一海军上将（退休）阿齐兹进行礼节性拜访 | 1 | 接待 |
| 25 | 2017 年 9 月 14 日 | 菲律宾 | 菲律宾国防部计划和方案助理秘书 Teodoro Cirilo T. Torralba Ⅲ 对文莱皇家武装部队司令塔为进行礼节性拜访，双方就未来进一步加强双边军事合作进行探讨 | 1 | 接待 |
| 26 | 2017 年 9 月 14 日 | 泰国 | 泰国皇家军队联合人事主任对文莱皇家武装部队司令塔为进行礼节性拜访，就两国军事合作的潜在领域进行探讨 | 1 | 接待 |

续表

| 编号 | 时间 | 合作国家 | 事件 | 天数（天） | 形式 |
|---|---|---|---|---|---|
| 27 | 2017年9月6日 | 马来西亚 | 文莱皇家武装部队（RBAF）与马来西亚武装部队（MAF）举行的第18次训练和演习工作委员会会议，会议涵盖与课程和培训有关事宜，为双方回顾培训合作和演练的进展提供了平台 | 1 | 会议 |
| 28 | 2017年8月9～11日 | 马来西亚 | 文莱皇家空军总司令Shahril Anwar准将对马来西亚进行访问，访问期间对马来西亚国防部长、马来西亚皇家空军进行友好拜访 | 3 | 出访 |
| 29 | 2017年8月8～10日 | 巴基斯坦 | 巴基斯坦Zamir – Ul – Hassan Shah中将（退休）及其代表团来文参加两国第5届联合防务工作委员会（JDWC） | 3 | 接待 |
| 30 | 2017年8月6～9日 | 印度尼西亚 | 文莱皇家空军总司令Shahril Anwar准将对印度尼西亚进行介绍性访问，旨在加强双边关系和国防合作 | 4 | 访问 |
| 31 | 2017年8月3日 | 泰国 | 苏丹陛下接见泰国皇家军队、首席国防部长Surapong Suwana – Adth将军 | 1 | 接待 |
| 32 | 2017年8月2～3日 | 澳大利亚 | 澳大利亚国防部副部长Ray Griggs海军中将分别对文莱皇家武装部队总司令塔维和文莱国防部副部长第一海军上将（退休）阿齐兹进行礼节性拜访 | 2 | 接待 |
| 33 | 2017年7月26～28日 | 新加坡 | 文莱皇家空军部队（RBAirF）总司令Shahril Anwar率队对新加坡进行正式访问，并被授予新加坡功勋奖章（军事） | 3 | 访问 |
| 34 | 2017年7月19～20日 | 新加坡 | 文莱国防部副部长第一海军上将（退休）收到新加坡新任海军总长Lew Chuen Hong的介绍性访问 | 2 | 接待 |
| 35 | 2017年7月5日 | 新加坡 | 文莱国防部与马来西亚国防部召开第18届联合防务工作委员会会议（JDWC），会议就共同利益、当前面临的安全挑战等领域进行讨论。期间，马来西亚国防部国防秘书Rahim对文莱国防部代理部长第一海军上将（退休）阿齐兹进行礼貌性拜访 | 1 | 会议、接待 |
| 36 | 2017年5月19日 | 东盟 | 第14届东盟国防部长非正式会议在菲律宾召开，文莱皇家武装部队总司令塔维出席 | 1 | 会议 |
| 37 | 2017年5月16～19日 | 新加坡 | 文莱国防部副部长第一海军上将（退休）阿齐兹与新加坡国防和外交部长孟理齐博士，双方重申两国良好的防务关系 | 4 | 接待 |

续表

| 编号 | 时间 | 合作国家 | 事件 | 天数(天) | 形式 |
|---|---|---|---|---|---|
| 38 | 2017 年 5 月 16～18 日 | 日本 | 日本海上自卫队（JMSDF）JSKIRISAME 军舰抵达文莱摩拉港进行友好访问，舰长 Kobayashi 分别拜访国防部副部长第一海军上将（退休）阿齐兹、文莱皇家武装部队总司令塔维。文莱皇家海军 KDB-DARULAMAN 和 JSKIRISAME 进行军演 | 3 | 接待、军演 |
| 39 | 2017 年 5 月 10～12 日 | 菲律宾 | 国防部副部长第一海军上将（退休）阿齐兹收到菲律宾海军司令（FOICPN）Ronald Joseph S. Mercado 海军中将的介绍性拜访 | 3 | 接待 |
| 40 | 2017 年 5 月 2 日 | 菲律宾 | 文莱皇家空军指挥官（RBAirF）Shahril Anwar 对菲律宾空军部队进行介绍性访问 | 1 | 访问 |
| 41 | 2017 年 4 月 26 日 | 俄罗斯 | 国防部副部长第一海军上将（退休）阿齐兹与俄罗斯国防部副部长 Lieutenant General Alexander Fomin 签署军事合作谅解备忘录，旨在拓宽互利领域防务合作 | 2 | 访问 |
| 42 | 2017 年 4 月 25～27 日 | 中国 | 文莱皇家海军司令诺拉兹米对中国进行介绍性访问，期间，他对中国人民解放军海军司令（PLA-N）沈金龙海军中将进行礼节性拜访 | 3 | 访问 |
| 43 | 2017 年 4 月 14～16 日 | 越南 | 越南人民海军（VPN）帆船抵达摩拉港，对文莱进行友好访问 | 3 | 接待 |
| 44 | 2017 年 4 月 6～8 日 | 巴基斯坦 | 文莱皇家武装部队总司令塔维收到巴基斯坦武装部队参谋长联席会议主席 Zubair Mahmood Hayat 的礼节性拜访 | 3 | 接待 |
| 45 | 2017 年 3 月 17 日 | 印度尼西亚 | 印度尼西亚空军司令对文莱进行礼节性访问，期间，分别拜访文莱皇家武装部队总司令塔维和国防部副部长第一海军上将（退休）阿齐兹 | 1 | 接待 |
| 46 | 2017 年 3 月 16 日 | 英国 | 文莱皇家武装部队总司令塔维收到英国武装部队第 11 步兵团指挥官 Carmichael Kimber 的礼节性拜访 | 1 | 接待 |
| 47 | 2017 年 3 月 14 日 | 沙特阿拉伯 | 文莱皇家武装部队总司令塔维收到沙特阿拉伯军事专员行政情报局和武装部队安全主任 Khalid 少将的礼节性拜访 | 1 | 接待 |
| 48 | 2017 年 3 月 6 日 | 马来西亚 | 马来西亚陆军司令 Zulkiple 上将对文莱进行礼节性访问，期间，分别拜访文莱皇家武装部队总司令塔维和国防部副部长第一海军上将（退休）阿齐兹 | 1 | 接待 |

| 编号 | 时间 | 合作国家 | 事件 | 天数（天） | 形式 |
|---|---|---|---|---|---|
| 49 | 2017年<br>2月28日 | 美国 | 美国陆军太平洋副司令（USARPAC）佛林少将对文莱进行礼节性拜访，期间，分别拜访文莱皇家武装部队总司令塔维和国防部副部长第一海军上将（退休）阿齐兹 | 1 | 接待 |
| 50 | 2017年2月<br>16~19日 | 美国 | 美国海军驻扎在新加坡的濒海战斗舰 USSCoronado（LCS4）抵达摩拉港，对文莱进行港口访问，进一步加强两国防务关系 | 4 | 接待 |
| 51 | 2017年1月<br>22~24日 | 新加坡 | 国防部常务秘书（退休）拉赫曼对新加坡进行介绍性访问，期间，拜访新加坡国防部长黄永宏 | 3 | 访问 |
| 52 | 2017年<br>1月17日 | 新加坡 | 新加坡军事安全部门主任 PaulChew 准将率新加坡武装部队代表团对文莱进行工作访问，期间，拜访文莱国防部副部长第一海军上将（退休）阿齐兹 | 3 | 接待 |
| 53 | 2017年<br>1月12日 | 中国 | 中国人民解放军北部战区空军政委白文奇及其代表团对文莱进行访问，期间，分别拜访文莱皇家武装部队总司令塔维和国防部副部长第一海军上将（退休）阿齐兹 | 1 | 接待 |

资料来源：笔者根据文莱国防部新闻整理，http：//www.mindef.gov.bn/Lists/News/All%20News.aspx。

借助与区域内国家、周边国家和域外大国的军事交流与合作，2016~2017年文莱的国防安全状况保持稳定，与新加坡、美国、英国、菲律宾的军事交流与合作也进一步增强，并继续与中国保持一定程度上的军事交流。

1. 军事演习与训练

文莱自身防务力量较为弱小，习惯与周边国家进行军事演习与训练合作，提升军事防务能力，并借助周边军事力量共同维护地区和平稳定。2017年6月，文莱以观察员身份，见证了印度尼西亚、马来西亚和菲律宾三方海上巡逻的启动，共同解决海上安全威胁。2017年11月，文莱皇家陆军与新加坡陆军举行第22届代号为"共同迈进"的联合演习，扩大了双方军事合作领域；澳大利亚皇家空军和文莱皇家空军举行联合搜救训练活动，并进行了搜救经验分享；美国海军陆战队和文莱皇家海军部队展开第23届年度"联合海上作战训练"演习，旨在加强海上合作伙伴关系，促进区域和平与稳定。

2. 非传统安全合作

恐怖主义和毒品走私等非传统安全威胁是东盟国家共同面临的重大挑战，包括文莱在内的东盟国家加强团结、合作应对。2017 年 6 月文莱受邀参加由印度尼西亚主办的印度尼西亚、文莱、马来西亚、菲律宾、新西兰和澳大利亚六国协调会，共商打击消灭东南亚地区伊斯兰国组织极端恐怖主义的对策；2017 年 7 月，在东盟联盟议会大会上，文莱与其他成员国讨论了关于打击毒品犯罪的若干问题，并提出了希望东盟地区摆脱毒品的愿景。此外，文莱与中国、马来西亚等国就共同打击跨境毒品犯罪加强合作。

2017 年，文莱一方面不断增加军费支出在 GDP 中所占的比重，为本国军事建设及武器装配研发及制造提供充足的资金支持；另一方面继续借助与东盟内部国家、周边国家、区域外国家的跨境区域军事安全合作，将其军事安全维持在一个相对平衡的发展状态，进而保障其国家发展环境的和平与稳定，实现自身稳定发展。总而言之，对于全球防务，文莱可能是一个轻量级选手，然而这个伊斯兰君主国却越来越希望走出海岸线发挥自己的作用。

# 第五节  主动参与对外合作

## 一、积极投身区域经济合作

1. 东盟 "10 + N" 自由贸易协定

文莱主张通过东盟寻求区域的繁荣和稳定，通过东盟 "10 + N" 自由贸易协定模式，融入世界经济生产贸易网络，并通过东盟组织向国际社会发声，以彰显其作为国际社会成员地位。2017 年 11 月，文莱苏丹分别出席第 5 届东盟—美国峰会和第 20 届东盟—中国峰会，强调美国与东盟的战略伙伴关系，敦促东盟与中国尽快达成区域全面经济伙伴关系，进一步加强本地区国家间的经济联系。并以东盟与日本协调国身份出席第 20 届东盟—日本峰会，代表东盟成员国发表共同声明，承认日本的支持对东盟整体发展价值无可估量，相信东盟与日本的合作关系将在未来得到进一步加强。

2. 区域全面经济伙伴关系协定（RCEP）

文莱是区域全面经济伙伴关系协定（RCEP）的初始成员国，在 RCEP 的谈判中发挥着其应有的作用。RCEP 谈判于 2013 年 5 月正式启动，第 11 轮谈判于 2016 年 2 月 14～19 日在文莱斯里巴加湾举行。本轮谈判的重点是推进货物、服务、投资三大核心领域市场准入谈判和文本磋商，并初步确定 2016 年的谈判计划。2017 年 11 月 14 日，区域全面经济伙伴关系协定（RCEP）首次领导人会议在菲律宾马尼拉举行，强调 RCEP 有助于经济一体化和实现包容性增长，并敦促各国代表加紧磋商以早日达成协议。

3. 次区域合作——东盟东部成长区

文莱作为东盟东部成长区唯一一个独立主权国家，是该次区域经济合作区的经济、文化中心。文莱也一直致力于打造成该区域的区域性航运中心。2017 年4月29日，第十二次东盟东部成长区峰会在菲律宾马尼拉举行，讨论了东盟东部成长区在促进可持续和包容性增长的共同愿景及促进民间繁荣中的重要作用，并重申实施措施以加快该区域贸易、投资和旅游业发展的承诺。2017 年9月14日，首届中国—东盟东部增长区贸易投资研讨会在广西南宁举行，寻求扩大与中国的合作伙伴关系，通过扩大与中国的贸易投资来扩大东盟东部成长区在该区域的影响力。

## 二、稳步发展对外关系

1. 东盟国家

第一，新加坡。在东盟各成员国中，文莱与新加坡联系最紧密，文莱币与新加坡元等值流通，各个领域合作密切，往来频繁。文莱为新加坡提供军事训练基地，新加坡则帮助文莱训练军官。2017 年2月，新加坡贸工部兼国家发展部政务部长许宝琨率团访问文莱，考察文莱贸易与投资环境，发掘商务合作机会；7月，苏丹携苏丹后对新加坡进行了为期3天的国事访问，双方除重申在传统领域的密切合作关系外，确定了其他新的合作领域；10月，新加坡总理李显龙出席文莱苏丹登基金禧庆典活动；11月，文莱和新加坡举行第6次国防政策对话会，重申进一步加强双边防务合作的承诺。文化、青年与体育部还联合举办"文莱—新加坡集邮、文物与多媒体展"，欢庆文莱同新加坡"货币等值互换协定"50周年。

第二，马来西亚。文莱与马来西亚同文同种同宗教，各领域往来密切。在政治上，双方有机制化的交流活动，如每年一度的公务员交流活动已举办了 16 届。经济往来也日益密切，2017 年1月文莱的主要资源与旅游部下属农业及农产食品局与马来西亚农业研究发展局签署了《农业研究与发展合作谅解备忘录》，致力于水稻品种改良合作；3月，文莱苏丹接见马来西亚沙巴州旅游文化与环境部长拿督斯里邦里玛玛西迪，期待进一步加强旅游业合作。双方安全合作愿望强烈，2017 年5月，砂拉越州皇家警察总监拿督马兹兰拜会文莱皇家警察部队，双方就加强边境安全与合作交换意见。

第三，菲律宾。2017 年，菲律宾是轮值主席国，文莱与菲律宾交往更加紧密。2017 年4月，文莱在出席第 30 届东盟峰会期间，与菲律宾总统杜特尔特举行会晤，双方明确已在经贸、投资、国防、农业、能源、教育、卫生等领域，保持了密切合作关系；在经济往来方面，2017 年 3 月，文莱商人访问团对菲律宾巴拉望省进行考察访问，并表示愿意参与该省旅游和农业投资合作，并对投资可能性进行了评估。此外，文莱与菲律宾一直致力于反恐合作，文莱参与菲律宾南部的国际监督团队，打击清除该地区恐怖主义极端组织，维护区域和平稳定。

第四，越南。2017 年是文莱与越南建交 25 周年，双方合作往来日益密切。两国高层互访更加频繁，2016 年 8 月，越南国家主席陈大光对文莱进行国事访问；2017 年 11 月，文莱苏丹在越南出席亚太经合组织（APEC）第二十五次领导人非正式会议，与越南国家主席陈大光进行会谈，就进一步加强双边关系交换了看法。双边合作交往也取得机制化进展，2017 年 2 月，越南—文莱双边合作委员会第二次会议在越南河内举行，会议强调将密切协作配合，大力推动政治、安全、防务、海事、教育等领域的双边合作关系深入发展；越南—文莱双边合作委员会第三次会议将于 2018 年在文莱召开，且两国都是 TPP 创始成员国，双方共同经济利益较多。

2. 伊斯兰教国家

第一，沙特阿拉伯。文莱非常重视积极发展同穆斯林国家间的关系，沙特阿拉伯是伊斯兰会议组织成员国。文莱与沙特阿拉伯保持良好关系。2017 年文莱与沙特阿拉伯实现两国元首互访。3 月 14 日，沙特阿拉伯国王萨勒曼访问文莱，双方一直强调加强双方政治安全、军事和伊斯兰事务领域协调与合作的重要性；5 月 21 日，文莱苏丹出席在沙特阿拉伯利雅得举行的阿拉伯伊斯兰—美国峰会，沙特阿拉伯国王亲自迎接。在宗教事务方面，文莱与沙特阿拉伯每年都会举行麦加朝圣管理会议，确定文莱麦加朝圣者人数，以及为朝圣者提供后勤保障服务等事宜。两国均为石油生产国，能源合作愿望强烈。2017 年 5 月 7 日，沙特阿拉伯能源、工业与矿物资源部长访问文莱能源与工业部，双方就原油供应、石化下游产业发展、来自沙特阿拉伯公司的潜在投资，以及稳定原油市场价格等领域进行了探讨合作。

第二，巴林。文莱与巴林于 1989 年建立外交关系，并享有密切的友好合作关系，同时两国关系通过两国领导人的互访而得到提升。2017 年 5 月 3 日，巴林国王阿勒哈利法访问文莱，获苏丹颁赐 Darjah Kerabat Mahkota Brunei（D. K. M. B.）勋章，双方就宗教、经济、工业等多方面课题进行深度交流。这次访问是文莱与巴林两国最高领导人在文莱的首次会面，极具历史意义。

3. 英联邦国家

第一，英国。文莱独立前曾长期受英国完全保护，至今两国仍保持着密切的政治、军事、经济、教育联系。2017 年 10 月 6 日，英国爱德华王子和夫人代表英国女王伊丽莎白二世出席文莱苏丹陛下庆祝登基50周年金禧纪念庆典。2017年11月2日，英国王储查尔斯和康瓦尔公爵夫人莅临文莱进行国事访问，苏丹携皇室成员进行接见，双方就两国国事进行交流与交换意见。此外，文莱学生喜欢去英国留学，英国文化教育协会还在文莱举办文化教育展，加强两国文化教育交流合作。

第二，加拿大。文莱与加拿大于1984年建立外交关系，双边关系的一个重点是贸易与投资会。文莱与加拿大通过英联邦多边论坛、TPP谈判及东盟对话与区域论坛等平台互动来增加双方接触，促进交流。双方在航天科技、信息通信、清真食品药品、国防安全和教育等领域合作潜力较大。2017年8月，在加拿大多伦多举行的第三届亚太工商咨询理事会上，文莱方面表示，区域贸易协定可以为文莱产品提供更多的出口市场，促进产业链形成，激发文莱企业活动。在教育方面，截至2016年底，共有50多名文莱学生在加拿大的大专院校学习。

第三，澳大利亚。文莱与澳大利亚关系主要集中在安全防卫、教育与经济等领域。双方安全防卫合作历史渊源已久，1945年，澳大利亚军队在文莱抵御日本侵略实现解放中发挥了重要作用。2017年，双方军事安全合作交流依然密切。8月，澳大利亚国防军副司令格里格斯访问文莱，双方就区域和国际安全问题及共同关心的领域交换意见；11月，澳大利亚皇家空军和文莱皇家空军进行了联合搜救训练活动。在教育方面，澳大利亚有许多教师或其他行业的专家在文莱工作，澳大利亚也是文莱学生留学选择的主要目的地之一。在经济方面，澳大利亚游客来旅游人数较往年增加，文莱正致力于优化空中航线，如开通文莱—西安航线，打造成中国与马来西亚沙巴、印度尼西亚巴厘岛、新加坡和澳大利亚旅游的"黄金连接点"。

随着东南亚地区日益成为全球新的经济增长极，引来全球资本和企业的投资目光，文莱也在利用自身稳定的政治、经济和文化环境，努力进行经济多元化转型，旅游与清真产业将会成为文莱重点发展的产业，小国外交也将会带来一定的成效。

# 第六节　发展展望

在自由贸易主义与贸易保护主义相互交织的背景下，全球经济复苏缓慢，油价波动频繁，这给文莱自身发展带来了巨大的挑战。文莱应进一步稳固国内稳定的政治局势，同时加大行政体制改革的力度，增强青年参与国内治理的能力，以提高行政效率，创造良好的营商环境；同时，经济多元化也将是文莱应始终坚持的经济体制改革方向，在保证现有油气资源上下游产业发展的同时，应加快对清真产业、旅游业、数字产业等第三产业的投入与开发，完善产业配套，提高创新能力；更需要利用其所处的地缘优势，发挥小国外交的特点，以更积极的姿态开展与新加坡、马来西亚等周边国家的合作，融入如CPTTP、RCEP等地区性合作，尤其能提高其在"一带一路"倡议建设中的参与度，并全面深化其与中国的务实合作。

# 第二章  2016~2017 年柬埔寨国情报告[*]

当前，柬埔寨已经成长为亚洲增速最快的经济体之一，是世界少数几个年均增长率在7%以上的国家。2017年，柬埔寨最大反对党救国党被解散，欧美等国对柬埔寨政府施加压力，欲施行经济制裁手段，柬埔寨的诸多问题依然遭受国际社会关注和指责。但不可否认的是，在如此来之不易的和平下，这个国家越来越多的人拥有了高棉式的幸福笑颜，越来越多的柬埔寨人开始从战争阴霾中走出来，在和平与经济腾飞的时代拥有了不同以往的梦想与期望。

## 第一节  柬埔寨形势分述

1993年，柬埔寨恢复实行君主立宪政体下的多党政治制度，并举行了第一次全国大选。对于一个刚刚走出战争，在百废待兴的状态下就试图进入民主制度世界的东南亚小国来说，前路并不好走。而柬埔寨经过几番政治派别斗争的分化与组合逐渐形成了以执政党人民党为主导的趋势，但伴随着近年反对党救国党的异军突起，柬埔寨的政治未来变数极高。事实上，目前该国的政治博弈是根深蒂固的长期执政党与主张民主并吸引大量民意支持的反对党之间的较量。而2017年末，柬埔寨最高法院已经宣布柬埔寨最主要的反对党救国党被解散，并禁止该党118名主要官员在5年内从政。2018年是柬埔寨大选之年，随着救国党被解散所产生的巨大政治震荡，以及洪森政府所展现出愈强的危机感，柬埔寨的政治风险似乎也到达了近年来的一个阈值。

柬埔寨实行民主多党制度，但是以洪森为首的人民党凭借其几十年打下来的

———————————

* 本章由程成、程雨、陈乔负责撰写。程成，广西大学中国东盟研究院副院长，管理学博士、研究员、博士生导师；程雨，广西大学国际学院（中国—东盟研究院）柬埔寨研究所研究助理；陈乔，讲师，广西大学商学院博士研究生。

牢固的群众基础和较为缜密与成熟的组织体系，一直掌控着从中央到地方的绝大部分权力。而人民党作为柬埔寨最有实力并牢牢掌握主导地位的执政党，在经历几次大选后进入多党民主政治过渡期中，面对政治经济基础薄弱、党派之争频频发生，以及西方外部势力双重标准的干涉，该党除了主张对内维护政局稳定，平定各纷争给社会带来的不安因素外，还持续推动减贫计划，主张对外开放，致力于经济发展。尽管有一些国际组织的反对声音，但不可否认的是，洪森政府在国民经济的提升和社会稳定的控制上都做出了不可忽视的贡献与成绩。

但是，随着柬埔寨国内人口年龄分布的变化和社群媒体的高度普及化，柬埔寨国内的年轻人要求改革与变化的压力也越来越难以被忽视。[①] 2017 年 10 月救国党主席金速卡因被指控勾结外国企图推翻柬埔寨合法政府的罪名而被逮捕。2017 年 11 月 16 日，柬埔寨最高法院的终审判决中宣布解散救国党。柬埔寨国内救国党的标志与招牌全部被拆除，救国党内的 100 多名党员 5 年内被禁止从政，这一系列的政治震动所产生的风波与影响力度不可小视。

# 第二节　经济发展

## 一、2016~2017 年柬埔寨经济总体情况

2017 年柬埔寨财经部发布经济评估报告称，柬埔寨经济总体依然强劲，基本保持着 7% 的增长速度，如图 2－1 所示，其中主要支柱产业的增速将达两位数。尽管全球经济仍存在很多的不确定性，包括发达国家和发展中国家经济面临的挑战增加，但柬埔寨经济在中短期内依然能保持调整稳定的增长势头，在东盟十个国家中预测年均 GDP 增长率最高，排名第一（见表 2－1）。凭借这一成绩，亚洲开发银行（ADB）把柬埔寨称为亚洲国家经济增长速度最快的国家之一，并称柬埔寨为"亚洲经济新虎"。

根据柬埔寨财经部报告显示，2017 年柬埔寨政府制定了推动农业、制衣（鞋）业、轻工业与电子业多样化及提高附加值的诸多政策，使得柬埔寨经济增长速度高于东盟其他国家，柬埔寨虽然在个别领域仍有不足，但总体上经济增长处于强劲态势。其中，农业复苏是维持经济增长、降低贫困率的重要因素。但是，由于旅游业和房地产业增速放缓因素的影响，柬埔寨国内通胀率有所上升，

---

① 2013 年柬埔寨大选，亲美救国党一举拿下 123 个议席中的 55 个席位，比上届大选的 29 个席位几乎翻倍。

经常项目赤字缩小。

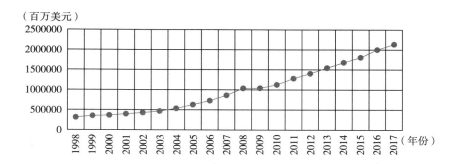

**图 2-1 柬埔寨年均 GDP 增长率**

资料来源：世界银行（单位：百万美元）。

**表 2-1 2017 年柬埔寨 GDP 增长排名** 单位：%

| 国家 | 2017 年 | 2018 年[f] |
|---|---|---|
| 文莱 | -1.3 | 1.0 |
| 柬埔寨 | 6.9 | 7.1 |
| 印度尼西亚 | 5.1 | 5.3 |
| 老挝 | 6.8 | 7.0 |
| 马来西亚 | 5.9 | 5.4 |
| 缅甸 | 6.3 | 8.0 |
| 菲律宾 | 6.7 | 6.7 |
| 新加坡 | 3.5 | 2.7 |
| 泰国 | 3.9 | 3.6 |
| 越南 | 6.8 | 6.5 |
| 平均 | 5.0 | 6.1 |

资料来源：Asian Development Outlook 2017（Update）（注：表中 f 表示预测数据）。

## 二、柬埔寨主要产业发展情况

### 1. 柬埔寨农业

从自然环境、气候条件及土地资源来看，柬埔寨具备优先发展农业的先天优势。作为传统的农业国家，农业一直是其主要经济支柱。目前，全国可耕地面积约 670 万公顷，其中水稻种植面积占总耕地面积的近半，湄公河、洞里萨河、巴萨河沿岸为主要产稻区。

（1）稻米产业。目前，柬埔寨已成功向全球 60 个国家出口大米。2016 年柬埔寨大米出口量为 54.2 万吨，其中出口中国大米 12.7 万吨，占比 23.4%，居于首位。据柬埔寨农业部统计，2017 年 1～7 月，柬埔寨出口至国外大米数量约为 31.59 万吨，同比增长 8.10%，其中进口柬埔寨大米数量最多的国家是中国。

（2）橡胶产业。作为柬埔寨最主要的出口经济作物，橡胶产业发展蕴含巨大潜力。政府出台了诸多优惠政策大力发展橡胶业，鼓励外国投资者在柬埔寨进行橡胶种植和加工，希望将天然橡胶产业发展为柬埔寨经济支柱，以带动其他产业的发展，实现减贫目标。根据柬埔寨农林渔业部橡胶总局数据，2016 年柬埔寨共出口干橡胶 14 万 5200 吨，出口总值 1.8 亿美元。2017 年柬埔寨共出口 18 万 8832 吨干橡胶，平均每吨代价为 1586 美元，共创汇 2.99 亿美元。柬埔寨农业部初步估计，到 2018 年柬埔寨橡胶种植面积将突破 42 万公顷，生产橡胶将超过 40 万吨。

2. 柬埔寨制衣（鞋）业

虽然柬埔寨近年来经济增速较快，但是外部环境依旧对柬埔寨制衣（鞋）业出口构成不少风险。由于受到人工成本增长、美元贬值及来自缅甸、越南、老挝等邻国低工资竞争的影响，柬埔寨制衣（鞋）业出口增速由 2016 年的 12.3% 降为 2017 年的 8.4%。①

3. 柬埔寨旅游业

2017 年，柬埔寨旅游业整体增速放缓，但中国游客增加显著。据统计，2016 年柬埔寨共接待国际游客达 501.1712 万人次，同比增长 5%，旅游业创收 32.12 亿美元，占 GDP 的 17%（见表 2－2）。越南、中国、老挝、韩国和泰国分别为前五大客源国。其中，中国游客 69.5 万，占柬埔寨接待国际游客总数的 14.5%，同比增长 24%，仅次于越南的 98.8 万，后者的增速是 9.1%；老挝游客 40.5 万，下降 11.9%；韩国游客下降 6.9%；泰国游客增长 25.2%。

表 2－2　2012～2016 年柬埔寨接待外国游客（按人数）

| 年份 | 国际游客 | | 平均停留时间（天） | 酒店入住率（%） | 旅游业收入（亿美元） |
| --- | --- | --- | --- | --- | --- |
| | 数量（万人） | 变化率（%） | | | |
| 2012 年 | 358.4307 | 24.4 | 6.30 | 68.5 | 22.1 |

---

① 新华丝路数据库。

续表

| 年份 | 国际游客 | | 平均停留时间（天） | 酒店入住率（%） | 旅游业收入（亿美元） |
|---|---|---|---|---|---|
| | 数量（万人） | 变化率（%） | | | |
| 2013 年 | 421.0165 | 17.5 | 6.75 | 69.5 | 25.47 |
| 2014 年 | 450.2775 | 7.0 | 6.50 | 67.6 | 27.36 |
| 2015 年 | 477.5231 | 6.1 | 6.80 | 70.2 | 30.12 |
| 2016 年 | 501.1712 | 5.0 | 6.30 | 68.9 | 32.12 |

资料来源：柬埔寨旅游部 2017 年统计报告。

国际游客主要由金边、暹粒、西哈努克三大机场入境（见表 2 - 3），在柬埔寨的平均停留时间为 6.3 天，柬埔寨酒店入住率达 68.9%。中国游客市场将继续成为柬埔寨旅游业的主要驱动力。白皮书首次提出柬埔寨接待中国游客的标准，包括旅行社服务、餐厅酒店服务、运输服务等内容。2017 年，柬埔寨旅游部推出"美丽城市、美丽景点、良好服务和良好接待"活动，并推出"美丽城市竞赛"，希望吸引更多的中国游客赴柬埔寨旅游。

表 2 - 3 2012～2016 年柬埔寨接待外国游客（按入境方式）

| 人数 交通 | 入境旅游（万人） | | 占比（%） | | 变化率（%） |
|---|---|---|---|---|---|
| | 2015 年 | 2016 年 | 2015 年 | 2016 年 | 2016/2015 |
| 航空 | 247.6001 | 270.4367 | 51.9 | 54.0 | 9.2 |
| 金边机场 | 106.1034 | 116.4240 | 22.2 | 23.2 | 9.7 |
| 暹粒机场 | 141.4967 | 150.7039 | 29.6 | 30.1 | 6.5 |
| 西哈努克机场 | — | 3.3088 | — | — | 0.7 |
| 陆路和水运 | 229.9230 | 230.7345 | 48.1 | 46.0 | 0.4 |
| 陆路 | 215.1138 | 215.3932 | 45.0 | 43.0 | 0.1 |
| 水运 | 14.8092 | 15.3413 | 3.1 | 3.1 | 3.6 |
| 总计 | 477.5231 | 501.1712 | 100.0 | 100.0 | 5.0 |

资料来源：柬埔寨旅游部 2017 年统计报告。

4. 柬埔寨房地产业

截至 2017 年 6 月，柬埔寨共有 1006 家执照有效的建筑公司，包括 966 家建筑公司和 40 家建筑设计公司。柬埔寨政府共批准建筑项目 2636 个，建筑面积 1400 万平方米，总投资 85.34 亿美元，同比增长 155% 左右，创造工作岗位 20 余万个。但总体来看，柬埔寨房地产市场还处于起步发展阶段。

## 三、柬埔寨 CPI、利率与外债

### 1. 通货膨胀

2016～2017 年，柬埔寨通货膨胀率连续保持在较低水平，CPI（年平均）基本保持在 2%～3.9%，CPI（期末）则是维持在 1.1%～3.6%（见表 2－4）。由此可知，柬埔寨宏观经济形势整体良好，贸易保持稳定增长，通胀率处于可控状态。

表 2－4　2014～2016 年柬埔寨 CPI

| 年份 ＼ CPI | CPI（年平均, %） | CPI（期末, %） |
|---|---|---|
| 2014 年 | 3.9 | 1.1 |
| 2015 年 | 3 | 2.8 |
| 2016 年 | 2 | 3.6 |
| 2017 年 | 2.1 | 3.3 |

资料来源：柬埔寨国家银行、亚洲开发银行。

### 2. 利率及信贷

柬埔寨是东南亚贷款成本最高的国家之一，存贷利率差距极大。2014～2017 年柬埔寨贷款利率分别为 12.3%、11.7%、11.6%、11.5%，存款利率分别为 1.42%、1.42%、1.5%、1.46%（见表 2－5），贷款利率是存款利率的 8 倍左右。另外，整体上存款利率和贷款利率相对比较稳定，变化幅度较小。柬埔寨银行系统的资金来源主要是境外的美元，在奉行资金自由流通的柬埔寨市场，柬埔寨国家银行仍未建立基准利率政策，使它难以干预银行的利率走向。

表 2－5　2014～2017 年柬埔寨存贷款利率及信贷增长情况

| 年份 ＼ 利率 | 贷款利率 | 存款利率 | 国内信贷增长率 |
|---|---|---|---|
| 2014 年 | 12.3 | 1.42 | 29.4 |
| 2015 年 | 11.7 | 1.42 | 23.9 |
| 2016 年 | 11.6 | 1.5 | 22 |
| 2017 年 | 11.5 | 1.46 | 22.5 |

资料来源：柬埔寨国家银行、世界银行。

3. 外债情况

20 世纪 90 年代，柬埔寨外债总额占 GDP 的 70%，目前外债总额已下降至占 GDP 的 30%，所有的外债都属于低息优惠贷款，中国是柬埔寨最大的债权国。柬埔寨政府接受的贷款条件是：期限比较长，属于中长期贷款，一般从 20 年到 40 年；利率比较低，一般不会超过 1%；优惠期限一般从 7 年至 15 年。据柬埔寨政府《2016～2018 年公共债务管理政策》安排，2016～2018 年柬埔寨政府每年可向外借贷 7 亿～8 亿特别提款权（约合 10 亿美元），以适应柬埔寨经济发展。柬埔寨向外借贷主要用于建设道路、桥梁、码头、电力和水利灌溉等基础设施，并发展经济和培训人力资源。根据柬埔寨 2017 年预算法，柬埔寨政府拥有约 70 亿美元特别提款权的国外贷款额度。

# 第三节　外交关系

柬埔寨具有独立自主的外交，其为了自身的发展，则在大国之间走钢丝求平衡无可厚非，所以无论是面对中国，还是面对带着亚太平衡战略的美国，或是有着成熟且缜密的外交和文化渗透的日本，在洪森所执掌的政府下，柬埔寨都以相对不同的态度在外交中展现洪氏铁腕态势。柬埔寨是一个刚刚从 30 年战乱中挣扎出来的国家，脱贫和发展经济依然是政府优先考量的方面，而小国在平衡上游走的先决条件是要发展自己本身的实力，国民具有独立性的认同感，不被大国的舆论和意识形态给同化，而柬埔寨的平衡外交近几年都表现不俗。人民党政府多年来的连续执政，在外交政策上也表现出连续性。人民党政府注重与中国、美国、日本等大国的平衡外交，并积极与泰国、越南等周边国家和平共处，并发挥柬埔寨在东南亚一体化中的作用，以更好地融入国际社会。

## 一、中柬关系

新世纪以后，柬埔寨与中国建立并全面推进战略伙伴关系，在政治外交上，中柬高层的互访与互动愈加频繁。2016 年 10 月 12 日，中国国家主席习近平在柬埔寨《柬埔寨之光》报发表题为《做肝胆相照的好邻居、真朋友》的署名文章，次日乘专机抵达金边，对柬埔寨王国进行国事访问。2017 年 5 月 13 日至 17 日，柬埔寨首相洪森访华出席"一带一路"国际合作高峰论坛，期间与中国国家主席习近平会面，并与中国国务院总理李克强举行会谈，期间双方签署

《共同推进"一带一路"建设合作规划纲要》《关于加强基础设施领域合作的谅解备忘录》《关于交通运输领域能力建设合作谅解备忘录》《关于旅游合作的谅解备忘录实施方案（2017～2020）》《关于共建中柬联合海洋观测站的议定书》等13份合作文件。在贸易往来上，中国是柬埔寨最重要的贸易伙伴之一。中国已经成为在柬埔寨最大的投资国和最重要的外援捐助者，而如今中国的"一带一路"建设也得到柬埔寨的大力支持，把两国之间的互联互通发挥到历史的最高点。

柬埔寨在发展对华关系时除了加强双边政治上的往来之外，更加强了经济贸易层面的合作。这也在另一个方面反映了柬埔寨外交政策的深层总体指导思想，更务实更灵活，从符合自身国家的利益出发。事实上，中柬关系已经从旧式的历史时代背景中的传统友谊转变成了越来越丰富和饱满的关系，具有持续性和发展性。实际上，中国对柬埔寨投资与援助最重要的前提是始终尊重柬埔寨的主权独立、平等互利，而这些投资与援助也帮助柬埔寨在战后重建中降低了贫穷指数，促进了民生，加强了政治独立，而双方都有着不断优化这些投资和互惠互利的愿望。柬埔寨是务实的，从符合自身国家的利益出发，其和平中立不结盟的外交原则策略及注重发展经济的总体指导思想也在此体现得淋漓尽致。

2016年10月13日，中国国家主席习近平对柬埔寨正式展开历史性访问，对巩固中柬传统友谊和进一步深化双方全面战略合作具有重大意义。这也是习近平于2013年出任中国国家主席以来，首次对柬埔寨进行国事访问。习近平的到访突出了中柬长久的友好和合作关系，近年来两国关系已提升至全面战略合作伙伴关系，两国在各个领域的合作推动了柬埔寨国家、经济和社会发展。目前，中国是柬埔寨最大的投资国，中资企业以独资或合资方式兴建7座水力发电站，帮助柬埔寨实现能源独立和降低电费愿望。柬埔寨王室和中国领导人及人民也建立了特殊和深厚的友谊，西哈莫尼国王和莫尼列国母每年都会到中国接受健康检查和休养。由习近平主席提出的"一带一路"倡议，也与柬埔寨政府四角战略对接，在"亚洲基础设施投资银行"和"丝路基金"的支持下，促进柬埔寨和中国及区域国家的互联互通①。

## 二、柬美关系

从经济层面上看柬美关系，双方之间的经贸合作确实给柬埔寨带来了实实在在的利益。据统计，从20世纪90年代初，凭借美欧等地提供的出口税率优惠，

---

① 深化两国全面战略合作·中国国家主席访柬［EB/OL］．柬埔寨星洲日报．［2016－10－13］．http：//www.camsinchew.com/node/48083？tid=4.

柬埔寨的服装出口贸易额从占国内生产总值不到 1%，如今已经增长至接近 10%。2016 年上半年，柬埔寨服装出口贸易额达到 30 亿美元，提供 60 万个就业岗位。服装贸易成为美国给柬埔寨带来的最大经济贡献。尽管美国每年会向柬埔寨提供数以百万美元计的援助和税收优惠，但都带有附加条件，那就是推动民主人权。柬国内含有将近 5000 多个非政府组织，多数非政府组织来自国外特别是欧美人主导的居多，且在战后修复的时期，柬埔寨十分依赖外援，从而导致如今在柬国境内有不断发展与壮大的非政府组织机构。欧美人用其传教士先行的探路精神，以及用非政府组织在柬埔寨施行的教育扶贫、医疗卫生、民主政策与资源管理保护各方面大力打开局面和俘获人心的背景下，对柬埔寨产生极其不小的影响力。

但当牵扯到了核心政治利益时，这些曾经看似友好的你来我往中似乎都在发生着变化。2017 年 11 月，柬埔寨主要反对党救国党被解散，柬美关系因此持续发酵，美欧等西方国家也不断对柬埔寨政府施加压力。随着事态发展，不排除以美国为首的西方国家对柬埔寨在今后进行进一步制裁的更多可能。

## 三、柬日关系

2017 年 8 月 6 日，柬埔寨首相洪森抵达东京，对日本展开为期四天的访问。这是洪森第 21 次访问日本，此前安倍与洪森共举行过 7 次首脑会晤。在洪森首相到访日本之前，安倍政府已经提前确认将给洪森送上一份 2.4 亿美元的无偿经济援助大礼包。与此同时，柬埔寨外交部在 2017 年 8 月 9 日发布的一份声明中称，首相洪森已经在与日本首相安倍晋三会谈期间商讨日本将投资 8 亿美元援建柬埔寨轻轨的项目，并签署包括水利工程、西哈努克港援建等在内的合作协议。截至 2016 年柬埔寨和日本之间的贸易额已经达到 13 亿美元。

对于柬埔寨来说，中国与日本都是重要的合作伙伴。长期以来，基础设施不足，尤其是在柬埔寨边远地区，使得许多外国投资者对这个世界上最穷的国家之一望而却步。日本自 1992 年开始就是柬埔寨最大的援助国，其中包括无偿援助、技术援助及贷款等项目。[1] 日本外务省官员曾经对柬埔寨媒体表示，尽管受到经济衰退的影响，日本减少了 30% 的对外援助，但对于柬埔寨的援助却是没有丝毫的减少。[2]

鉴于日本"毫不吝惜"的援助，柬埔寨也同样非常重视与日本之间的外交关系。早在 2000 年，时任日本首相的小渊惠三对柬埔寨进行正式访问，这

---

① 锡坤. 日本 21 年对柬投资 9.6 亿美元［N］. The Commercial News, 2016 - 07 - 30.
② 据柬埔寨发展理事会报告，从 1992 年到 2017 年，日本对柬投资 9.6 亿美元，主要投资 99 个项目，其中有 67 个项目设在经济特区内。

也是 40 多年来日本首相第一次访问柬埔寨。但洪森政府的外交政策在日本的大力援助之下并没有因为其利益而对原本秉持的和平中立外交原则而有所退让。

## 四、柬泰关系

柬埔寨与泰国之间的关系在近几年当中已经从过去的边界问题纷争（柏威夏寺主权之争）而导致的一系列外交风波转变为了如今的"政冷经热"的态势。2016 年柬埔寨和泰国双边贸易突破 56 亿美元，同比增长 2%。同年，柬埔寨出口为 9.36 亿美元，进口高达 47 亿美元。尽管在过去泰国与柬埔寨双方对两国边境柏威夏古寺周围地区的主权归属所存在的争议而发生过武装冲突事件，但是这并不影响如今两国之间的贸易正常往来，在柬泰关系中，柬埔寨政府的表现事实上是相当出色的，因为柬政府在处理柏威夏寺领土争端中的态度相对来说不但是理性的，而且是聪明的。其理性表现之处在于有一定程度节制的主权诉求和较为善意的态度宣示，提出由第三方介入进行问题的协商解决，此举显示出其较为善于利用国际途径来解决争端，而其聪明之处也在于通过理性的手段获得争议对方相对缓和的回馈，使得双方能够在彼此都较为满意的空间下进行互惠互利的贸易往来。

## 五、柬越关系

2016 年 12 月，柬埔寨总理洪森对越南正式进行两天国事访问。期间越南总理阮春福与洪森进行会谈，双方领导人表达了继续秉承"好邻居、传统友谊、全面长期合作"的精神巩固和发展双边关系。此次访问事实上是近年来增进两国人民福祉及提升两国友谊和合作的重要里程碑。与此同时，在经济方面，柬埔寨商务部和越南工贸部也计划就越柬边境贸易协定展开谈判。越方希望在越老柬互联互通总体规划框架内加速推进交通和电力互联，推动电信和银行业发展。两国将指派各自的交通部门负责交通合作战略政府间的协议谈判，该合作战略也在柬越经济文化科技合作联委会第十四次会议期间达成。柬越两国交通部部长也将在 2017 年两国总理会议期间就修建连通胡志明市和金边的高速公路进行谈判。截止到 2017 年，根据柬埔寨旅游部数据显示，越南一直以来都是柬埔寨第一大客源国，在全球经济外交战略日益发酵的今天，柬越双边关系也在贸易达到双赢的情况下变成了互相尽量不得罪的"和平"状态。

# 第四节　国防安全

## 一、柬埔寨武装力量

柬埔寨武装力量由正规军、地方部队和准军事部队组成，正规军分陆、海、空三个军种。总司令通过国防部对所有武装力量实施领导和指挥。据世界军力观察组织（Global Fire Power）评估，截止到 2017 年，柬埔寨总人口 1600 万人，军队 19 万 5000 人，包括现役士兵 12 万 5000 人、预备役士兵 7 万人，空军飞机 21 架、直升机 17 架、坦克 550 辆、装甲车 300 辆、火炮 600 门、军舰 27 艘、巡逻艇 26 艘，军备预算 1.92 亿美元。柬埔寨军队在世界 133 国家中排名第 89。①

## 二、中柬军事外交

中国是柬埔寨最大的军事援助国，两国防务关系近年来不断加强。2016 年 2 月 22 日，在地区国家对北京在南中国海的活动感到日益不安之际，三艘来自中国的军舰抵达柬埔寨西哈努克港，开始进行为期 5 天的访问，这也是中国海军战斗舰艇第一次对柬埔寨港口进行访问。2016 年 12 月，柬埔寨第一次与中国联合举行了一场被命名为"金龙 – 2016"（Golden Dragon）的大型军事演习，值得注意的是，柬埔寨在 2016 年之后一年里无限期地暂停了与美国的联合军事演习，并称他们忙于准备地方选举。柬埔寨的重心向中国转移，不仅让美国失去了一个贸易伙伴，同时也失去了提高自己在该地区影响力的战略据点。美国一直都想要提升在亚洲的影响力，但柬埔寨取消联合军演让美国计划受阻，而北京与柬埔寨的关系让中国在亚洲拥有了一个具有战略意义的立足点。此次军演后，柬埔寨武装力量开始陆续进口中国的军事装备，其中包括吉普车、火箭发射器和直升机等。2018 年 3 月，柬埔寨与中国举行第二次联合军演，演习包括 280 名柬埔寨人和 190 名中国士兵，庆祝两国建交 60 周年，强化两国关系，这也意味着两国的关系将会越来越亲密。

## 三、领土安全

据柬埔寨王国内政部于 2018 年 3 月 21 日公布的最新年度报告显示，2017 年

---

① 锡坤. 柬埔寨与老挝军力对比［EB/OL］. 军事网. http：//www. sohu. com/a/164233489_ 413350，2017 – 08 – 12.

柬埔寨边境地区共发生 388 起异常事件。报告显示，异常问题包括邻国没有通知柬方的情况下在边界线置放镀锌刺线、铲土兴建道路、建楼房和检查站等，甚至到柬埔寨境内种地等。报告表示，为了提高合作、维护和平、促进边境地区的发展，柬方共与泰国召开 213 次会议、越南 269 次会议和老挝 9 次会议，共同解决边境纠纷问题，阻止劳工非法跨境和交流边境信息。柬埔寨还与泰国达成共识，增设 3 个边界碑，与越南达成共识，兴建 658 个边界碑中的 597 个①。

# 第五节　社会文化

2016 年，美国世界和平基金会公布《2016 年度国家稳定指数》报告，② 柬埔寨得分 87.4 分，在 178 个国家中排名第 46 位，较去年上升 5 位，表明柬埔寨社会日益稳定。③ 这个有着世界文化遗产的吴哥，有着古老而又神秘的高棉宫廷之舞，有着带有隐忍和坚守的小乘佛教信仰的国家背后，随着现代社会发展脚步迈进，同样也伴随着贫穷与落后。贫穷所导致的教育意识的滞后，战争遗留的地雷所伤的千万家庭，这些都是柬埔寨这个国家在发展进程中面临的社会文化问题。

## 一、贫穷与现实

根据 2017 年亚洲发展银行（ADB）数据显示，在柬埔寨有 14% 的人口生活在国家贫困线以下（见图 2-2），与其他东南亚国家相比处于中下水平；在全国就业人口中，每天低于 1.90 美元的购买力比例为 33.6%；在柬埔寨出生的每 1000 名婴儿中，有 25 名在出生前死亡。柬埔寨贫穷的社会问题对儿童的数量产生了巨大影响，柬埔寨的儿童数量是全国总人口的 40%，④ 而这些儿童中仍然有约 50% 的人患有营养不良的症状。尽管近年来制衣（鞋）业等制造业的快速发展促进柬埔寨主要城市的繁荣和快速增长，令柬埔寨国内消费阶层不断扩大，但在柬埔寨的大部分农村地区，落后的基础设施及教育普及的匮乏，大多数的柬埔

---

① 2017 年柬埔寨边境发生 388 起纠纷［N］. 高棉日报，2018 - 03 - 22.

② 世界和平基金会根据政府控制力、人权、治安、经济状况等 12 项主要指标及 100 多项次要指标来评估各国稳定程度，指数越高越稳定，并将稳定程度分为非常可持续、可持续、高度稳定、很稳定、稳定、轻度警告、警告、高度警告、警戒、高度警戒 10 个等级。

③ 中华人民共和国驻柬埔寨王国大使馆经济商务参赞处. 柬埔寨社会日益稳定［EB/OL］. http://cb. mofcom. gov. cn/article/jmxw/201607/20160701351492. shtml，2016 - 07 - 01.

④ 数据来源：新华丝路数据库。

寨农村社区人群仍然难以摆脱靠天吃饭的窘境，贫穷仍然是普遍现象。

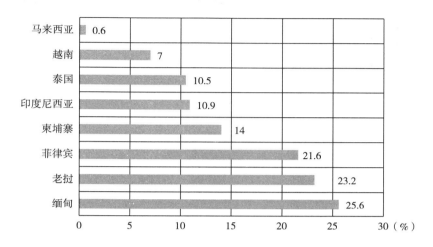

**图 2 - 2  柬埔寨生活在国家贫困线以下的人口占比**

资料来源：Basic Statistics 2017，Asian development bank（ADB）.

## 二、战争遗留顽疾

目前，全球大约有 1/10 的地雷隐埋于柬埔寨，使其成为地雷危害最严重的国家（见表 2 - 6）。柬埔寨的地雷至少要花上十几年或上百年的时间才能彻底清除，在这样长的时间里，显然最大的牺牲者便是当地的柬埔寨百姓。截止到 2016年，约 2 万人因触雷致死，地雷所伤的不只是触雷者，而是影响了千千万万个柬埔寨家庭。根据国际红十字会（ICRC）数据统计显示，50 年间柬埔寨有高达 15万残疾人因踩踏地雷失去了四肢，并面临着重新融入社会的困难，[1] 一个收入极低的柬埔寨家庭中如有一位地雷的受害者，既没有良好的医疗保障，也没有政府相关部门健全体制下的帮助，无疑是雪上加霜。被地雷所伤的人们多住在农村山野处，如何加强贫困地区的医疗基础设备，如何制定一个健全的医疗保障措施，以及如何修复那些千万个被地雷所伤的身体与心灵，对于柬埔寨来说，是目前或者是更长久的亟待解决的议题。

---

[1]  Cambodia：From mine fields to rice fields. International Committee of the Red Cross（ICRC）. 2018 - 02 - 28.

表 2 - 6　世界上地雷隐患最严重的国家　　　　　　　　　单位：颗

| 国家 | 每平方英里的地雷数量 | 掩埋地雷总数 |
| --- | --- | --- |
| 波斯尼亚和黑塞哥维那 | 152 | 3000000 |
| 柬埔寨 | 143 | 10000000 |
| 克罗地亚 | 137 | 3000000 |
| 埃及 | 60 | 23000000 |
| 伊拉克 | 59 | 10000000 |
| 阿富汗 | 40 | 10000000 |
| 安哥拉 | 31 | 15000000 |
| 伊朗 | 25 | 16000000 |
| 卢旺达 | 25 | 250000 |

资料来源：联合国儿童基金会，www. unicef. org。

## 三、教育与未来

柬埔寨的教育受到其文化历史及宗教的影响很深，而结束战争后的柬埔寨在近年来的现代教育发展中表现较为突出，特别是在柬埔寨对于开放的包容度和对于西方教育模式的接受度及认可程度上，在其教育系统和改革中都有所表现。近年来政府重视教育，并兴建了一些学校，全国目前共有 2772 所幼儿园，6476 所小学，1321 所中学，有公立大学 18 所，私立大学 45 所。主要大学有：金边皇家大学（RUPP）、柬埔寨国家管理大学、金边王家艺术学院和国家经济法律大学等。[1] 另外，根据联合国官方数据显示，2016 年柬埔寨政府的教育开支占 GDP 的 2%，[2] 相比其他国家来说相对较低，但是呈现逐年上升的趋势，可见执政党政府对于教育逐渐趋于重视。尽管目前柬埔寨辍学儿童和青少年人数仍不少（见图 2 - 3 和图 2 - 4），但小学的入学率已有所提高，性别的分化程度也在不断缩小。

虽然近几年柬埔寨的经济发展迅速，但是仍然摆脱不了它是一个贫穷国家的事实，教育的落后与经济发展的程度息息相关。柬埔寨约有 14% 的人口依旧在贫困线上挣扎，即使日夜劳作，大多数的国民也只能依赖每天约 1 美元的额度来维系举步维艰的生活。社会制度的不健全和摆脱不了的贫穷问题在一点点吞噬着整个教育系统，也让本该接受教育的孩子们失去应该有的生活与尊严，使脱贫任务与教育问题依旧任重而道远。

---

① 数据来源：新华丝路数据库。

② Data about Cambodia ［EB/OL］. United Nations Statistics Division. http：//data. un. org/ Country Profile. aspx？ cr Name = Cambodia.

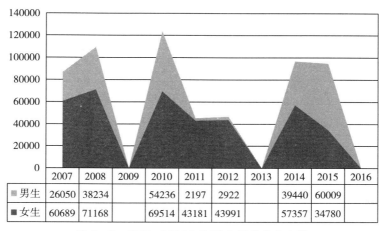

| | 2007 | 2008 | 2009 | 2010 | 2011 | 2012 | 2013 | 2014 | 2015 | 2016 |
|---|---|---|---|---|---|---|---|---|---|---|
| 男生 | 26050 | 38234 | | 54236 | 2197 | 2922 | | 39440 | 60009 | |
| 女生 | 60689 | 71168 | | 69514 | 43181 | 43991 | | 57357 | 34780 | |

图 2－3 2007～2016 年柬埔寨辍学儿童人数

资料来源：UNESCO Institute of Statistics。

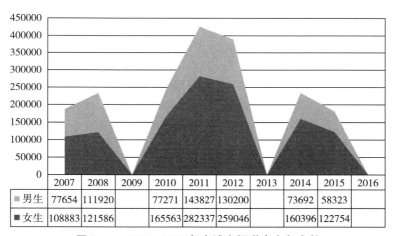

| | 2007 | 2008 | 2009 | 2010 | 2011 | 2012 | 2013 | 2014 | 2015 | 2016 |
|---|---|---|---|---|---|---|---|---|---|---|
| 男生 | 77654 | 111920 | | 77271 | 143827 | 130200 | | 73692 | 58323 | |
| 女生 | 108883 | 121586 | | 165563 | 282337 | 259046 | | 160396 | 122754 | |

图 2－4 2007～2016 年柬埔寨辍学青少年人数

资料来源：UNESCO Institute of Statistics。

# 第六节 发展展望

## 一、柬埔寨政治展望

柬埔寨尽管一直保持以人民党为主导的趋势，但随着反对党的异军突起，未来的政治变数犹存；执政党与反对党在面临 2018 年大选时所产生的碰撞而引发的各种政治动荡，以及外部来自西方和美国的干涉仍然是不确定因素。

另外，国际与地区关系在群雄角力风云变幻的政治场上更加趋于复杂，面对现今日趋严峻和激烈的南海问题，柬埔寨毅然发声坚持通过"双轨思路"解决争端问题，其毫不偏颇的态度和果断的外交手段在南海问题上作为地缘缓冲平衡的一股强大力量，对中美或东盟成员国抑或是声索国都有着至关重要的影响。但不可忽视的是，柬埔寨对外政策仍然会受到东盟的影响。

## 二、柬埔寨经济展望

在东盟地区整体平均 GDP 预测增长仅仅达 2.5% 的情况下，根据亚洲开发银行数据显示，柬埔寨在 2017 年 GDP 依旧维持约 7% 的增速，2018 年预计也将继续保持平稳增长，很显然，柬埔寨无疑是当前东南亚发展最快的国家。柬埔寨在地理位置上处于东盟的正中心，并位于湄公河流域的核心区域，是战略性极优位置，同时也是前往全球市场的重要通道，而以 35 岁以下的人口占 70% 的极高比例形成的巨大人口结构红利成全了柬埔寨在经济发展上的野心。① 当前，柬埔寨政府正在大力推进国家发展"四角"战略的第三阶段。而亚洲开发银行（Asian Development Bank，ADB）发布《2017 年亚洲经济展望》的报告显示，柬埔寨经济的快速增长主要是得益于其制衣制鞋业出口、服务业、房地产建筑业及传统农业的增长和来自政府支出的增加。尽管当前柬埔寨的政治环境风险在 2018 年大选来临前有所上升，但该国人口结构红利高，再加上柬埔寨国内有多项投资优势，其中包括无外汇管制、享受关税优惠、外国人在柬埔寨境内可取得合法产权，并允许土地自有化等多项投资优势，未来的经济表现依然渴望可圈可点。

## 三、柬埔寨社会展望

当前，柬埔寨事实上存在着许多自相矛盾的社会因素，比如柬埔寨国内贫富差别极大，但社会相对稳定，而曾经一贫如洗的国度却吸引着无数投资客向往并前赴后继，历经几十年战争磨难却没有因而后的外国势力进入而排外。今天的柬埔寨很显然并不富有，多数人仍然过着简单而贫困的生活，而城里人经过十多年的变革逐步富裕起来，这些人既有各国的移民，也有柬埔寨最近十年发展起来的新商人和官僚，他们构成柬埔寨的中产阶级。这些看起来矛盾的阶级和民族融合的生存状态，其实与柬埔寨的发展史即一个几千年都离不开佛教与国教的历史有关，而这种根深蒂固的小乘佛教信仰也为这个尽管处在政治风险极高环境下的国家创造了一个相对求稳的未来图景。

---

① 数据来源：世界银行数据库。

# 第三章　2016～2017年印度尼西亚国情报告[*]

2016～2017年，印度尼西亚整体趋势平稳。政治形势基本平稳，民主化进程曲折前进，宗教在印度尼西亚政治中的作用持续发挥。经济形势可喜，经济增长基本符合预期，产业结构优化发展，货币政策推动经济发展，"海上高速公路"建设得到各方关注，经济平等政策逐步实行。社会文化形势不容乐观，国内矛盾频发，恐怖组织干扰，自然灾害添乱。外交形势良好，与大国外交顺利，有争议但可搁置以关注发展；与东盟内部国家虽有矛盾但相互扶持。国防安全形势向好，"海洋支点"战略实施，合作打击恐怖袭击。

## 第一节　政治

### 一、肃贪会、"电子身份证"腐败案与印度尼西亚民主化进程

1. "电子身份证"腐败案的来龙去脉

印度尼西亚的身份证升级从2010年开始，原计划是将身份证由原来纸张证升级为电子证，以实现一证通全国。但这项历时7年，耗资5.9万亿印尼盾（约合人民币28亿元）的升级却一直未能建成相关的系统。2017年3月，总统佐科下令开始调查此事。

　　* 本章由谭春枝、常雅丽、韦宝毅负责撰写。谭春枝，广西大学国际学院（中国—东盟研究院）印度尼西亚研究所所长，广西大学商学院金融与财政系主任、教授、硕士生导师，中国金融工程学会理事、广西金融工程学会理事、广西金融学会会员；常雅丽，广西大学国际学院（中国—东盟研究院）印度尼西亚研究所副所长，博士、讲师；韦宝毅，广西大学国际学院（中国—东盟研究院）印度尼西亚研究所助理研究员，硕士。

在肃贪委员会和众议院道德委员会等相关部门的调查下，一位名叫安迪·古斯迪努斯的人浮出水面，深挖此人后一系列赫赫有名的政要权贵暴露在了调查名单上。安迪多次与数名议员接触，最终将预算项目提高到 5.9 万亿印度尼西亚盾。作为补偿，安迪承诺给数十名议员和内政部官员巨额"分红"，预算的 51% 用于电子身份证项目，49% 给官员当作好处费。在这些被调查的官员中，最让印度尼西亚哗然的是国会议长、从业阶层主席斯迪亚·诺凡托。2017 年 12 月 13 日法院已经正式对诺凡托提起诉讼，他被指控贪污 730 万美元。

2. 肃贪委调查人员遭受人身威胁

2017 年 4 月，负责调查上述弊案的肃贪会（KPK）资深调查员诺威尔遭一名身份不明者袭击，诺威尔因脸部被硫酸灼伤而入院，这位调查者认为此次攻击是有预谋的，并怀疑有某国家将领的牵连。由于肃贪委的调查矛头直指国会，国会在 2017 年 6 月以渎职为名，对肃贪委展开调查以示反击。这样，肃贪会和国会便开始了政治博弈：肃贪会调查国会涉及贪腐的官员，而国会则调查肃贪会是否渎职。

无论双方在这场博弈中的目的、立场如何，对于反腐工作来说始终是弊大于利。国会是印度尼西亚政府的最高职能机构，拥有立法权、预算审批权、法律监督权和修正权，并拥有法律实施中的质询权和调查权，且与总统有相互制衡的关系。而肃贪会是独立于立法、司法和行政之外的第四股力量，其工作不受国会或政府的影响，只对公众负责；它几乎拥有和警察部门同等的权力，针对腐败案件可以调查、侦缉、查扣、抓捕和拘留，有权要求任何部门和个人配合调查。

3. 印度尼西亚民主化进程的牵绊与走向

自 1945 年印度尼西亚独立、建国以来，其民主政治的发展可分为三个阶段。第一阶段为苏加诺统治时期（1945～1965 年），印度尼西亚解决了建国的两个基本问题：一是确立了统一的单一制共和国，二是以"潘扎希拉"为基础建立了事实上政教分离的世俗国家。"9·30"事件后印度尼西亚开始进入第二阶段（1964～1997 年），总统苏哈托建立了带有鲜明军人主政色彩的官僚权威体制，通过军队控制政党与政治的发展。亚洲金融危机后为第三阶段（1997 年至今），在哈比比、瓦希德、梅加瓦蒂和尤多约诺多位总统的努力下，印度尼西亚开始真正进入了民主政治的转型期。①

到 2017 年，印度尼西亚已初步根据三权分立的政治架构建立起了共和制民主国家，保障公民的政治权利。总统是政府首脑；自 2004 年起印度尼西亚实现了全民直选总统和副总统，任期 5 年，只能连任一次以避免独裁。立法机构为国

---

① 于春洋. 印度尼西亚政治整合的实践进程与效绩评析［J］. 南洋问题研究，2017（170）：59 - 68.

会，最高权力机关为人民协商会议。最高法院与最高检察院掌握司法权并独立于立法与行政机构。

从民众参与投票选举的情况看，印度尼西亚的民主政治确实在不断地改进。国会第一次选举在1999年，共48个政党，选民约1.28亿人；国会第四次选举在2014年，有12个政党，选民约1.85亿人；预计到2019年4月的第五次大选，参选政党将有14个，选民可达2亿人。民选正副总统共举行了三次，其中佐科于2014年以53%的支持率赢得第三次总统大选；预计2019年第四次总统大选时可能会有两到三对候选人。全国地方首长自2006年开始；2017年2月15日，印度尼西亚举行了第二届一次性地方首长选举，选出101个地方首长，包括7个省长、18个市长和76个县长，其中最轰动的便是雅加达首长选举；2018年6月将会举行第三届一次性地方首长选举，选民将占全国选民的78%。由于2018年是2019年国会与总统选举的预热，因此成为政治关键年。①

虽然近年来印度尼西亚的民主政治一直被视为全球民主政治中处理伊斯兰教和世俗政权的典范，但也不乏波折。2017年经济学人智库发布的民生指数报告指出，印度尼西亚在举行雅加达特区首长竞选之后，其民主程度减退，因为时任雅加达首长的印度尼西亚少数族裔钟万学因涉嫌"亵渎"宗教而入狱，这直接导致印度尼西亚在世界民主国家的排名中由48下降到68。②

对于此类国际上有关印度尼西亚民主倒退的言论，佐科曾表示，印度尼西亚的政治民主为极端主义的滋生提供了机会，比如自由主义、激进主义、宗教主义和其他教派主义，而这些主义企图将部族、宗教和种族政治化。但同时佐科也表示，这些阻碍在一定程度上会帮助印度尼西亚不断完善民主政治制度，从而为印度尼西亚民众创造福祉。③

## 二、印度尼西亚政党间关系与政治现实

### 1. 印度尼西亚政党间关系

印度尼西亚现阶段的主要大党包括：

（1）民主斗争党（Partai Demokrasi Indonesia – Perjuangan）：于1998年10月成立。以"潘查希拉"为政治纲领，弘扬民族精神，反对宗教和种族歧视。2014年国会选举中获109个议席，国会第一大党。总主席为梅加瓦蒂·苏加诺普特丽

① 印度尼西亚进入关键政治年和未来政局发展［EB/OL］. 鼎信集团.［2017 – 11 – 06］. http：//www. decent – china. com/index. php/Info/Index/id/4105. html.

② 因阿学入狱，印度尼西亚民主排名降20级［EB/OL］. 星洲日报.［2018 – 02 – 01］. http：//www. xinhuanet. com/world/2017 – 02/23/c_ 129493835. htm.

③ 印度尼西亚总统佐科忧国内民主极端民粹化［EB/OL］. 中国新闻网.［2017 – 02 – 23］. http：//www. chinanews. com/gj/2017/02 – 23/8157406. shtml.

（Megawati Soekarnoputri）。现任总统佐科正是民主斗争党成员。

（2）专业集团党（Partai Golongan Karya）：于1999年3月7日成立。以"潘查希拉"为政治纲领，主张在民主和民权的基础上进行政治体制改革，保障人权，改善民生。2014年国会选举中获91个议席，国会第二大党。总主席为阿布里扎尔·巴克利（Aburizal Bakrie）。

（3）大印度尼西亚运动党（Gerindra）：于2008年2月6日成立，以"潘查希拉"为政治纲领，倡导民族主义、人道主义。2009年大选中力推普拉博沃参选，因实力不济竞选失败。在2014年国会选举中获73个议席。总主席为普拉博沃·苏比延托（Prabowo Subianto）。

（4）民主党（Partai Demokrat）：于2001年9月9日成立，以"潘查希拉"为政治纲领，以维护和巩固国家统一为目标，倡导民族主义、宗教信仰自由、多元主义和人道主义。2014年国会选举中获61个议席。现任总主席为苏希洛·班邦·尤多约诺（Susilo Bambang Yudhoyono）。

（5）国家使命党（Partai Amanat Nasional）：于1998年8月23日成立，党员多为印度尼西亚第二大穆斯林团体穆哈玛迪亚（Muhammadiyah）成员，具有伊斯兰现代派特征。主张三权分立制衡、人民主权、经济平等、种族宗教和睦等。2014年国会选举中获48个议席，国会第五大党。现任总主席为祖尔基弗里·哈桑（Zulkifli Hasan）。

（6）建设团结党（Partai Persatuan Pembangunan）：于1973年1月由伊斯兰教士联合会、印度尼西亚穆斯林党、印度尼西亚伊斯兰教士联盟党和白尔蒂伊斯兰教党共同成立。之后在20世纪80年代伊斯兰教士联合会退出。原政治纲领为"潘查希拉"，现回归伊斯兰教，并将党徽重新改回麦加天房图案。主张司法独立，实施广泛地方自治和宗教平等，全面提高人口素质。国会第六大党。现任总主席为苏尔亚达尔马·阿里（Suryadharma Ali）。①

自2004年印度尼西亚大选方式由人民协商会议改为选民直选后，印度尼西亚正式进入民主转型的新时期，印度尼西亚政党制度也进一步走向完善和成熟，2016～2017年的印度尼西亚的政党关系呈现出以下特点。

一方面，2014年总统大选所分化出的两大对立阵营延续至今，虽然阵营内部的部分成员有改弦更张或是自立门户之意，但2016～2017年的多场地方首长选举中双方仍呈抗衡态势，并有可能会一直持续到2019年总统大选。

另一方面，从意识形态角度看，伊斯兰教政党显示出从边缘化位置向中心挺进的新趋势。

---

① 中华人民共和国外交部．印度尼西亚国家概况［EB/OL］．http：//www.fmprc.gov.cn/web/gjhdq_676201/gj_676203/yz_676205/1206_677244/1206x0_677246/．

2. 2019 年印度尼西亚总统选举各方实力评估及预测

2018 年 2 月 18 日，普选委员会正式确定参加 2019 年选举的 14 个政党。分别是国家使命党（PAN）、创业党（Partai Berkarya）、民主斗争党（PDI－P）、民主党（Demokrat）、大印度尼西亚运动党（Gerindra）、改革运动党（Garuda）、专业集团党（Golkar）、民心党（Hanura）、繁荣公正党（PKS）、民族觉醒党（PKB）、民族民主党（NasDem）、印度尼西亚统一党（Perindo）、建设团结党（PPP）及印度尼西亚团结党（PSI）。①

其中，总统选举的焦点就集中在国会六大党及其推举的候选人上。下面将按顺序介绍各党派的候选人或关于大选的立场。

民主斗争党：佐科总统确认要竞选连任，他所属的民主斗争党坚定地站在他这边。

专业集团党：承诺在 2019 年总统选举中，支持总统佐科的连任竞选，并提供大部分选票。② 这是比较意外的，因为前国会议长塞特亚·诺凡多，电子身份证腐败案最大的涉案人正是专业集团党主席。党秘书长伊德鲁斯表示这一事件不会改变该党支持佐科的立场，塞特亚·诺凡多的案子与佐科的连任没有任何关系。

大印度尼西亚运动党和繁荣公正党联盟：将推荐普拉博沃为 2019 年参选总统选举③。现在大印度尼西亚运动党在国会有 73 个席位。同时，繁荣公正党在国会有 40 个席位。

民主党：委任阿古斯·尤多约诺为该党 2019 年普选及 2018 年地方首长选举的胜选小组主席。④

建设团结党：明确表示支持佐科连任，并建议该党的卡托作为佐科 2019 年竞选搭档。

民众方面，根据 PolMark 民调机构公布的一项针对 2019 年总统选举的民调数据显示，现任总统佐科的支持度仍领先其他有意参加 2019 年总统选举的政客。民调结果显示：佐科以 50.2% 的得票率居首，大印度尼西亚运动党总主席普拉博

---

① 普选委宣布 2019 年参选政党名单　14 个政党合格　2 个政党不符合条件［EB/OL］. 丰众印度尼西亚．［2018－02－02］. https：//www.ifengzhong.com/read－23434.html.

② 专业集团党（Golkar）承诺助佐科赢得 2019 年总统大选［N］. 雅加达邮报，2017－08－27.

③ 大印度尼西亚运动党将坚定推荐普拉博沃参选 2019 年总统选举［EB/OL］. 印度尼西亚研究．［2018－01－13］. http：//www.cistudy.cn/bencandy.php？fid＝52&id＝5058.

④ Democratic Party considering nominating Jusuf Kalla and Agus Harimurti Yudhoyono for 2019 presidential election［EB/OL］. Coconuts Jakarta.［2018－07－04］. https：//coconuts.co/jakarta/news/democratic－party－considering－nominating－jusuf－kalla－agus－harimurti－yudhoyono－2019－presidential－election/.

沃居次，得票率为 22%。①

总体来看，佐科连任的可能性非常高。首先，佐科所属的民主斗争党在国会是第一大党，具有很强的号召力。同时国会第二大党专业集团党也承诺支持佐科连任。其次，佐科执政期间，政绩突出，民众对其有极大的赞誉。数据显示执政3 年来，印度尼西亚人类发展指数节节上升，从 2014 年的 68.9 上升到 2015 年的69.55 再上升到 2016 年的 70.19。② 而在电子身份证腐败案中，佐科表现出的决心和行动力更在民众中树立了反腐斗士的形象。

### 三、第二阶段司法改革提上日程

2017 年 1 月，佐科与副总统尤淑夫拉卡在雅京国家宫召开局部内阁会议，讨论二阶段印度尼西亚司法改革。

2018 年 3 月 1 日佐科总统在雅加达出席最高法院 2017 年度报告特别全会时称，司法会成为印度尼西亚迈向发达国家的重要支柱。在肯定了最高法院严格执法、公正司法的基础上，佐科对最高法院提出了更高的要求：最高法院应在技术、管理方面不断革新，以取得印度尼西亚民众以及国际社会友好人士对印度尼西亚司法的信任进而增加投资者的信心。

# 第二节　经济

## 一、经济稳步增长，产业逐步转型

### 1. 印度尼西亚经济基本面

2017 年，印度尼西亚的经济维持中高速增长。从图 3 - 1 中可以看出，印度尼西亚国内生产总值自 2010 年起增长平稳，2017 年的 GDP 增长率为 5.07（不变价），比 2016 年的 5.03 稍有增长。这一增长情况基本符合世界银行和印度尼西亚央行的预期。且世界银行和印度尼西亚央行对于印度尼西亚 2018 年的经济增长仍持乐观态度。2017 年印度尼西亚的人均 GDP 达到了 3888 美元，③ 比 2016

---

① 最新民调调查：民众对佐科威支持率高达 50.2% ［EB/OL］. 美都新闻网. ［2017 - 12 - 18］. http：//cn. metrotvnews. com/read/2017/12/18/7152.

② 佐卡政府执政三年数据显示 ［EB/OL］. 国际日报. ［2017 - 10 - 21］. http：//www. guojiribao. com/shtml/gjrb/20171021/346048. shtml.

③ http：//www. sohu. com/a/220355035_ 100028279.

年的 3570 美元增长了 318 美元，2016 年比 2015 年增长了 234 美元。[①] 整体上，印度尼西亚经济实现了增长预期，且在一定程度上提高了人民的生活水平。下面从通胀、贸易、金融、旅游等方面说明其具体增长情况。

（十亿印尼卢比）

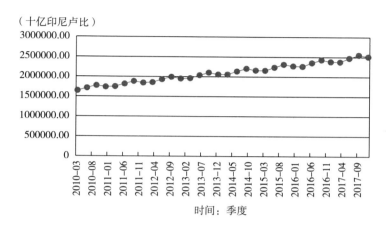

时间：季度

**图 3 - 1 印度尼西亚 GDP 的走势**

2017 年，印度尼西亚的通胀水平基本保持平稳，CPI 同比在 3.3% ~ 4.3% 波动，比 2016 年稍有提高，但低于印度尼西亚央行的预期中位数，对于人民生活水平和国民经济增长的负面作用较小。2017 年末的政府外债约为 0.35 万亿美元，比 2016 年增长约 3 千亿美元，基本处于可控范围内。政府收入为 157 万亿印度尼西亚卢比，政府支出为 212 万亿印度尼西亚卢比，政府财政赤字为 55 万亿印度尼西亚卢比，处于可控范围内。

贸易方面，2017 年印度尼西亚出口 168 亿美元，比 2016 年增加了 23 亿美元，进口 156 亿美元，比 2016 年增加了 21 亿美元，整体呈现贸易顺差，说明印度尼西亚的对外贸易处于对本国有利的情况。

金融方面，国内资产净额为 - 629 万亿印度尼西亚卢比，比 2016 年增加了 100 万亿美元；广义 M2 为 5419 万亿印度尼西亚卢比，比 2016 年增加了约 400 万亿印度尼西亚卢比，体现了印度尼西亚宽松货币政策的实施情况；贷款总额为 4763 万亿印度尼西亚卢比，比 2016 年增加了约 360 万亿印度尼西亚卢比，说明了印度尼西亚经济正处于增长阶段；3M 存款利率为 6.11，比 2016 年降低了 0.58；流动资金贷款利率为 10.68，比 2016 年降低了 0.84；投资贷款利率为 10.55，比 2016 年降低了 0.78，说明印度尼西亚当前鼓励贷款，将贷款用于印度

---

① 本部分涉及相关数据均来自 Wind 金融资讯终端。

尼西亚经济发展的相关部门中。

旅游业方面，2017 年来印度尼西亚的外国访客人数为 1200 万人，比 2016 年增加了约 50 万人，平均停留天数为 8.5 天。其中中国游客数量有较大的增长。旅游业是印度尼西亚 2017 年以来重点发展的产业。印度尼西亚制定了建造十个"新峇厘岛"计划，以配合"一带一路"倡议下印度尼西亚大力发展旅游业的规划，且这一计划主要用于吸引来自中国的游客。

2017 年 11 月，印度尼西亚、马来西亚和泰国之间可在贸易结算和直接投资中使用本币结算。实行这一政策的主要原因在于国际社会基本处于平稳，三国使用本币结算有利于降低对于美元的依赖性，且有助于帮助本国货币汇率实现逐步稳定，对于本国金融系统的发展具有重大意义。同时，作为出口导向型国家，这一政策有助于减少因使用美元结算所造成的成本损失和汇率损失。

综上所述，2017 年印度尼西亚经济基本面良好。基于印度尼西亚经济各方面以往的良好表现，世界银行和印度尼西亚央行对于其 2018 年的经济增长情况持续乐观。同时，印度尼西亚表示将积极参与"一带一路"倡议，为其基础设施建设筹集更多的资金，并以此助力其经济增长和产业结构优化升级。

2. 印度尼西亚产业结构特征

近年来，印度尼西亚一直致力于产业结构的调整。按照 2010 年发布的国民经济 15 年中期建设规划（2011～2025 年），印度尼西亚的目标是将全国经济发展为六大经济走廊，其中，"三提一改善"① 是核心，重点发展农业、加工业、旅游业、电信业、能源等主要产业是主要措施。经济近些年的发展，印度尼西亚的产业结构已呈现出基本稳定态势。2016 年，印度尼西亚的农业增加值占 GDP 的比重为 13.95%，比 2015 年稍有增加；工业增加值占 GDP 的比重为 40.77%，比 2015 年减少了约 0.6%；服务业增加值占 GDP 的比重为 45.28%，比 2015 年增加了约 0.5%。资本形成总额占 GDP 的比重为 34.29%，与 2015 年基本持平；储蓄占 GDP 的比重为 32.16%，比 2015 年稍有增加。如图 3-2 所示，这些指标已经趋于基本稳定，说明印度尼西亚的产业结构已经基本定型，细微的调整发生在各部门内部，如印度尼西亚以纺织业为主的工业特征和对高新技术的日渐重视等。

需要指出的是，印度尼西亚的服务业中旅游业占有较大比重。2017 年，印度尼西亚旅游相关部门已将旅游业作为重要产业来发展，预期未来印度尼西亚旅游业将成为其经济增长的重要支柱之一。为吸引中国游客，印度尼西亚与中国已经探讨要成立中国游客服务中心和建造吸引中国游客的新旅游目的地等相关事宜。

---

① 提高投资、提高国民生产、提高国民竞争能力和改善基础设施。

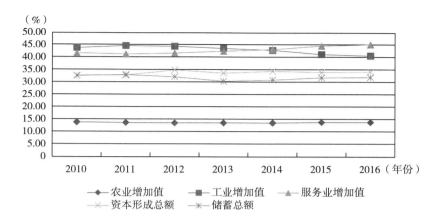

**图 3 – 2　印度尼西亚各产业占 GDP 比重**

3. 印度尼西亚经济发展形势分析

自佐科总统上任以来，推出了多项经济发展政策，以达到改善印度尼西亚基础设施、优化印度尼西亚投资环境、注重产业结构调整、改良民主化程度、吸引海外资金回流、提升投资水平和促进经济增长的目标。同时，还推出了税收特赦政策、矿产出口新规制等措施来缩小贫富差距、保护国内资源和财富。进一步地，佐科总统对印度尼西亚在国际社会中的作用进行精准定位，大力开展"海上高速公路"和"海洋支点"战略，积极参与国际社会事务和东盟事务，努力营造良好的印度尼西亚形象，以吸引优质资金和项目进入印度尼西亚。这些举措使得近年来印度尼西亚的经济增长状况良好，国际社会对印度尼西亚未来经济增长持续保持积极态度。印度尼西亚"海洋支点"战略与中国"21世纪海上丝绸之路"可实现海上对接，对印度尼西亚的海洋经济发展具有重大的促进作用。且印度尼西亚表态将积极参与"一带一路"倡议，对印度尼西亚基础设施建设和经济发展将起到重要的推进作用。基础设施建设将是印度尼西亚经济增长的重要推动力，世行预测，印度尼西亚未来5年基础设施建设需要5000亿美元。

2017年，大量外资进入印度尼西亚市场，外资组成主要是政府债券、央行债券和资本市场，一方面体现了国际社会对于印度尼西亚未来经济增长的良好预期和信任，另一方面突出了印度尼西亚作为一个新兴市场国家，其经济建设和基础设施建设对于国际资金的重要吸引力。

## 二、印度尼西亚央行政策与经济增长关系

1. 印度尼西亚央行政策变动

2017年，印度尼西亚央行进行了重要的政策变动，即降准降息，实行宽松

货币政策。8月和9月，印度尼西亚央行连续两次将关键利率下调50个基点，自9月25日起降低7天反向回购利率25个基点至4.25%，存款利率和贷款利率分别降低25个基点至3.5%和5%。2017年11月1日，印度尼西亚的基准利率已达最低水平。

印度尼西亚央行政策的变动并不是无事而为，这是印度尼西亚央行结合本国经济金融发展现状和应对美国货币政策所做出的明智之举。这一变动将拉动本国经济发展，并起到一定的抵消美国货币政策变动的冲击影响的作用。

2. 央行政策对国内经济的推动作用

央行政策直接影响金融系统的运行状况，进一步对国民经济各个部门产生作用。印度尼西亚央行降准降息，原因有两个：一是基于本国通胀水平平稳，一定程度的降准降息并不会大幅度影响人民生活水平和消费相关指标；二是美联储不断加息，印度尼西亚央行不得不做出积极反应以应对其美联储加息的消极影响。这样做对国内经济的作用体现在两方面：一是通过降准降息，使得银行间市场活动性增加，降息在一定程度上带动国内贷款增长，增加了国内投资项目的数量和金额，从投资角度进一步带动国内基础设施建设和经济发展。在一定程度上，宽松的货币政策环境将拉动经济增长。印度尼西亚调低基准利率后，2017年放贷增长率达到9%（尽管这一数值低于预期，但仍高于2016年的放贷增长率）。二是美联储加息的情况下会造成国际热钱向美国流动，对印度尼西亚经济产生一定冲击，及时地降准降息会在一定程度上抵消这一消极影响。降息后，印度尼西亚的对外贸易增加明显，形成了对国民经济的直接拉动。

3. 不断增加的外汇储备

外汇储备是官方储备的一部分。外汇储备的增加说明了本国国际清偿能力的提升，也在一定程度上体现了本国维持货币汇率稳定的实力提升。2017年，印度尼西亚的官方储备资产总额约为130196百万美元，其中外汇储备约为123565百万美元。2017年外汇储备的增加值为0.128万亿美元，增加的部分主要是证券、货币和存款，其中证券增加约0.122万亿美元，货币和存款增加约0.058万亿美元。

从图3-3中可以看出，印度尼西亚的外汇储备自2001年开始不断增加，到2017年，已经翻了4倍多。将印度尼西亚外汇储备与其经济增长相对比，可以发现印度尼西亚外汇储备的增加与其经济发展同步发生，说明外汇储备在印度尼西亚经济增长过程中起到一定的作用。

## 三、快速发展的印度尼西亚港口建设

1. 印度尼西亚2017港口建设进展

印度尼西亚岛屿众多，港口成为岛屿间联系的重要中间站。印度尼西亚主要

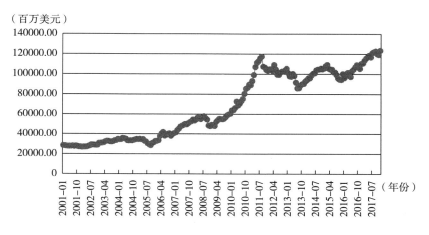

图 3-3　印度尼西亚外汇储备 2001～2017 年

的港口有井里汉、丹戎不碌、泗水、三宝垄、沙璜、巨港、巴东、日惹、雅加达等，其中印度尼西亚最繁忙的港口是丹戎不碌港。在印度尼西亚的"海上高速公路"计划实施的过程中，主要是通过港口建设将印度尼西亚的岛屿间连接起来。其中，巴丁班港将与丹戎不碌港共同成为东南亚最大的集装箱枢纽港，以发展成新加坡港口的重要替代港，摆脱印度尼西亚对新加坡港口的依赖现状。

2017 年 10 月，印度尼西亚启动了 13.7 万亿卢比（约 10 亿美元）的港口建设招标。11 月，由中国交通运输部天科院与印度尼西亚万隆理工大学等合作建设的"中国—印度尼西亚港口建设与灾害防治联合研究中心"正式揭牌启动。中心将为进一步深化开展"一带一路"倡议交通运输科技交流合作奠定坚实基础。

2. 印度尼西亚港口建设投资方分析

印度尼西亚港口建设的投资方主要是日本和中国，且日本和中国在印度尼西亚港口建设投资上具有一定的竞争关系。2017 年 1 月，日本首相安倍晋三访问印度尼西亚时与印度尼西亚达成协议，双方将提高经济合作，特别提到了拟建大型港口巴丁班港口。11 月，印度尼西亚与日本签署了一份价值 10.5 亿美元的贷款协议，用于支持巴丁班港口建设。在这项协议中，日方拥有 49% 的运营权，且对印度尼西亚具有一定的约束力。5 月，中国宁波舟山港出资 59 亿美元希望投资印度尼西亚丹戎不碌（Tanjung Priok）港的卡里布鲁（Kalibaru）港的扩建项目。

巴丁班港口在印度尼西亚的港口规划中具有重要地位，其建成后将与丹戎不碌港相互协作，替代新加坡港口。日本拿下巴丁班港口建设协议使得日本在未来巴丁班港口经营、招标和运行过程中具有一定的话语权，也即在未来印度尼西亚

"海上高速公路"建设过程中占有一定的地位，势必会加速印度尼西亚与日本的海洋事务合作，进一步推动双方在更多领域的合作。

3. 印度尼西亚港口建设与经济增长关系

有着"千岛之国"之称的印度尼西亚，其经济增长的很大一部分来自海上资源的开发。由于技术和投资的限制，印度尼西亚的港口建设和使用在前期并没有完全掌握在自己手中。随着佐科总统提出的"海洋强国"战略、"海上高速公路"建设等有关倡议，港口的自主权被提上日程。印度尼西亚通过近些年对海口建设的招标、建设和使用，正在逐步形成其对大西洋和印度洋的中转站作用，逐步形成港口建设对经济增长的进一步推动作用。更重要的是，印度尼西亚港口的招投标过程中还没有实现印度尼西亚的完全自主，如在 2017 年的港口招标过程中，印度尼西亚还受到日本的制约，这就使得印度尼西亚未来的港口业务和海洋经济发展仍受到日本约束。尽管双方有着海洋合作协议，但这对于印度尼西亚经济的自主发展仍有着一定的不良影响。

## 四、美国货币政策对印度尼西亚的影响

1. 美国 2016～2017 年货币政策变动

2017 年的美联储连续加息，使得资本市场愈加地对美元美股有利，并对其他货币和黄金白银等产生一定冲击。美元加息所产生的影响是全球性的。其一贯实行的宽松货币政策对世界经济已经产生一定的惯性影响。近期开始的加息事件使得宽松货币政策转变为紧缩的货币政策，使得国际热钱回流美国，并对世界经济发展和国际投资产生冲击作用。

2. 印度尼西亚方面对美国货币政策反应

2017 年，尽管美联储数次加息，但美国联邦基金利率和美联储资产负债表的走向均趋于正常，印度尼西亚方面的经济增长情况良好，经常账户赤字可控，通胀率低于印度尼西亚央行调控范围，故印度尼西亚在 2017 年开始两次降准降息，实行宽松的货币政策，以改善其银行间业务情况，进一步促进经济增长，实现印度尼西亚经济的全面复苏。同时，印度尼西亚对金融科技公司的虚拟货币交易提出严重警告，以警惕美国金融对印度尼西亚金融的波动性冲击。

3. 美国货币政策与印度尼西亚经济增长关系

美国货币政策影响印度尼西亚经济增长的渠道主要有资本、汇率、金融市场和外部需求等。

汇率是美国货币政策影响印度尼西亚经济的主要渠道。美国实行宽松的货币政策会使得资本流向新兴市场（包括印度尼西亚）以寻求高投资回报率，给印度尼西亚卢比带来升值压力。反之，当前美国紧缩的货币政策则会使得印度尼西

亚这样的新兴市场国家资本外流，导致印度尼西亚卢比汇率贬值。印度尼西亚卢比贬值预期下的资本外流将会给印度尼西亚的信贷市场和经济带来巨大风险，且可能抵消印度尼西亚一直以来希望的资本回流对经济的拉动作用。

尽管印度尼西亚央行已经加强了对金融科技的监管力度，但不能否认美国货币政策仍对印度尼西亚金融市场尤其是股票市场的溢出作用。在一般情况下，美国资本市场的波动将对印度尼西亚资本市场产生直接的冲击作用，进而通过贸易渠道影响印度尼西亚经济。

美国的加息周期是对其金融危机后经济复苏进程的反映，而印度尼西亚作为一个出口导向型国家，外需对经济增长的拉动作用不容小觑。然而，美国当前的货币政策和振兴本国工业的发展计划将对印度尼西亚经济产生一定影响，印度尼西亚需通过将部分外需转化为内需或寻求新的外需对象来加快其国内经济转型升级。其实，美国加息周期的影响是全球性的，新兴市场国家尤其要关注其进展并及早做好应对准备。

## 五、热点要闻

### 1. 收回矿产资源：自由港矿业公司停产影响

进入2017年以来，印度尼西亚开始实行矿产出口的新规制，首当其冲的就是自由港印度尼西亚公司。印度尼西亚政府与自由港之间的谈判持续时间长，且中间发生了很多不愉快的事情，包括印度尼西亚政府同意其将出口权限延长至2031年、自由港公司发生的游行事件、自由港公司的诉讼意愿等，而印度尼西亚政府在经济平等政策和矿产出口新规制的目标下难以与自由港印度尼西亚公司间达成完美协议。经过近半年的谈判，自由港印度尼西亚公司特别采矿权已延长至2018年1月，但谈判前后对印度尼西亚经济的影响不可忽视。

一方面，自由港印度尼西亚公司停产对印度尼西亚矿产资源实现了一定程度的保护，控制资源出口，将财富留在国内，且帮助实现了更公平状态下的财富分配，对于国内经济发展不无裨处。且贪污事件的揭发使民众看到了印度尼西亚政府对腐败事件的惩处态度，有助于推动印度尼西亚的民主化进程。另一方面，自由港印度尼西亚公司停产，致使外国工人被遣返，本地工人赋闲在家，损害了这部分人的利益，不利于部分地区的社会稳定。同时这一事件牵涉到印度尼西亚和美国之间的外交事宜，印度尼西亚和美方均会权衡利弊，达到一个相对均衡的结果。

### 2. 佐科总统强制实行经济平等政策

2017年4月，佐科总统提出要强制实行经济平等政策。在印度尼西亚经济发展过程中，不平等、失业和贫穷是最关键的三大挑战。佐科总统推出的经济平等政策在一定程度上将缓解这三大挑战对印度尼西亚经济的影响。经济平等政策落实的关键在于资产再分配、大企业和中小企业建立伙伴关系两个方面。作为一个以伊斯兰教为国教的国家，从伊斯兰教义的宗教义务和公益与善行出发，这一政策会获得印度尼西亚民众的大力支持。而土地改革和建立伙伴关系势必对利益既得者产生一定的损害，在推行过程中尽管有政策支撑，也不免会遇到一些阻碍。

经济平等政策的提出体现出佐科总统对于印度尼西亚经济面临的问题认识颇深，而经济平等政策即是解决印度尼西亚经济问题的措施之一。为顺利实现经济平等政策，税收特赦计划便是其政策中的重要抓手。税收特赦计划的主要方式是要求资产主动申报，这些资产包括公司资产和个人资产，申报的时间越早，特赦税率就越低。这一计划最直接的目标在于吸引海外资产回流、增加印度尼西亚财政收入，对印度尼西亚国民经济产生直接的推动作用。进一步地，这一计划的征税体制一方面将达到企业资产再分配的目的，实现印度尼西亚对小企业和合作社的大力支持；另一方面对于印度尼西亚民众贫富分化严重的现状有一定的缓解作用，有助于增强外界和民众对于印度尼西亚经济的信心，推动印度尼西亚经济增长。

# 第三节　社会文化

## 一、自然灾害频发

印度尼西亚坐落在世界上最活跃的地震带——环太平洋地震带和世界第二大最活跃地震带——阿尔卑斯带之间。这意味着印度尼西亚会经历全球最强的地震和最猛烈的火山爆发。世界上大约90%的地震和全球80%最大的地震都发生在环太平洋地震带，大约17%的全球最大的地震和世界上5%到6%的地震发生在阿尔卑斯带。每年印度尼西亚大小地震上千次。比如苏北省地区，自2017年1月16日至2月14日不到一个月就共发生了185次地震。[1] 2017年震级较大的地震有1月16日苏北省5.6级地震[2]、2月14日苏北省5.2级地震[3]、5月29日中

---

[1] 气象气候与地球物理局录得　苏北一个月内发生185次地震 [EB/OL]. 国际日报. http：//www. guojiribao. com/shtml/gjrb/20170216/305754. shtml.

[2] 苏北省日里昔冷县5.6级地震 [EB/OL]. 国际日报. http：//www. guojiribao. com/shtml/gjrb/20170117/302594. shtml.

[3] 气象气候与地球物理局录得　苏北一个月内发生185次地震 [EB/OL]. 国际日报. http：//www. guojiribao. com/shtml/gjrb/20170216/305754. shtml.

苏拉威西省波梭（Poso）县6.6级地震①、9月1日西苏门答腊省附近海域6.2级地震②、9月21日苏北省5.2级地震③、12月15日西爪哇省打横市（Tasikmalaya）6.9级地震④。2017年印度尼西亚火山影响最大的事件就是峇厘岛阿贡火山（Agung）的活动，印度尼西亚将警戒层级从原有的三级上调到最高的四级，10万居民紧急疏散⑤。

印度尼西亚全国大部分地区属热带雨林气候，终年高温多雨，湿度大。年平均降水量在2000毫米以上。每年分旱、雨两季，一般4~9月为旱季，10月至次年3月为雨季。印度尼西亚的气候特点导致了旱季旱灾雨季水灾及其次生灾害的特点。2017年较大的旱灾出现在中爪哇省。中爪哇省超过大半地区陷入食水短缺危机。中爪哇266个地区的1200多个村子将面临缺水困境。⑥ 2017年印度尼西亚记录到的火点虽然比2016年的3563个少，也达到了2400个，被烧的土地面积达12万4983公顷。2017年由于水灾，印度尼西亚全国受中度至重度的山体滑坡灾害的人总共将达4009万人，相当于印度尼西亚人口的17.2%。印度尼西亚山体滑坡易发区分布在苏门答腊省Bukit Barisan沿海地区、爪哇中部和南部、峇厘、努沙登加拉省、苏拉威西、马鲁姑和巴布亚。⑦

## 二、网约车与出租车之争

最近两年，网约车新业态开始蓬勃发展，载人摩托车或者计程车也好，网约车给乘客消费者带来新的体验，也受到乘客欢迎，除快捷省时之外，与传统交通服务车资相比，网约车车资费用更加廉宜。网约车被市场接受，被乘客欢迎，变成传统交通工具之外的选择，对消费者有利，满足交通服务需求。但另一方面传统交通服务受到竞争威胁，感到市场版图被侵蚀，传统客户下降，收入大减；汇集在传统服务业协会成千传统公共交通工具的司机，要求政府冻结"网约车"营业并向政府示威表态，要求政府规范"网约车"服务的呼声高涨，网约车已对传统车辆服务带来损失，他们营业成本高，有准字、义务缴税等负担；收入减

---

① 中苏省发生6.6级地震［EB/OL］. http：//www.cistudy.cn/html/54-3/3886.htm.

② 印度尼西亚西苏门答腊省附近海域发生6.2级地震［EB/OL］. 新华网. http：//www.xinhuanet.com//world/2017-09/01/c_1121581006.htm.

③ 气象气候与地球物理局称苏北省发生里氏5.2级地震［EB/OL］. 国际日报. http：//www.guojiribao.com/shtml/gjrb/20170923/340001.shtml.

④ 12·15爪哇岛地震［EB/OL］. 360百科. https：//baike.so.com/doc/27084926-28470075.html.

⑤ 火山酝酿爆发旺季已至游客少［EB/OL］. 联合早报. http：//www.zaobao.com/news/sea/story 20171128-814396.

⑥ 旱灾严重中爪哇过半地区食水短缺［EB/OL］. 联合早报. http：//www.zaobao.com/news/sea/story20170813-786685.

⑦ 我国4009万居民受山体滑坡威胁［EB/OL］. http：//www.cistudy.cn/html/54-3/3621.htm.

少使他们无能为力，成千上万的传统车辆司机已经无法正常操作谋生计。他们变成网络新科技的"网约车"的牺牲品。他们要求政府不能袖手旁观，政府须关注他们未来的命运前途。

总统佐科认为网约交通车是新进信息科技发展的产业和趋势，我们不能回避时代的产品。政府透过交通部发布 2017 年第 26 号交通部长决定书，整顿和管理网约车的正常经营。希望传统计程车与网约车业主能取得共识和共同生存的空间。按计划将于 2017 年 11 月 1 日起实行的修订条例中载明一些要点，包括收费上下限的规定、受限的经营范围和每个地区的出租车配额。出租车企业必须注册、至少拥有 5 辆车、符合运行地区的机动车号码、司机拥有普通 A 型驾驶执照等。

网约车与出租车之争最重要的成果就是 PM26/2017 交通部长条例，即前段时间在各地区发生示威游行后，常规出租车和网约车的业主和司机之间达成的协议——编号 PM26/2017 交通部长条例。交通部采取的措施确保条例能够贯彻实行，使出租车服务不受到干扰。所有各方得到公平对待，使竞争保持健康，为民众服务的质素也得到提高。

# 第四节　外交

## 一、印度尼西亚与大国关系

### 1. 印度尼西亚与美国关系：重申两国战略合作伙伴关系

2015 年，佐科总统首次访美时，印度尼西亚与美国将双边关系从"全面伙伴"提升至"战略伙伴"，扩大双方在拥有共同战略利益的领域合作。2017 年 5 月 2 日，美国副总统彭斯访问印度尼西亚，重申了美国和印度尼西亚的战略合作伙伴关系，并表示要继续加强两国之间友好关系、贸易和安全的承诺。尽管印度尼西亚高官在访问美国时遇到了禁止入境的状况，但并不妨碍印度尼西亚与美国之间双边关系的正常开展。印度尼西亚曾一度启动加入 TPP 的议程，但随着美国退出 TPP，这一议程逐步搁浅。这也从侧面反映出印度尼西亚和美国双边关系的现实。

美国作为世界大国，在国际诸多事务中拥有话语权。美元作为第一国际货币，在国际贸易和金融往来中拥有绝对地位。各国对于与美国的双边关系都会谨慎处理，印度尼西亚也不例外。但随着去全球化形式的发展，美国和美元的地位受到一定程度的冲击。印度尼西亚与美国的关系也是如此，这从自由港公司在印度尼西亚的处境可见一斑。尽管处理过程充满波折，但双方的考虑方式和对未来双边关系的进一步发展体现出印度尼西亚的态度。

2. 印度尼西亚与欧洲关系：能源合作

印度尼西亚拥有丰富的自然资源，在与欧洲国家的关系发展中，着重以能源合作促进双边关系的发展。2017 年 2 月，印度尼西亚矿务与能源部长和瑞典能源与措施统筹部长签订了协约备忘录，主要包括再生新能源合作等内容。5 月，矿务与能源部长与丹麦建设合作部长发布有关在印度尼西亚发展风力能源潜能与风力研究蓝图等。

印度尼西亚谋求与欧洲国家开展能源合作有着重要意义，一方面可以增进与欧洲国家间的关系，从全方位合作中谋求其在欧洲的国际地位；另一方面欧盟对印度尼西亚的棕榈油出口进行限制对印度尼西亚经济造成影响，更多的合作有助于从侧面提升双边关系。

3. 印度尼西亚与澳大利亚关系：关系强劲

2017 年 1 月 4 日，印度尼西亚军方宣布，暂停与澳大利亚之前的全部军事合作。2 月 1 日，澳大利亚和印度尼西亚的金融情报机构签署一项协议，旨在制止恐怖主义融资和洗钱活动。2 月 25 日，印度尼西亚佐科总统访问澳大利亚，双方达成了军事合作、经贸和教育等领域的合作事宜。3 月，澳大利亚拒绝印度尼西亚"共巡南海"。5 月，印度尼西亚和澳大利亚达成协议，共同对抗 IS 在菲律宾南部建立东南亚基地的计划。7 月的 G20 峰会上，印度尼西亚与澳大利亚达成全面经济伙伴关系。9 月，印度尼西亚的除草剂、农药产品享受零关税进入澳大利亚市场。11 月，佐科总统会晤澳大利亚总理。12 月，澳大利亚筹建可再生能源项目，意图向印度尼西亚出口电力。

总结来看，印度尼西亚与澳大利亚的双边关系可以用"在曲折中前进"来描述。双方同属于岛屿国家，在对抗 IS 方面具有共同的目标，在经贸领域有着类似的发展诉求。在军事尤其是海洋军事方面存在一定的分歧，但不影响双方的其他进展。且在"一带一路"倡议框架下，双方在投资合作等方面有着进一步的发展需求。

4. 印度尼西亚与日本关系：海上安全合作和铁路项目

2016 年 12 月，印度尼西亚与日本签署了启动两国海上安全合作框架的协定。2017 年 1 月，日本首相安倍晋三访问印度尼西亚，双方就海上安全合作和铁路项目开展讨论。安倍晋三在会谈中表态支持印度尼西亚出任东盟主席。印度尼西亚和日本重申，两国将致力于推动海上安全合作，深化防务关系并达成提高经济合作的协议。

2017 年，两国开始讨论基础设施合作，这包括建造一个中速铁路、西爪哇帕庭班（Patimban）深海港口和马鲁古群岛的马瑟拉（Masela）油气田。1 月，日本拿下印度尼西亚连接雅加达和泗水的铁路建设合同。11 月，日本拿下印度尼西亚巴丁班港口的建设合同。而在实体经济方面，据统计，在印度尼西亚投资的日本企业超过 1500 家，为印度尼西亚创造了 470 万个就业岗位，而印度尼西亚的日本实体在印度尼西亚的出口总额中所占的比重为 18.1%。

日本在印度尼西亚的投资项目由来已久，且就民众角度看，印度尼西亚本地对于日本投资的反应良好。日本企业在印度尼西亚的发展顺利，且日本在印度尼西亚的投资项目涉及印度尼西亚经济发展的各个领域，为印度尼西亚经济发展带来强劲动力。

5. 印度尼西亚与中国关系：多方位合作

2017 年，印度尼西亚与中国关系进展迅速。2 月，印度尼西亚中国建设银行提出今年的放贷指标为 3.5 兆盾。7 月，双方探讨了"外国人在印度尼西亚就业"难题。印度尼西亚从"一带一路"倡议中获利，中国企业投资 21 万亿盾发展钢厂和工业园。8 月，中国国家开发银行与印度尼西亚曼迪利银行签订战略合作谅解备忘录；中国开发银行在雅京设分行，以方便为雅万高铁工程提供贷款；三亚—雅加达直航航线开通，这是海南直飞印度尼西亚的第二条航线，第一条为海口美兰机场—雅加达航线。9 月，中国—印度尼西亚航天合作联合委员会第二次会议举行，双方就下一步合作展开进行了探讨；印度尼西亚欢迎来自中国的两只大熊猫；中国房地产商云集印度尼西亚市场，湖南公司签下项目总金额为 9180 万元的印度尼西亚水电站项目；中国南山铝业拟投资 57 亿元在印度尼西亚建设百万吨氧化铝项目。10 月中国领事馆与印度尼西亚旅游部探讨成立峇厘岛中国旅游服务中心，中国和印度尼西亚举行了首次禁毒合作双边会议并签署《禁毒合作方案》，阿里巴巴在印度尼西亚推出移动广告平台，昌兴国际控股（香港）有限公司兴建亚奇水力发电站，投资额 40 万亿盾，发电量 1000 兆瓦。11 月，中国的 OPPO、VIVO 和小米进入印度尼西亚智能手机市场前五名。中国稳居印度尼西亚第三大投资来源国。12 月，中国和印度尼西亚海上合作技术委员会第十次会议在雅加达举行，会议重点落实海洋发展战略共识、推动两国海上合作等。

由上述资料可知，印度尼西亚与中国关系的进展发生在经济、贸易、科技、文化、旅游、投资等各个方面。其中，较为突出的是中国企业对印度尼西亚水电站的投资，以及阿里巴巴集团对印度尼西亚电子商务发展的推动作用。同时，印度尼西亚准备将旅游业作为其主要产业，并准备建造十个峇厘岛，以吸引中国游客到印度尼西亚旅游。

## 二、印度尼西亚与其他东盟国家关系

1. 印度尼西亚与越南：因非法捕鱼产生冲突

印度尼西亚和越南均是东盟中的大国，在东盟内部均有着举足轻重的作用。

2017 年 5 月，一艘印度尼西亚海上巡逻船和一艘越南海上巡逻船在南海海域爆发冲突，事发时印度尼西亚执法船正在拦截 5 艘越南渔船。事件进程中，双方互扣了对方人员。7 月，佐科总统在 G20 峰会上与越南总理举行会谈以促进两国专属经济区谈判早日完成。8 月，越南共产党总书记阮富仲访问印度尼西亚，这是其第一次访问印度尼西亚，目的在于拓展印度尼西亚与越南双边关系，特别是在海洋渔业、贸易投资和区域问题等方面开展探讨。

2. 印度尼西亚与马来西亚、菲律宾关系

2017 年是印度尼西亚和马来西亚建交 60 周年。2017 年上半年，印度尼西亚和马来西亚贸易增长超过 21%，在第 12 届印度尼西亚和马来西亚年度咨询会上，印度尼西亚和马来西亚达成各领域合作的共识，并签署了伊斯兰高等教育方面的合作备忘录。印度尼西亚和马来西亚是全球最大的棕榈油生产国，两国合作对棕榈油市场具有重大影响。

2017 年 4 月，佐科总统与菲律宾总统签署了系列协议，以加强两国的双边关系，包括反恐和情报收集的双边关系。6 月，印度尼西亚、马来西亚和菲律宾在菲律宾棉兰老外海联合巡逻，对抗伊斯兰国组织恐怖分子的威胁。

印度尼西亚和马来西亚、菲律宾之间存在着难以割舍的联系，三方在经济发展、海洋资源利用、宗教等方面存在较多的共同点。在历史和当前，三国有着较大的共同点。马来西亚的经济发展水平相对较高，但印度尼西亚和菲律宾也在逐步发展自身经济，未来三国的各方面合作将持续且深入。

3. 印度尼西亚与其他东盟国家间关系

2017 年是印度尼西亚与老挝建立双边关系 60 周年。7 月，两国举行了庆祝活动。

5 月，印度尼西亚政府准备起诉泰国国家石油公司及其旗下的勘测和生产子公司，要求其对 8 年前的原油泄漏导致的环境污染赔偿 20 亿美元。

印度尼西亚和新加坡均属于港口国家，且印度尼西亚货物运输现在还处于依赖新加坡港口的状态。当前，印度尼西亚正在大力建设"海上高速公路"和本国港口，以减少对新加坡港口的依赖并逐步替代新加坡港口。

印度尼西亚作为东盟国家中的"大国"，在东盟成员国内部具有一定的"大哥"作用。其一贯的外交理念使得其在东盟内部口碑较好，2017 年在菲律宾为东盟主席国期间，印度尼西亚除积极参与东盟事务外，与其他各国间交往正常。

## 三、论坛外交

1. 佐科总统出席"一带一路"倡议高峰论坛

2017 年 5 月 14 日，"一带一路"倡议国际合作高峰论坛在北京开幕，印度尼西亚总统佐科出席会议，与参会的国家元首共同讨论"一带一路"倡议相关议题。会上，中国国家开发银行与印度尼西亚—中国高铁有限公司签署雅万高铁项目融资协议，中国政府与印度尼西亚等 30 个国家政府签署经贸合作协议。

2. "一带一路"印度尼西亚峰会

2017 年 5 月，"一带一路"印度尼西亚峰会在印度尼西亚巴厘岛举行，峰会以展会的形式加强中国、印度尼西亚两国双边贸易、投资及经济、文化、旅游等多方面的深度交流，实现中国企业走进东盟"一带一路"倡议的总体国家方针。

3. 佐科总统出席 APEC 会议

2017 年 11 月，APEC 峰会在越南岘港举行，会议主题为"打造全新动力，开创共享未来"，会议就亚太自贸区、可持续及包容性增长、粮食安全等话题进行交流。印度尼西亚总统佐科出席了会议。会上，佐科总统表达了对 APEC 会议的肯定，并希望 APEC 能够尽快完成"茂物目标"的各项计划。同时，佐科总统强调了海洋经济的重要性，指出海域应成为经济建设核心。

除此之外，佐科总统还积极参与各类国际会议。各类会议上，佐科总统所阐述的理念相对一致，即印度尼西亚关注 24 座战略海港及海上基础设施建设的加速，以连接印度尼西亚海域。佐科总统主要阐述本国"海洋支点"战略和"海上高速公路"概念，目的即将印度尼西亚发展成为海洋强国，增强其在国际海洋事务中的地位，将印度尼西亚本国的大海港和小海港连接起来，简化船舶停留与运输时间，对国内经济发展起到一定的推动作用。

# 第五节　国防安全

## 一、加强对岛屿和海洋的控制

2017 年印度尼西亚在国家安全方面最主要的举措就是将南海部分海域更名为"北纳土纳海"和将包括纳土纳岛在内的几个岛屿交由日本投资开发。

1. 海域更名

印度尼西亚公布新地图，将南海部分海域命名为"北纳土纳海"。2017 年 7 月 14 日，印度尼西亚海事统筹部副部长阿里夫同其他 20 个部门共同宣布印度尼西亚的新地图。阿里夫说，这次地图更新是基于国际法发展及制定更明确的与邻国海上边界，是基于同马来西亚、菲律宾和新加坡等邻国谈判之后达成的协议。对于"北纳土纳海"的更名，是为了明确纳土纳群岛附近海域的石油开采活动区域。该海域的开采活动已多年使用北纳土纳、南纳土纳及东南纳土纳等非正式名称。印度尼西亚海事统筹部长卢胡特 2017 年 7 月 17 日称，印度尼西亚政府只是对 200 海里范围内的印度尼西亚海域进行更名，而不是对南海海域进行更名。印度尼西亚渔业部长苏西当天也强调，印度尼西亚只是对位于纳土纳群岛北部海域进行更名，这是在印度尼西亚主权海域范围内，而不是位于南海海域。印度尼西亚国会第一委员会（国防委员会）副会长哈菲德 17 日呼吁中国应该尊重印度尼西亚主权。

纳土纳海域位于马来半岛和印度尼西亚婆罗洲之间的群岛周边海域，处于南海"九段线"西南端。印度尼西亚声称对该群岛和海域拥有主权。中国外交部于 2015 年 11 月 12 日举行的记者会已经明确表明，纳土纳群岛属于印度尼西亚领土，中国没有异议。但是纳土纳群岛周边还仍有同南海"九段线"主张重叠的部分，这处重叠的部分很有可能成为两国关于海上争端的一个导火索。

印度尼西亚是东南亚海洋国家中与中国没有海上领土纠纷的唯一国家。同时东盟秘书处或称之为"总部"位于印度尼西亚首都雅加达，让印度尼西亚的外交立场以及其在东盟当中的领导地位，可以统一东盟的声音并直接影响东盟对中国的态度。

印度尼西亚能以东盟大国和领导国身份直接参与或者制定东盟内部政策和对外方针。如果印度尼西亚与个别东盟成员国及域外大国在南海问题上采取"对抗中国"的外交方针，将对中国不利。

2. 与日本合作开发岛屿

印度尼西亚计划与日本合作开发 6 个岛屿，包括纳土纳、沙璜、萨温拉基、莫罗泰、莫阿和比亚克岛。根据两国协议，日本除了将帮助印度尼西亚在 6 个岛屿建设渔港和鱼类加工基地外，还将建设海岸雷达系统。印度尼西亚海洋与渔业部长苏西表示，印度尼西亚与日本的相关合作未来有望扩展到 60 座岛屿。日本和印度尼西亚还将合作建造水产品运输船、渔业监视船，此外，日本将用卫星技术帮助印度尼西亚观测海洋数据。

日本首相安倍晋三积极推进"印太战略"，与区域内海洋国家强化关系，有着明确的目的性和针对对象。日本和印度尼西亚在发展海洋战略方面有利益汇合点，相互合作也是必然的。

3. 打击非法捕鱼船

印度尼西亚面临着诸多海洋威胁，比如非法、无管制和未报告（IUU）捕捞、走私、海盗、非法移民和恐怖主义等。其中打击 IUU 捕捞是佐科政府的优先目标之一。据估计，印度尼西亚每年因 IUU 捕捞损失达 30 亿美元。长期以来，印度尼西亚海面执法力量的孱弱导致了对属于自己专属经济区管控的缺失，使之成为包括中国、马来西亚、菲律宾、越南等国渔民的"传统渔场"。近年来，印度尼西亚国力的增长和海洋意识的回归，使印度尼西亚开始重视对自己专属经济区的管控。但是由于海面执法力量跟不上，针对各国渔民的猫捉老鼠的游戏，不得不采取极端的做法——炸船来震慑和打击非法捕鱼船。其实这只不过是印度尼西亚海面力量孱弱的缩影。

## 二、军事发展潜力

印度尼西亚实行积极的"逐岛防御"战略，即建立以大岛为核心、以群岛为基地、内外兼顾、独立防卫与机动作战相结合的防御体系，独立保卫本岛领土、领海和维护社会治安。鉴于未来国防安全的主要威胁将来自海上，印度尼西亚重点加强濒临马六甲海峡、南海及印度洋等具有战略意义的前沿、边境重要海峡及偏远地区的防卫力量，形成以爪哇岛为中心、东西兼顾的战略布局。

根据印度尼西亚武装力量改革中期计划（2004～2014 年）和2024 年前武装力量发展的长期计划，印度尼西亚军队建设的主要方向是：通过优化中央军事指挥机构、军团、兵团和部队的编制体制、购买现代化武器装备，实现战斗力持续增长；提高战役和战斗训练效能；完善指挥体系和全方位保障体系。

印度尼西亚武装力量武器系统的服役期基本上都达到 25～40 年，海军武器系统的服役期则达到了 40～60 年，军中很大一部分武器和军事装备需要进行大修，装甲装备配件严重不足，陈旧的炮兵武器和反坦克装备需要进行更换。目前武装力量装备的防空兵器中有 2/3 不符合现代化要求。空军所有的飞机和直升机都需要进行现代化改装。海军陆战队近 1/3 的武器装备未做好战斗准备。有鉴于此，印度尼西亚政府打算足额保障军队建设计划的拨款，使每年军费增长幅度保持在 7%～12%。

印度尼西亚武装力量最致命的弱点是严重依赖国外供应商，这会对现代化舰队建设计划的完成速度和进度产生不良影响。而且国内财政困难制约了武装力量建设计划的实施。在财政资金有限的条件下，印度尼西亚国防部十分重视在本国国防工业企业内发展武器装备的生产。印度尼西亚国防部向国内军事工业体系中的大企业提出了在几年内实现部分型号武器和军事装备工业化生产的艰巨任务，重点是运输机、巡逻机、护卫舰、快艇、装甲技术装备和轻武器。

# 第六节  发展展望

2018 年，印度尼西亚的各项国情发展较为稳定。引人关注的是印度尼西亚

2018 年县长选举，这与 2019 年总统大选关系紧密，这一事件也将主导着印度尼西亚政治、经济、外交、国防、社会等各方面国情的变化趋势。

在政治方面，2018 年中各个政党将纵横捭阖，寻找盟友，组成联盟。从目前形势看，大体上还是形成支持佐科的"辉煌联盟"和支持博拉波沃的"红白联盟"。在县长选举中，各政党将在各个县份混战中各显其能。国会、军队、警方、肃贪委等各方势力也在相互掣肘中，暗暗扩大自己的力量。腐败仍然是印度尼西亚政坛的大问题，这就给了以佐科为首的清新政客登上舞台的机会。但是旧势力在政治上仍是主流。这就给佐科的执政目标的推进打了折扣。

在经济方面，虽然美国缩表和加息给全球经济带来一定的波动，但是全球经济还是从后危机时代走了出来。而随着全球经济缓慢回暖，印度尼西亚的经济将继续发展。随着印度尼西亚经济本土化政策的实施和外国投资的增长，第二产业、第三产业的比重将增长，第一产业将略微下降。印度尼西亚的基础设施建设（港口、公路、电网等）将保持增速，但是受到选举的影响，各个地区的增速将大小不一。比如中央政府项目在反对党控制的地区可能增速减慢甚至受到拖延，而其支持党控制的地区可能增速加大。

在社会文化方面，2018 年和 2019 年两年都是选举年，虽然印度尼西亚政府将强化打击恐怖主义的力度，但是恐怖主义的经济、政治、宗教根源不是一朝一夕就能够消除的。随着公民社会和先进技术的发展，新事物的出现必然与旧事物产生冲突。游行示威是冲突的外在表现。印度尼西亚政府只要及时发现问题、正视问题、解决问题，游行示威就是印度尼西亚政府在制度、法律、法规上自我革新的"提示器"，面临竞选连任的佐科政府在这方面反应将更加迅速、果断。自然灾害还会像往年一样频繁，因为这是由印度尼西亚的地理地质造成的，是不以人的意志为转移的。

在外交方面，印度尼西亚一直奉行"不结盟"政策，"宁愿多一千个朋友也不要一个敌人"，所以印度尼西亚将继续奉行"大国平衡"外交政策。继续深化与世界第一强国美国的战略合作伙伴关系，发展与欧盟的关系，发展与日本的经济和海洋合作，重塑与澳大利亚的关系，妥善处理与东盟各国的关系，推进与中国的多方位合作，这主要是为印度尼西亚的发展，特别是经济的发展保驾护航。

在国防方面，将依照 2024 年前武装力量发展的长期计划，发展与世界主要国家的军事关系，主要从美国、日本、俄罗斯、中国、欧盟学习、交流、引进先进理念、技术和装备，继续优化中央军事指挥机构、军团、兵团和部队的编制体制，以实现战斗力持续增长。受到预算约束的印度尼西亚政府不可能有大动作，以后将会把更大的精力和预算放在民生和经济发展方面。

# 第四章 2016～2017 年老挝国情报告[*]

2017 年老挝政局稳定，经济发展的总体态势良好，保持较高的发展速度，社会文化稳步推进，外交安全方面重点加强与周边国家的国际合作，特别是在解决边界争端和打击跨境犯罪等方面取得了丰硕成果，令世界瞩目。

## 第一节　政治与社会稳定

### 一、政府领导人的平稳过渡为国家政治稳定提供保障

老挝长期坚持社会主义制度，老挝人民革命党是老挝执政党，也是唯一的政党，其政治具有较强的稳定性。1975 年 12 月，老挝召开了首届全国人民代表大会，成立老挝人民民主共和国，老挝人民革命党上台执政。1986 年老挝效仿中国、越南，开启"革新开放"进程，以经济建设为工作重心，推动经济增长和人民生活水平提高。1991 年，老挝颁布首部《宪法》，老挝《宪法》规定"老挝人民共和国是人民民主国家，全部权力属于人民，各族人民在老挝人民革命党领导下行使当家做主权利"。2016 年 1 月，老挝人民革命党召开第十次全国代表大会，选举产生以本扬为总书记的新一届领导集体，同年 3 月和 4月，先后召开十届国会，选举新一届国会成员，产生新的国家领导人，政治上实现平稳过渡。

---

　　* 本章由何政、王海峰、杨卓娟负责撰写。何政，现为广西大学国际学院（中国—东盟研究院）老挝研究所所长，高级经济师；王海峰，现任广西大学国际学院（中国—东盟研究院）讲师、泰国研究所副所长、《中国—东盟研究》副主编；杨卓娟，国际学院（中国—东盟研究院）助理研究员，国际学院（中国—东盟研究院）老挝研究所研究助理，舆情监测中心主任。

## 二、开展党内整风、加强反腐败机制建设

2017年在老挝人民革命党的领导之下，老挝人民革命党加强执政党和机构改革。3月20～24日，老挝人民革命党召开十届四中全会。同年，9月11～21日又召开了十届五中全会。会议的主要内容是：开展党内整风、加强反腐败机制建设。党内整风方面，老挝人民革命党中央政治局制定了《关于在全党开展党政治生活的命令》《坚决把党整顿得纯洁、坚强和稳固》等4个指导文件。反腐败领域，老挝人民革命党将反腐提升到国家战略高度。老挝贪污腐败十分严重，造成大量国有资产流失，多名省部级、县级官员受到处罚、判刑。老挝人民革命党中央政治局委员、中央书记处书记潘坎·维帕万坎强调："如不解决贪腐问题，将影响到党和政府的领导作用，影响到国家安全和经济社会发展。"[1] 为此老挝国家领导人率先做出表率，老挝人民革命党总书记本扬和政府总理通伦等多名国家领导将豪华轿车公开拍卖。

## 三、健全和完善各项法律法规，为国家运转提供制度保障

老挝法律尚不完善，法治透明度和效率较低，近两年来法律修订和新增立法较多，法治逐渐增强。老挝法律制度以法国的司法实践、老挝管理法、传统、社会主义实践为基础，近年来随着老挝加入世界贸易组织（WTO）等机构，参与经济全球化与区域经济一体化程度日益加深，老挝国内立法日益增加，既有法律日趋完善。2017年老挝国会进一步发挥立法与监督职能，完善老挝法律体系。4月25日～5月18日，老挝国会召开八届三次会议，会议要求政府实现经济增长7%的目标，控制通货膨胀。10月16日～11月17日，老挝国会召开八届第4次会议，审查2017年国家社会经济发展计划的执行情况及讨论2018年计划和有关法律草案修订问题。两次国会召开总计通过28部法律。

## 四、老挝多民族问题不影响老挝政府总体把控政局

老挝是一个多民族的国家，约有49个民族。按居住区域老挝把这些民族分为三大体系：老龙族系、老听族系和老松族系，其中老龙族系人口占总人口的70%，老听族系占总人口的20%，老松族系占总人口的10%。按语系可以划分为老泰语族，约占全国人口的60%，孟高棉语族、汉藏语族和苗瑶语族四大语族。老挝国民多数都信奉小乘佛教，性情温和。淳朴的民风有助于保障社会治安总体处于良好状态。老挝总体民族关系和睦，宗教关系稳定。

---

① 陈定辉：《老挝：2017年回顾与2018年展望》，《东南亚纵横》2018年第1期，第40～46页。

# 第二节　经济增长稳健与政府债务增多①

老挝经济发展水平较为落后，工业基础薄弱，2017 年人均 GDP 为 2472 美元，属于世界上的低收入国家。1986 年推行革新开放以来，老挝取消高度集中的计划经济体制，针对国有经济进行私有化改革，实施市场经济体制，多种形式所有制并存，保护私有产权，鼓励发展私营经济。对作为最为重要的生产要素之一的土地，老挝坚持公有制，国家是土地的唯一所有人，但是私人的使用权无年限，且可以在本国公民间自由买卖。

近年来，老挝经济持续保持较为稳定的增长态势。2012 ~ 2017 年老挝经济增长率分别为：7.93%、8.03%、7.61%、7.27%、7.02%、6.83%。其中，2017 年，老挝国内生产总值（GDP）为 1407490 亿基普，约合 145.07 亿美元，人均 GDP 为 20250 万基普，约合 2472 美元。老挝物价保持稳定，但是生活成本和市场产品价格高于东盟其他国家。2017 年，受进口货物和食品价格降低等因素的影响，老挝通货膨胀率保持温和低速增长，低于 GDP 的增长速度，仅为0.83%，与上年 1.6% 相比，明显下降。

2017 年 11 月，老挝国会八届第四次会议通过政府 2018 年经济社会发展计划，2018 年经济增长不低于 7%，将实现出口 50.15 亿美元，进口 49.78 亿美元，人均年收入 2536 美元。农林业将增长 2.8%，工业增长 9.1%，服务业增长6.4%，进口关税增长 9%，分别占 GDP 的 15.73%、30.79%、41.83% 和11.65%。2018 年将使 4833 户家庭脱贫，占全国贫困家庭的 5.67%（全国还剩66139 户家庭未脱贫）。与此同时，2018 年老挝政府坚决不允许将计划外的、未进行评估的和已通过评估但效益低的项目列入政府投资计划。②

2017 年老挝经济增长的经济动力主要源于外国直接投资（FDI）、电力生产和出口，易受国际贸易和外国投资波动影响。中国、越南、泰国等国是老挝排名前三位的直接投资来源国。其中，中国是老挝第一大投资来源国，在老挝投资额达 66 亿多美元，主要集中在矿产、电力、农业、服务业等行业。③ 从三大产业结

---

① Bank of Lao PDR. Annual Economic Report 2017 ［EB/OL］．［2018 - 08 - 20］. https：//www. bol. gov. la/together＿use/Annual%20Report%202017＿Eng. pdf.

② 中国驻老挝经商参赞处. 2018 年老挝宏观经济增长不低于 7% ［EB/OL］. 2017 - 11 - 22.［2018 - 01 - 20］. http：//la. mofcom. gov. cn/article/jmxw/201711/20171102674337. shtml.

③ 中国驻老挝经商参赞处. 中国为老挝第一大投资来源国［EB/OL］. 2017 - 11 - 22.［2018 - 01 - 20］. http：//la. mofcom. gov. cn/article/jmxw/201711/20171102674337. shtml.

构来看，2017 年老挝农林业同比增长 2.87%，占 GDP 总量的 16.2%，对经济增长的贡献率为 0.46%；工业同比增长 11.6%，同比去年 12.0% 的增速有所下降，占 GDP 总量的 30.91%，对经济增长的贡献为 3.91%，最为主要的驱动力是电力、矿产、制造等行业发展相对放缓；服务业同比增长 4.51%，增速有所下滑，占 GDP 总量的 41.53%，对经济增长的贡献率为 1.82%。

对外贸易方面。近年来，老挝出口增长较快，但出口产业单一且主要是初级产品；进口呈现快速增长态势，增速略有下降，进口以资本密集型和中间产品为主。具体来看，2012～2017 年，老挝出口总额分别为 22.7 亿美元、22.6 亿美元、26.6 亿美元、27.7 亿美元、33.52 亿美元、48.23 亿美元；进口总额分别为 30.55 亿美元、30.8 亿美元、42.7 亿美元、52.3 亿美元、47.4 亿美元、56.35 亿美元。老挝经常账户赤字规模较大，2012～2017 年贸易赤字分别为 7.8 亿美元、8.2 亿美元、16.1 亿美元、24.6 亿美元、13.9 亿美元、8.13 亿美元。2017 年出口的主要商品是电力、铜、工业与手工制品。老挝实施宽松性货币政策和有管理的浮动汇率体制，以此保证经济和维持物价稳定。2017 年，老挝银行（Bank of the Lao PDR，BOL），即老挝中央银行持续实施温和的宽松性货币政策，例如，降低利率、公开市场操作，但保持准备金率稳定，利率由 4.25% 下降至 4.0%。2017 年，老挝 M2 货币供给同比增长了 12.23%，增速加快，总额达到 746781.8 亿基普，占 GDP 的 53.06%。在宽松货币政策的推动之下，老挝信贷持续扩张，商业银行规模增长，商业银行储蓄规模达到 680324.9 亿美元，与 GDP 之比为 48.34%，同比增长 11.54%，商业银行信贷达到 669393.1 亿基普，与 GDP 之比为 47.56%，同比增长 12.04%。

2017 年，老挝财政总收入为 226154.9 亿基普，同比增长 7.12%，占同年 GDP 总量 16.07%。其中，老挝纯财政收入有国内收入 204184.3 亿基普，赠与 21970.6 亿基普，赠与主要来自日本、瑞典、澳大利亚、法国、中国、美国、亚洲开发银行、联合国国际开发计划署等国家和国际组织的援助。收入增长的主要原因是老挝增值税等税收和费用的增长。财政总支出为 304264.9 亿基普，同比增长了 9.35%，约占 GDP 总额的 21.62%，尽管近两年老挝加大了反腐力度，削减了行政支出，减少审批项目等一系列财政巩固措施，某种程度上降低了财政支出，当时由于 2017 年资本支出同比增长幅度高达 64.37%，导致老挝财政支出大规模增加。

2017 年，老挝财政赤字为 78110 亿基普，约占 GDP 的 6.04%。国内财政融资为 3619.3 亿基普，国外融资为 74490.6 亿基普。政府债券海外发行高达 35001.1 亿基普。截至 2017 年末，老挝外部债务总额达到 85.38 亿美元，同比增加了 10.64%，约占 GDP 的 50.03%。老挝国家外债占 GDP 比重在 60% 警戒线以下，总体较为安全。

近年来，老挝中央银行对银行进行监管，确保金融体系稳定。鼓励商业银行在全国扩展金融服务网络，提供多样化金融服务，鼓励电子支付体系。老挝央行以骆驼评价体系（CAMELS）和巴塞尔协议Ⅰ为指导加强对银行系统监管。截至2017年底，老挝金融体系由42家商业银行、186家非银行金融机构和5家上市公司组成。其中，老挝全国有101个商业银行支行、510个营业网点、37个交易机构、1176个自动取款（ATM）机。商业银行总资产达到4262552.5亿基普，同比增长了16.92%。商业银行存款总额达到609933亿基普，同比增长了12.72%。商业银行信贷总额达到597454亿基普，同比扩张了23.72%。非银行金融机构增加了18家，总资产达到12166.4亿基普，同比增长61.13%，总存款额达到7449.3亿基普，增长了45.5%，信贷总额达到7219.7亿基普，同比增长了39.43%。

# 第三节　外交

2017年对老挝具有重要意义，外交上积极融入国际社会，重视大国外交和东盟外交，取得了一系列丰硕成果。与越南、印度尼西亚等多个国家举行了建立外交关系的大型庆典活动，加强了与中国、新加坡、俄罗斯及欧盟等国家和组织间的合作。截至2017年底，老挝已与全球140个国家建立了外交关系，设立了39个驻外使馆。2017年老挝外交的基本情况如下：

## 一、与中国的关系

依托"一带一路"倡议，2017年是中老关系取得重大飞跃的一年，中老务实合作进入快速发展时期，双方政治相互信任，经济合作全面，民间关系和友谊深厚，显示出了两国间巨大的合作潜力。

首先，最重要的是两国最高领导人实现了互访。2017年5月，老挝国家主席本扬出席了在北京举行的"一带一路"倡议国际合作高峰论坛，并对"一带一路"倡议给予了高度赞扬，看好"一带一路"倡议框架下的老中合作。本扬认为，老挝在"一带一路"倡议中拥有地理优势，中国在资金、人才、技术方面拥有完备的条件，两国合作可以帮助老挝实现国家发展目标①。在"一带一路"

---

① "一带一路"为各参与国带来实在利益——访老挝国家主席本扬［EB/OL］．新华网．http：//news. xinhuanet. com/world/2017－05/11/c_ 1120958274. htm，2017－05－11.

倡议国际合作高峰论坛结束后，老挝国家主席本扬于 5 月 16 日与中国国家主席习近平举行会谈。两国领导人高度评价了两国为实现全面战略伙伴关系中的好邻居、好朋友、好同志及好伙伴而进行的全面双边合作，并见证了九项相关文件的签署，以此深化两国在经济、教育、电力、金融及科技领域的合作，双方还签署了一份关于"携手努力，共同实现'一带一路'倡议"的总体规划。尤其是十九大胜利闭幕后不久的 11 月 13 日至 14 日，中共中央总书记、国家主席习近平对老挝进行了国事访问，这是时隔 11 年中国最高领导人再次访问老挝。十九大后中共中央总书记、国家主席习近平首次出访就选择老挝，充分体现了中方对发展中老关系的高度重视。本次访问共签署了 17 项协议，共同见证了中老经济走廊建设、基础设施建设、数字丝绸之路、科技、农业、电力、人力资源、金融、水利等领域合作文件的签署，一致同意打造中老具有战略意义的命运共同体。习总书记对老挝进行的首次访问使两国关系和合作显著发展，两国关系达到历史上的新高度。

其次，两国在贸易、投资、文化、社会、旅游等领域的合作取得了丰硕成果。2017 年，中国在老挝的直接投资总额超过 61 亿美元，是老挝第一大投资来源国，促进了水电、矿业、服务贸易等领域的发展，积极参与了医院、道路和学校等一系列与民生有关的援助项目。2017 年前 9 个月，双边贸易额达到 21 亿美元，增长 25.1%。"一带一路"倡议在老挝的旗舰项目中老铁路全线开工，截至 2017 年 12 月，铁路建设已完成 20.3%。

## 二、与越南的关系

对越南的外交是老挝对外关系的核心，2017 年对越南和老挝两国具有十分重要的意义，是老挝与越南建立特殊关系 55 周年和签署《越老友好合作条约》40 周年[①]。为庆祝越老建交 55 周年和《越老友好合作条约》签字 40 周年，双方有关部门举办了多项丰富多样且颇具意义的活动，其中包括两国 300 支各级代表团进行互访，充分落实两党两国高层所达成的各项共识，为推动两国特殊团结和全面合作关系迈上新台阶做出积极贡献[②]，这一年越老关系方方面面不断得到巩固和发展，两国进一步加强了在政治、国防和安全、司法、经济事务、贸易、投资、交通和旅游等领域的伙伴关系。越通社认为在世界各国关系史上，越南和老

---

① 越老两国于 1962 年 9 月 5 号正式建立外交关系，1977 年 7 月 18 日签署《越老友好合作条约》。

② 越通社. 越老两国领导召开记者会宣布 2017 年越老友好团结年圆满结束［EB/OL］. https：//zh. vietnamplus. vn，2017 – 12 – 20.

挝关系是长久团结、始终如一、纯洁互信、效果良好的罕见的典范和榜样之一①。谈到越老关系的发展，老挝驻越大使通沙万·丰威汉表示，经过55年，两国关系不断向前发展，并强调将竭尽全力为促进老越关系日益发展做出更多积极贡献②。

表4－1 老挝、越南重要领导人互访一览表

| 访问去向 | 领导人 | 访问时间 | 事由 | 成果及意义 |
|---|---|---|---|---|
| 老挝访问越南重要人物 | 国防部长占沙蒙·占雅拉 | 1月 | 老越高级军事代表团会谈 | 签署两国国防部门2017年合作计划 |
| | 总理通伦·西苏里 | 2月 | 出席越老政府间联合委员会第39次会议 | 评价2016年越南、老挝合作计划协议实施情况，探讨2017年双方合作方向与任务，签署了4个文件 |
| | 国会主席巴妮·雅陶都 | 3月、4月 | 3月访问应越南国会主席阮氏金银邀请 | ①两国国会同意深化合作；②签署《越南国会与老挝国会的合作协议》 |
| | 公共安全部部长宋乔·西拉翁 | 3月 | | 在保卫国家安全、社会安全和政治安全及预防跨境犯罪（如贩毒）、确保边境安全等领域相互支持 |
| | 总理通伦·西苏里 | 10月 | 应越南政府总理阮春福邀请 | 促进越南、老挝特殊关系特别是贸易、投资、交通等方面的合作关系日益走向深入并取得实效 |
| | 副总理宋赛·西潘敦 | 10月 | 应越南政府常务副总理张和平的邀请 | 继续改善营商环境，为对在老挝投资的越南企业创造更为便利的条件，拟定未来的合作内容，提出突破性新措施以提高合作效果；促进开展2016～2020年越南与老挝合作协议的内容 |
| | 老挝人民革命党中央总书记、国家主席本扬·沃拉吉 | 12月 | 应越共中央总书记阮富仲邀请 | 本扬任期内第二次访问越南，再次重申老挝高度重视越老伟大友谊、特殊团结及全面合作关系 |

---

① 越通社．本扬·沃拉吉访问越南：维护并促进越老特殊关系［EB/OL］．https：//zh．vietnamplus．vn，2017－12－17．

② 越通社．老挝驻越大使：竭尽全力推动老越特殊关系发展［EB/OL］．https：//zh．vietnamplus．vn，2017－09－06．

| 访问去向 | 领导人 | 访问时间 | 事由 | 成果及意义 |
|---|---|---|---|---|
| 越南访问老挝重要人物 | 公安部副部长阮文诚 | 2月 | | 交换打击各种犯罪工作信息和分享经验 |
| | 越南国防部副部长、人民军总参谋长潘文江 | 3月 | 应老挝人革党中央委员、国防部副部长苏温中将邀请 | 越南国防部军事战略研究所与老挝国防部军事科学与历史司签署合作备忘录 |
| | 胡志明共青团中央第一书记黎国峰 | 3月 | | 加强青年一代交流与合作，率领的胡志明共青团中央代表团对老挝进行工作访问 |
| | 越南政府办公室主任梅进勇 | 3月 | 与老挝政府办公室主任佩·蓬皮帕共同主持召开题为"为政府与政府总理提供参谋服务"的第五次研讨会 | 就制订政府工作计划、举办会议、制定法律文件、实施监督检查等工作进行经验交流 |
| | 越南总理阮春福 | 4月 | 应老挝总理通伦的邀请 | 签署合作文件及备忘录，进一步增进越老团结友好关系和政治互信 |
| | 越南外交部副部长邓廷贵 | 5月 | 主持越南外交部与老挝外交部第二次政治磋商 | 举行圆桌座谈会，就各自外交政策及共同关心的国际和地区问题深入讨论。同意继续加强合作，有效开展两国高层领导所达成的协议 |

### 三、与俄罗斯的关系

2017年老挝外交关系中比较大的变化是加强了与俄罗斯的关系。首先，应俄罗斯外长拉夫罗夫邀请，老挝外长沙伦塞于6月15~17日对俄罗斯进行正式访问。此次访问是沙伦塞自2016年4月上任后首次访问俄罗斯。其次，应俄罗斯总理邀请，老挝总理通伦于9月26~27日对俄罗斯进行了为期2天的正式访问。俄老两国于1960年10月7日建交，老挝总理和外交部部长相继访问俄罗斯，体现了双方对加强两国友好合作关系的高度重视，尤其是老挝总理通伦的访问，签署了关于引渡已定罪人员的双边条约等七项合作协议，同意继续派两国高级代表团和各级代表团进行互访，同意继续扩大相互援助，推动经济、贸易、投资、能源、教育、文化、公共卫生、科技、旅游、交通和军事等领域的合作，进一步加强了两国长期以来的双边关系和合作，促使两国关系发展到新高度。从经济方面而言，老挝和俄罗斯的双边贸易额在 2016 年达到了 1630 万美元。俄罗斯对老挝的直接投资价值为 5270 万美元，在老挝的外国投资者中排名第 22 位，投资主要涉及水电、能源、电信、电子护照和钞票印刷等 23 个项目①。

## 四、与东盟及其他成员国间的关系

在对外关系中，与东盟及其成员国的关系一直是老挝对外交流的重点。老挝于 1997 年成为东盟成员国，2017 年既是东盟成立 50 周年，也是老挝加入东盟 20 周年，老挝不仅积极参与东盟内部相关会议与活动，也以东盟为平台，参与东盟对外活动。2017 年 5 月 4 日，老挝外交部部长沙伦塞率代表团出席了在美国华盛顿举行的东盟—美国外长特别会议，8 月出席了东盟外长系列会议。总理通伦在 2017 年 11 月出席第 31 届东盟峰会的同时，还出席了第 20 届东盟—中国峰会、东盟—美国 40 周年纪念峰会、第 19 届东盟—韩国峰会、第 20 届东盟—日本峰会和第 9 届东盟—联合国峰会。同时为庆祝东盟成立 50 周年和老挝加入东盟 20 周年，老挝举行了丰富多彩的庆祝活动，包括：东盟食品博览会、东盟成立 50 周年青年绘画比赛、研讨会、足球友谊赛、迷你马拉松、羽毛球赛、升旗仪式和纪念晚宴等。

在与除越南外的成员国关系中，2017 年老挝着重加强了与印度尼西亚、新加坡、柬埔寨和马来西亚等国家的合作。与新加坡的关系。2017 年新加坡陈庆炎对老挝进行了访问，老挝总理和外长也对新加坡实施了访问，在肯定既有成果的同时均强调加强两国友好合作关系。截至 2016 年，新加坡在老挝投资了 79 个项目，投资额达 1.87 亿美元，是老挝的第 11 大投资国。两国 2016 年的双边贸易额为 3000 万美元，较 2015 年翻了 1 倍多②。与马来西亚的关系。2017 年是两国建交 51 周年，也是马来西亚国庆 60 周年，双边关系创下历史新高。5 月老挝总理通伦对马来西亚进行正式访问，这是通伦自 2016 年 4 月就职以来首次访问马来西亚，双方讨论了政治、国防及公共安全、贸易投资、金融与银行、交通、旅游、健康、科技、教育和人力资源开发等领域的合作，就共同关心的区域和国际事务交换了意见，并见证了两国科技部门签署的关于科学、技术与创新合作的谅解备忘录。过去几年，马来西亚与老挝的贸易额一直在增长，2016 年两国贸易总额达 3096 万美元，而 2015 年仅为 1770 万美元。马来西亚是老挝的第五大投资来源国，目前在老挝的投资额约为 10 亿美元，涵盖 100 个项目。与柬埔寨

---

① Vientiane Times：Laos, Russia PMs cement ties as seven cooperation deals inked［EB/OL］. http：// www. vientianetimes. org. la/FreeContent/FreeConten_ Laos. htm，2017 - 09 - 28.

② Vientiane Times：Lao, Singaporean foreign ministers hold talks on bilateral ties［EB/OL］. http：// www. vientianetimes. org. la/sub - new/Previous_ 037/FreeContent/FreeConten_ Lao%20s. htm，2017 - 02 - 14.

的关系。2017 年老挝与柬埔寨的关系摩擦中有进步。摩擦主要体现在两国的边境争端上，尽管如此，两国还是寻求通过外交的方式和平解决争端，外交关系上取得一定成果，高层领导互访频繁。1 月应柬埔寨王国政府巴速坤外长的邀请，老挝外交部部长沙伦塞率团开始对柬埔寨进行访问。2 月应柬埔寨国王诺罗敦·西哈莫尼的邀请，老挝国家主席本扬率代表团对柬埔寨进行为期 2 天的国事访问。5 月在柬埔寨出席世界经济论坛的老挝总理通伦与柬埔寨首相洪森举行了双边会议。8 月柬埔寨首相洪森抵达万象就老挝阿速坡省和柬埔寨上丁省边境地区的紧张局势进行讨论。合作方面希望增加在农业、旅游、服务业、贸易及工业等领域的合作，同意继续扩大在各个领域的相互支持以吸引国际援助、促进社会经济的发展，并就两国边境划界进行了沟通协商，同意共同努力加强边境安全合作，以打击颠覆势力的活动、跨境毒品交易、人口贩卖、非法木材交易及其他潜在犯罪活动。与印度尼西亚的关系。2017 年是老挝与印度尼西亚建立双边关系 60 周年，除老挝外长对印度尼西亚实施了访问外，老挝总理通伦首次对印度尼西亚进行了正式访问。这一年，两国除加强在经贸和投资领域的合作外，还计划加强在安全与防务、产业、教育、社会文化、农业、旅游、体育及议会等潜在部门的合作。

此外，老挝还与东盟国家中的泰国、菲律宾、文莱等加强友好关系。与泰国重点关注了在泰国的老挝劳工问题。与菲律宾的关系。除外长和总理对菲律宾进行了访问外，重点是双方联合举办了老挝—菲律宾双边合作联合委员会（JCBC）的首次会议。与文莱的关系。外交部部长和副主席潘坎·维帕万（Phankham Viphavanh）对文莱进行了访问，两国在教育、体育、贸易等领域的友好合作关系继续蓬勃发展。

## 五、与国际组织的关系

2017 年，老挝积极参与国际活动，与联合国、世界银行、亚洲开发银行、欧盟等国际机构保持友好合作，高度重视欧盟等组织给予的援助。1 月老挝外交部副部长通潘·萨万佩出席了在阿布达比酋长国举行的第 15 届亚洲合作对话（ACD）部长级会议。2 月，老挝计划投资部与欧盟在万象市举办了一年两次的老挝—欧盟合作工作组会议，预计将从欧盟处获得 6050 万欧元的资金用于老挝粮食与营养安全、（政府）治理及降低未爆炸弹的影响等方面。同月，老挝与欧盟联合委员会第八次会议在万象市举行，双边关系发展到了一个新的里程碑。双方讨论了欧盟对老挝提供的价值大约 1.62 亿欧元的援助（2016～2020 年联合项目）。3 月举办了第 10 届政府间环境可持续交通区域（EST）亚洲论坛，来自 38 个国家的国家代表和城市代表出席了论坛。6 月，老挝总理通伦率代表团出席在日本东京举行的第 23 届国际交流会议"亚洲的未来",认为多边框架将为亚洲带来直接利益。9 月在纽约出席第 72 届联合国大会期间,外交部部长沙伦塞·贡玛西代表政府签署了《禁止核武器公约》,并提交了老挝加入《水俣公约》批准文书,成为第 51 个签署《禁止核武器公约》的国家和《水俣公约》第 77 个缔约国。此外,老挝代表团还出席了东盟—太平洋联盟外长会议和东盟与南美贸易集团(东盟—南方共同市场)外长会议,讨论了加强贸易、投资、旅游和地区人文交流的合作。11 月,老挝国家主席本扬·沃拉吉赴越出席亚太经合组织领导人与东盟领导人非正式对话会。

## 六、与其他域外国家的关系

老挝开展与其他域外国家的关系主要是为了获得发展援助。2017 年老挝与英国、日本、德国、澳大利亚、奥地利、匈牙利、瑞士、阿塞拜疆等国加强了合作与联系。日本是老挝获取援助的重要来源方,2017 年老挝与日本的关系继续发展且富有成效,尤其是在加强政治、经济和社会文化等合作领域的战略伙伴关系上取得长足发展。澳大利亚是老挝第三大官方发展援助机构,援助重点是清除未爆弹药、农村发展和基础设施建设,2017 年是老挝和澳大利亚建交 65 周年,澳大利亚对老挝的官方发展援助不断增加。11 月外交部部长沙伦塞和他的代表团对澳大利亚进行了正式访问,澳大利亚政府表示愿意继续向老挝提供援助。老挝和英国享有友好关系,双方于 1955 年 9 月 5 日建立了外交关系,但自 20 世纪 80 年代中期以来,双方没有在对方国家设立大使馆,直到 2012 年和 2013 年分别在万象和伦敦重新开放大使馆。此后,两国关系开始扩大和深化,在贸易和投资方面,英国从老挝的第十五大外国投资者,攀升至今天的第十大外国投资者。英国首相特使大卫·普南爵士(Lord David Puttnam)六次访问老挝,进而推动两国关系和合作。在教育援助方面,英国通过支持老挝的英语课程发展和教师培训,更多地参与了老挝的人力资源开发[①]。德国是老挝非常重要的双边发展伙伴,承诺进一步支持老挝发展,援助项目位于老挝各省,重点扶贫区域农村发展、可持续气候友好型项目、环境管理、自然资源、经济发展、就业促进和金融体系建设。而匈牙利注重帮助发展老挝农业,与阿塞拜疆的合作则集中在经济、贸易、投资、能源、矿业、农业、加工工业、教育、旅游等互利共赢领域。

总体而言,老挝这一年在外交上实现了两个目标:一个是加强与越南、中国及东盟等国家和组织间的联系和合作,以外交提升经济能力;另一个是加强与日

---

① Vientiane Times, British Ambassador: Laos, UK enjoy growing friendly relations [EB/OL]. http://www.vientianetimes.org.la/onlineweb2017/sub-new/Previous _ 295/FreeContent/FreeConten _ British.php, 2017-12-19.

本、欧盟、澳大利亚、瑞士等国家和组织的联系，获取发展援助资金。

# 第四节 老挝国防与安全

2017年老挝加强国防与安全活动主要体现在向境外购买武器，推动解决边界争端和加强与邻国在打击跨境犯罪等方面的合作。

## 一、加强边境安全，推动解决边界争端

2017年对老挝来说最大的传统安全危机表现在与柬埔寨存有边界争端，局势曾一度紧张，且多次出现军事对峙局面。从2月老挝武装士兵与柬埔寨军事工程部队发生对峙到3月两国因在边境修建哨所而处于对抗状态，虽然两国同意撤军，但争端却没能解决，一直到8月，两国有关领土边界的争端再起。为稳定大局，双方同意以谈判来解决问题。柬埔寨首相洪森于8月12日抵达万象就老挝阿速坡省和柬埔寨上丁省边境地区的紧张局势进行讨论，双方就从两国边境争端地区撤军以缓解边境紧张局势达成一致意见。此外，双方还让两国边境委员会（包括老柬外交部代表）举行谈判解决边界问题。1995年老挝与柬埔寨政府同意根据四大原则（包括根据1933～1953年印度支那地图部门印制的1/100000比例地图与其他相关地图对两国边界线的认识）对老挝和柬埔寨边境线进行勘察和划界。从2000年对边界线进行划界至今，老挝和柬埔寨两国535公里长边界线的勘界工作已完成87%。Kaengtormorkhoy和Houaytangao之间区域由于仍存在争议，尚未完成边界勘定工作[①]。最终就解决边境问题老挝总理通伦与柬埔寨首相洪森达成四项共识：第一，同意两国外交部近期在金边举行会议，商讨解决边境问题的方案，本着相互理解的精神推动边境问题的解决。第二，对4个有争议的边界点进行检查。第三，同意委托两国边境委员会在Houaytangao边境地区开展合作，以促进问题的解决。第四，同意向法国总统致信，以获取1/100000和1/50000比例尺的地图及可作为划定边界证据的其他相关文件[②]。

---

① Vientiane Times：Official explains situation on Laos - Cambodia border［EB/OL］. http：//www. vientianetimes. org. la/sub - new/Previous_ 191/FreeContent/FreeConten_ Official. htm，2017 - 08 - 18.

② KPL：Lao, Cambodian Premiers Agree on Solutions to Border Issues［EB/OL］. http：//kpl. gov. la/En/Detail. aspx？ id = 27632，2017 - 09 - 04.

## 二、维护边境安全，打击跨境犯罪，促进经济合作

跨境犯罪属于非传统安全范畴，涉及的国家和面向广泛，2017 年老挝重点加强了与越南、泰国、中国及与东盟组织间在打击跨境犯罪方面的合作，以促进经济合作。

第一，与泰国方面：老挝和泰国在经济上有着悠久的合作传统。曼谷仍然是万象的主要贸易伙伴，贸易和投资在过去几年中有所增加。从老挝到泰国的主要出口包括电力、铜、烟草、蔬菜和矿物。老挝反过来从泰国进口燃料、汽车、电子产品和机械设备。根据工商部的统计，去年从老挝到泰国的出口达到了 20 亿美元，而进口则达到了 25.9 亿美元。为加强两国之间的经济合作，老挝与泰国强调需要进一步解决与毒品和跨境人口贩卖相关的问题，以及移民和非法边境活动，由此维持边境安全和秩序。

第二，与越南方面：虽然越南和老挝的双边关系有很多组成部分，但边境管理是安全方面的一个关键问题。2017 年，不仅老挝和越南警方扩大了在预防跨境犯罪领域的合作，两国国防安全部门也高度重视边境安全，两国边境代表团在 1 月签署了关于边境事务的相关重要文件。3 月，老挝公共安全部部长宋乔·西拉翁（Somkeo Silavong）在越南访问时与越南公安部长苏林（To Lam）签署了 2017 年行动计划，一致同意继续在保卫国家安全、社会安全和政治安全及预防跨境犯罪（如贩毒）、确保边境安全等领域相互支持。4 月，在山萝省木州县，越南警察总局与老挝警察总局联合举行会议，就越南山萝省与老挝华潘省边境地区扫毒行动进行总结，合力打击跨境毒品犯罪。12 月，越南和老挝举行了一轮重要会议，旨在帮助它们应对共同边界周围的挑战和机遇。

老挝不仅与越南加强了边境安全合作，也在军事培训、军事将领互访、军队青年、军事留学生、军事后勤等各领域加强合作，1 月，两国国防部长签署了 2017 年合作计划。12 月，两国防空空军加强合作关系，探讨代表团互访、培训和技术合作等领域的合作，为两国防空空军力量有效开展合作，服务两国国防安全事业创造便利条件。

第三，与中国方面：2017 年中国和老挝不仅在经济合作方面实现飞跃，在军事合作上也大步迈进，高层军事交流得到深化，两国安全关系更进一步。2017 年 9 月，由中华人民共和国国防部长、国务委员常万全率领的中华人民共和国军事代表团对老挝进行了访问，加强中国和老挝防务合作，老挝国家主席本扬强调两国国防部门应继续加强项目合作并提议加强边境地区自然资源保护方面的合作，防止非法贸易、贩毒和非法贩卖武器，共同建设和平、友谊和安全的边界。

此外，中国军队还注重对老挝提供人道方面的援助和援建，7 月下旬至 8 月

初，由 90 名医生和医护人员组成的中国军事代表团在老挝进行了为期 10 天的访问，向老挝琅南塔省和万象省的军队官兵及其家属提供医疗服务。超过 1300 名老挝人民军、400 多名家属和 2400 名群众接受了中国医疗队的健康检查和治疗。

### 三、向境外购买武器

在购买武器方面，老挝主要与印度尼西亚合作，老挝总理通伦·西苏里和他的代表团于 2017 年 10 月 11 日至 12 日访问印度尼西亚。在访问之际，两国在高等教育和基础教育合作、毒品管控、汽油和褐煤买卖上签署谅解备忘录。在与老挝总理通伦·西苏里举行的新闻发布会上，佐科总统强调，印度尼西亚准备向老挝提供飞机和两家国有企业生产的武器。

# 第五节　社会文化

2017 年，老挝的社会文化交流与合作取得了长足的进步，但也出现了不少社会问题。具体表现如下：

### 一、老挝教育加强改善教育制度与设施，重在扫除文盲

老挝要求全国各地的私人和政府教育管理人员不断地改善教育制度和设施，确保学生有更好的受教育环境。要按照到 2030 年 "全民教育" 的愿景实施教育改革，老挝的目标是在所有 148 个地区实现扫盲，为此，老挝教育部门把工作重点放在教育水平很低的 30 个地区。其目标是使所有年龄在 15～35 岁的人，到 2020 年之前完成相当于初中的教育，到 2030 年使每个老挝公民完成相当于高中的学业。[①]

### 二、"汉语热" 在老挝持续流行，中国给老挝获奖学金人数和留学人数增加

因会汉语的老挝人可以找到更好的工作和更高的薪水，老挝学汉语人数与日俱增。中国政府奖学金吸引力不断提升，引领来华留学向高层次、高质量发展。2017 年，中国给老挝奖学金人数增至 160 名，老挝在华获奖学金人数达 1361 人，在东盟获奖学金人数排第一。2016 年老挝来华留学生人数达到 9907

---

① https://mp.weixin.qq.com/s?_ _ biz = MzI4OTI4MjMyMw% 3D% 3D&idx = 6&mid = 224749858 6&sn = 6ab70ba2b8f3eccbc07c9352c43f42bd.

人。在所有外国留学生来华人数中排名第十。

## 三、老挝社会各地城乡发展不均衡，人均 GDP 差距仍然巨大

老挝城市和农村地区的整体发展和收入差距很大，各省 GDP 和人均 GDP 也差异显著。生活在中部地区的居民人均 GDP 最高，而生活在最北部山区的人则最低。万象居民的人均 GDP 达到了 5052 美元，是全国平均水平的 2 倍。而生活在老挝最北部的丰沙里省的居民人均 GDP 最低，为 874 美元。①

## 四、犯罪、社会弊病对公共安全持续形成挑战

贩毒、抢劫、道路交通事故和帮派活动在内的社会弊病仍然严重威胁着老挝的和平与秩序。2017 年老挝公安部门共处理涉毒案件 2770 起，比 2016 年增加 262 起，同比增加 10%。2017 年公安部门共逮捕毒贩 2441 人，其中包括 526 名女性和 100 名外籍人。2016 年因毒品走私被捕的外籍人有 74 人。数据还显示，大麻和安非他明是老挝 2017 年缉获量最多的毒品种类，多达 4847 公斤和 1203 公斤，这两类毒品占缉获毒品总量的 80%。其他缉获的毒品包括 162 公斤海洛因、60 公斤冰毒、272 公斤鸦片及一些不明粉剂。据报道，老挝近年来毒品走私活动呈增长态势，老挝西北部是毒品流入的主要区域，南部边境日益成为毒品流出地带。在老挝国内，冰毒最为泛滥。老挝公安部毒品预防控制司表示，将继续加大力度打击毒品犯罪，与邻国分享情报、协调行动，同时将继续提升公众意识，尤其是增强青年学生对毒品危害的认识。

## 五、减贫工作进展缓慢，政府将农村扶贫作为工作重点

老挝尚有 20 个贫困县、1511 个贫困村和 70972 户贫困家庭。老挝政府努力让 4833 个家庭在 2018 年底前脱贫，使贫困家庭总数降至 66139 人，占全国家庭总数的 5.67%。一项关于摆脱贫困和发展标准的新法令产生了，其新法令的升级标准高于以前的标准。新的标准高度重视把安全生活作为脱贫的主要标准。这份长达 8 页的第 348 号法令规定了一个家庭脱离贫困必须符合的六项标准：有一个永久的和安全的住所、日常使用和谋生的必要资产和设备、家庭成员有安全的工作和收入、学龄儿童入学、获得干净的水和电、获得基本卫生保健。政府将农村发展作为扶贫重点：政府高度重视偏远地区的改善和减贫工作，努力解决城乡差距。加大资源投入，加快农村发展和扶贫工作。同时，老挝根据国家营养战略，

---

① 老挝全国各省人均 GDP 大比拼，最高和最低竟相差 5 倍之多［EB/OL］. https：//mp. weixin. qq. com/s？＿＿biz＝MzA3MzQwNzkwNw%3D%3D&idx＝2&mid＝2660052374&sn＝4cace02a2393a80eefbaf73a77f 91672.

致力于在 2030 年彻底解决粮食不安全及营养不良问题并消除贫困。

## 六、老挝道路交通事故频发，交通问题日益显现

2017 年底，全国共发生道路交通事故 5340 起，造成 1086 人死于交通事故，8912 人受伤，车辆损失 10305 辆，财产损失达 830 多亿基普。其中 151 人死于首都万象。据统计，全国共发生事故 3873 次，造成 6402 人受伤，7021 辆车被废。约有 90% 的道路交通事故源于酒后驾车，超速和违反交通规则。①老挝的道路交通事故发生率较高，其中摩托车涉及所有车辆事故的 95%，男性占死亡人数的 90%。

## 七、老挝重新造林目标未能如期实现

政府领导人希望到 2020 年把老挝的森林覆盖率从 42% 提高到 65%。但是，尽管各省份已经确定了具体的目标，但是很少有资金提供。老挝重新造林的努力已陷入停滞，许多省份未能实现其有针对性的目标。过去 20 年，森林砍伐问题一直是老挝的一个主要问题，保护区的林木因要修建大坝、道路基础设施及采矿等项目而遭受砍伐。

## 八、老挝政府因财政因素限制公务员招聘数量

老挝政府将根据退休员工的数量招聘新的公务员，2018 年将招聘 3000 名左右的公务员，实际数字将由政府做最后批准。根据老挝政府报告，老挝目前公务员数量超过 18.3 万人，占总人口的 2.8%。其中，中央政府录用的公务员超过 26000 人，省级公务员有 36000 人，县级公务员大约为 12 万人。许多国家的公务员工资支出通常占该国支出的 40%，但老挝的公务员工资支出则高达 50%。②

## 九、老挝面临公共卫生疾病的挑战

老挝登革热疫情、H5N1 疫情、病毒性肝炎防控形势严峻，登革热感染病例已从 3000 例增加到 4859 例。老挝卫生当局对登革热发病率高度关注。老挝在预防登革热上仍面临挑战。③ 同时，受到东南亚"超级疟疾"的侵袭，东南亚"超级疟疾"迅速在老挝南部地区蔓延是一个令人担忧的全球性威胁。

---

① 700 People Killed in Road Accidents ［EB/OL］. http：//kpl. gov. la/en/detail. aspx？ id = 27795：Lao News Agency.

② Lao government to limit civil servants number ［EB/OL］. Xinhua ｜ English. news. cn. http：//www. xin-huanet. com//english/2017－08/27/c_ 136559415. htm 7.

③ http：//www. vientianetimes. org. la/sub－new/Previous_ 175/FreeContent/FreeConten_ Health_ sector_ 175. htm 2017/07/31.

### 十、老挝通过改善营商环境等措施重视国外的官方发展援助

动员和有效利用外国官方发展援助（ODA），促进政府和国际合作伙伴之间合作项目的实施，包括由中国官方发展援助提供的 52 亿元人民币的项目。重视改善商业环境、重点放在消除营商障碍和推动单一窗口机制上，以方便、透明和法治的方式确保投资审批，提高国家在明年营商环境中的排名。① 2017 年底收到的官方发展援助将达到 9.627 亿美元（约 8.078 万亿基普）（2017 年的目标是8.629 万亿基普）。

### 十一、加强与中国的合作交流，中老共同建立绿色丝绸研究中心

中国苏州大学副校长路建美与老挝科技部的代表在万象签署建立绿色丝绸研究中心的协议。根据协议，中国和老挝双方同意在老挝建立绿色丝绸研究机构，共同开发并培育桑、蚕、丝品种。双方将分享有关该领域发展的理论和实践经验，同时进行人员培训。为增进中老两国人民之间的了解和友谊，促进两国的文化交流，2017 年 11 月 "中国优秀电影走进老挝" 巡映活动首映式在老挝首都万象举行，丰富了老挝的文化业余生活，且受到当地百姓的欢迎。此外，老挝首家华文侨报《中华日报》于老挝首都万象举行的首届 "一带一路" 倡议老挝—中国合作论坛开幕式上正式宣布创刊。这将结束老挝没有华文报纸的历史，标志着中老文化交流迈上新台阶。

总之，在老挝的社会文化发展中，为解决劳动力素质的瓶颈，老挝加大教育投入和对外人才的培养，特别是老中文化的友好交流与合作，成为老挝经济社会发展一道亮丽的风景。当然老挝社会也存在着许多这样或那样的问题，其中道路不畅、毒品交易及滥用和土地纠纷就成为老挝公众最关心的三大社会问题。这也暴露出老挝社会文化生活方面的不足和迫切需要解决的问题，迫切需要老挝政府提高社会治理水平，促进本国经济社会文化的繁荣与发展。

# 第六节　发展展望

在政治方面，老挝将加快立法，继续加大反腐力度，开源节流，改善营商环境。对外关系上，老挝不断扩大与世界各国的外交关系，与中国、越南推进全面

---

① Prime Minister Urges Attention to Foreign ODA Mobilisation：KPL：Lao News Agency ［EB/OL］. http：//kpl. gov. la/en/detail. aspx？id = 30709.

战略伙伴关系。在经济方面，老挝将加快基础设施建设，特别是中老铁路的推进和国内高速公路的建设。同时伴随 2018 年老挝旅游年的到来，扩大旅游业发展成为必然，老挝旅游业将成为经济增长的主要推动力。老挝 2018 年度的经济发展目标为：老挝经济将保持稳健增长，经济的发展速度计划不低于 7%，政府将争取到更多资金和外援用于经济社会发展，尽快脱贫，摆脱不发达国家的帽子。但老挝的政府债务将会进一步扩大，仍然面临着财政困难的局面。

# 第五章　2016～2017 年马来西亚国情报告*

2017 年，马来西亚政坛被"大选政治"氛围笼罩，各党派都在为来年的大选积极运筹帷幄，族群政治又重新引发关注，一马案件出现新的动向；经济方面，国内经济增长率达 5.9%，显著高于 2016 年，经济各领域都取得了长足进展，完成各领域的目标任务；外交方面，马来西亚积极融入国际社会，重视大国外交与东盟外交，但中资企业进入马来西亚频遭诟病，是否应该援助罗兴亚难民的争执等事件也次第引发马来西亚国际外交的风波。

## 第一节　政治

为了分化瓦解反对党联盟，纳吉布政府开始更多地参与打击恐怖组织"伊斯兰国"的活动，成绩斐然；马哈蒂尔则率领土著团结党加入希望联盟并成为反对党的实权领袖，正式以在野党领导人的身份与国阵抗衡，这让马来西亚国民看到了新的希望，但也面临着更艰难的抉择。

### 一、马来西亚反恐战役打响

面对日益严峻的恐怖主义威胁，马来西亚政府根据本国国情，采用"以专门反恐法律（如《防范恐怖主义法》《反境外恐怖主义特别措施法》）为主，其他法律（如《安全犯罪（特别措施）法》《防范犯罪法》《通讯与多媒体法》）为

---

　＊ 本章由卢潇潇、李希瑞撰写。卢潇潇，广西大学国际学院（中国—东盟研究院）马来西亚研究所研究人员、广西大学商学院中国—东盟区域发展专业博士研究生；李希瑞，广西大学国际学院（中国—东盟研究院）马来西亚研究所研究助理。

辅"的立法模式，逐步构建反恐法律体系；除此之外，马来西亚警方长期密切监视网上的涉恐言论，着手搭建一个"覆盖马来西亚并向地区辐射"的反恐情报网。

在趋于完善的反恐法律体系和强劲的反恐情报网的双重作用下，近年来马来西亚反恐成绩显著，2017 年尤为突出。从 2013 年至 2016 年 3 月，马来西亚皇家警察以涉恐罪名逮捕了超过 250 人，截至 2017 年 10 月中旬，300 多名被捕恐怖嫌犯中的 101 名已被定罪，19 宗恐袭阴谋被挫败；2017 年 4 月 12 日，马来西亚警察总长哈立德宣布"鉴于各国陆续遭到恐怖主义'独狼'式袭击，马来西亚警方将提高恐怖主义袭击警戒级别"；2017 年 5 月 3 日，马来西亚警方在吉兰丹、雪兰莪、马六甲、柔佛及槟城逮捕 6 名本地"伊斯兰国"恐怖分子，挫败一起企图袭击清真寺的阴谋；2017 年 5 月 31 日，由马来西亚和沙特阿拉伯合办的"国际和平萨尔曼国王中心"投入运营；2017 年 6 月 19 日，马来西亚联合菲律宾、印度尼西亚在印度尼西亚打拉根市的一艘韩军舰艇上正式启动"三边海上巡逻"，联合打击苏禄海域的恐怖主义；2017 年 6 月 22 日，马来西亚、菲律宾和印度尼西亚三国的外长与高官再度召开会议研究联合反恐战略以共同应对地区恐怖主义蔓延的形势，并在会后发表联合声明强调，"只有通过共同的反恐战略并在安全和情报方面加强合作，才能解决该地区存在的跨国恐怖主义行为"；2017 年 7 月 8 日，马来西亚警方为了应付日益严重的恐怖主义威胁，将隶属警方政治部的反恐组升格为反恐局，并增加一名副警察总长掌管；2017 年 8 月 8 日前后，向来保持神秘的马来西亚反恐部队公开举行"Rimau"演习；同月，在东南亚运动会开幕前夕，东道主马来西亚多个执法部门展开大规模联合反恐行动，所逮捕的 400 余名可疑人员中可能包括 16 名与"伊斯兰国"有关、被土耳其政府驱逐出境的外籍武装人士；2017 年 9 月 12 日，马来西亚总理纳吉布访美，在与美国总统特朗普进行会面时表示"马来西亚将尽全力协助美国打击恐怖分子"[1]。

## 二、敦马强势回归——选民的新希望与艰难抉择

1. 土团党加入希盟，马哈蒂尔强势回归

2017 年 3 月 20 日，希望联盟在国会大厦反对党办公室召开会议后，由人民公正党主席旺阿兹莎、民主行动党秘书长林冠英和国家诚信党主席莫哈末沙布发表"三党一致同意接受土著团结党加入，希望联盟成为由 4 个政党组成的政治联盟"的联合声明。随着土著团结党加入希望联盟，政治强人马哈蒂尔古稀之年不

---

① Malaysian Prime Minister Najib Razak woos Islamic heartland, mixing religion and politics to survive［EB/OL］. South China Morning Post, 2017 - 08 - 26. https：//www. scmp. com/news/asia/southeast - asia/article/2108402/malaysian - prime - minister - najib - razak - woos - islamic - heartland.

但重回政坛，并正式以在野党领导人的身份与国阵抗衡。

2. 民众呈两极化反应，选民面临艰难抉择

对于马哈蒂尔的强势回归，马哈蒂尔民众呈现出了两极化的反应：支持者看重马哈蒂尔多年的执政经验，以及他能够吸引马来选票回流的能力；但对公民组织及人权分子而言，马哈蒂尔执政时代的一些舞弊案及其造成的伤害依然笼罩着马来西亚社会，难以被原谅，尽管马哈蒂尔在 2017 年末曾为自己过去的错误致歉，但缺乏诚意，也看不到转型的正义，这又如何让民众相信他能领导体制改革，捍卫民主、人权及社会正义等普世价值。

至于国阵与希盟孰优孰劣，有人认为，为了争夺权力、讨好选民，国阵与希盟在许多方面日益雷同，但不同的角度有着不同的解读。在总理人选方面，不管是国阵的纳吉布还是希盟的马哈蒂尔都出生于同一体制，有着本身的污点与缺失，肯定无法迎合推动社会改革者的要求，不过，纳吉布与马哈蒂尔的盟党结构却有所不同——纳吉布领导下的国阵是一党独大的联盟，不管是权力或资源分配都由巫统主导，巫统的方针也就成为国家的方向；反观希盟的结构，从总理人选的"马旺配"到议席的安排来看，是一个权力较均衡的结盟。在施政方面，国阵与希盟都给予诸多惠民的承诺与援助，然而在提升国家竞争力、改善人民生活品质、打击贪腐方面，又是否有具体的落实方案以兑现许下的诺言？相对希盟过去 10 年在槟雪两州的执政成绩及观念上较开明的进步竞选宣言（如限制总理任期及权力等），国阵的竞选主体预料不会触及机构的改革，更不会改变现有的权力分配，尽管国阵在过去 9 年也提出了涉及各领域的众多转型计划或策略，然而这些除了对现有体制小修小补、利惠特定人士以外，对整体的社会结构、经济表现、族群关系并未带来多大的提升与改善。

# 第二节  经济

2017 年，马来西亚内外经济形势逐渐向好：从外部环境来看，欧美经济逐步增长，中国、印度和东盟等新兴市场经济稳定发展；在其国内，马来西亚政府通过增加就业、调涨薪资、鼓励国内外投资、增加对外贸易和调整经济结构等措施来带动私人消费以扩大内需。马来西亚政府还推出了《马来西亚生产力蓝图》等一系列经济发展规划，持续吸引国内外投资，美国战略品牌咨询公司 BAV Consulting 和宾夕法尼亚大学沃顿商学院以贪污、动态、经济稳定度、创业、税收环境、创新、劳动力熟练程度及技术专长 8 个方向作为主要评分标准，共同进

行了一项名为"2017年全球最佳投资地点"的调查，结果显示马来西亚凭借亲商环境继续成为全球优先投资目的地，2017年的外国直接投资数额高达252亿美元（约1053亿令吉），主要集中在服务业、采矿业和制造业。除此之外，马来西亚政府还通过继续推动数字经济发展来加强马来西亚的经济转型。

　　在国内外市场的强势带动下，2017年马来西亚的主要经济领域稳健前进，各项经济数据显示良好或处于受控范围。在经济增长方面，根据马来西亚国家银行发布的数据显示，由于有私营部门、对外贸易、资本流动等领域的推动与支撑，前三季度马来西亚的经济增长率屡攀新高，第一季度经济增长5.6%，第二季度经济增长5.8%，第三季度更是创下了3年多来6.2%的最快增幅，虽然在第四季度经济增长率降至5.9%，但仍高于市场预期，推动全年经济增长达5.9%，显著高于2016年的4.2%和2015年的5%，成为东南亚经济增速最快的国家之一。在国内生产总值方面，2017年马来西亚GDP规模为3254.28亿美元（13524.77亿令吉），同比增长9.9%，人均GDP为9812美元（约42199令吉），同比增长4.5%[①]，位居东南亚地区第4位、世界第70位。在外汇储备方面，截至2017年12月29日，马来西亚的外汇储备金为1024亿美元（约4255.7亿令吉），同比增长8.4%。在消费税总收入方面，2017年消费税总收入达106亿美元（约440亿令吉），超过原定要在2018年达到105.36亿美元（约438亿令吉）的目标。在投资与消费方面，2017年马来西亚批准投资474.14亿美元（约1971亿令吉），同比下降7.4%；其中342.55亿美元（约1424亿令吉）为本地直接投资，占72.2%，131.59亿美元（约547亿令吉）为外商直接投资，占27.8%；私人投资增加10%，2016年同期为3.9%，私人消费提高了6.9%，这归功于更好的劳动力市场、薪金的调涨及稳定的出口采购。在汇率方面，随着国际原油价格趋稳、经济前景改善、出口收入增加，一直贬值的令吉在2017年得到升值，2017年令吉上涨10.1%，12月兑美元汇率在4.05～4.09。在劳动生产力方面，2017年马来西亚劳动生产力取得3.6%的增长，达到19504美元（约81039令吉），略高于2016年的3.5%。政府外债方面，由于贷款、银行同行借贷增加及令吉兑主要货币普遍走强，2017年马来西亚外债达2155亿美元（约8834亿令吉），相当于马来西亚GDP的65.3%，马来西亚国家银行表示，以货币和成熟期组合，甚至从庞大外国资产的可得性来看，外债尚处于可管理水平。在家庭债务方面，截至2017年底，马来西亚家庭债务占GDP的比重达84.3%，虽然比2016年的88.4%有所下降，但家庭债务仍是马来西亚宏观经济所面临的极大挑战。

　　值得特别注意的是，在马来西亚公布的《2017～2018年度经济报告》中，

---

　　①　资料来源于世界经济信息网，http://www.8pu.com/gdp/per_capita_gdp_2017.html。

"全球经济表现与前景"章节中专门关注了中国提出的"一带一路"倡议,认为"一带一路"倡议将帮助马来西亚开辟新市场、扩大本地产品和服务销路及吸引外资,其所带来的红利包括改善物流服务、提高融资效率,在多个行业创造大量工作机会及促进文化交流,有助于集成经济资源、协同经济政策,从而促进共同发展,将为马来西亚经济带来巨大商机与多重红利。

## 一、货物贸易概况

据马来西亚国家统计局的统计数据显示,马来西亚 2017 年贸易总额达到 4258 亿美元(约 1.77 万亿令吉),同比增长 19.4%,其中出口额达 2249 亿美元(约 9350 亿令吉),同比增长 18.9%,进口额达 2009 亿美元(约 8367 亿令吉),同比增长 19.9%,贸易盈余为 235.3 亿美元(约 978 亿令吉),同比增长 19.9%。进出口额和贸易盈余取得两位数增长,为马来西亚经济注入了强心剂,时任马来西亚国际贸易与工业部部长的慕斯塔法表示这是马来西亚 13 年来最强劲的贸易表现。

具体来看,货物进出口额为 4131.9 亿美元,同比增长 15.2%,出口 2179.4 亿美元,同比增长 14.7%,进口 1952.4 亿美元,同比增长 15.7%,贸易顺差 227 亿美元,同比增长 6.7%(月度详细情况见表 5 - 1)。

表 5 - 1　2017 年马来西亚对外贸易月度情况表

金额单位:百万美元

| 月份 | 贸易总额 | 同比增长 | 出口总额 | 同比增长 | 进口总额 | 同比增长 | 差额 | 同比增长 |
|------|---------|---------|---------|---------|---------|---------|------|---------|
| 1 月 | 30482 | 11.8% | 15773 | 10.6% | 14709 | 13% | 1064 | - 14.4% |
| 2 月 | 30372 | 19.6% | 16169 | 19.1% | 14203 | 20.2% | 1967 | 11.8% |
| 3 月 | 36036 | 20.1% | 18627 | 13.8% | 17409 | 27.7% | 1217 | - 55.7% |
| 4 月 | 31589 | 8.4% | 16778 | 6.6% | 14811 | 10.4% | 1966 | - 15.2% |
| 5 月 | 35520 | 22.8% | 18399 | 23.8% | 17121 | 21.8% | 1278 | 60.4% |
| 6 月 | 31870 | 2% | 17091 | 4.8% | 14775 | - 1.1% | 2313 | 69% |
| 7 月 | 34804 | 18.4% | 18339 | 22.6% | 16465 | 14% | 1874 | 258.4% |
| 8 月 | 36104 | 14.6% | 19221 | 14.2% | 16883 | 15% | 2338 | 9% |
| 9 月 | 35143 | 12.2% | 18593 | 12% | 16549 | 12.4% | 2044 | 8.8% |
| 10 月 | 36458 | 18.2% | 19464 | 17.2% | 16994 | 19.3% | 2470 | 4.3% |
| 11 月 | 37675 | 19.1% | 20033 | 18.8% | 17643 | 19.5% | 2390 | 13.4% |
| 12 月 | 37133 | 16% | 19456 | 14.4% | 17677 | 17.9% | 1779 | - 11.6% |

资料来源:国别数据网, https://countryreport.mofcom.gov.cn/record/view110209.asp? news_ id = 58322。

具体从国别来看，2017 年马来西亚对主要贸易伙伴出口均出现不同程度增长，其中对前三大出口国新加坡、中国、美国的出口额分别为 315.8 亿美元、294.2 亿美元和 206.6 亿美元，占其出口总额的 14.5%、13.5%、9.5%，同比增长 14.3%、23.8% 和 6.5%（见表 5-2）。2017 年马来西亚自中国、新加坡和美国分别进口 383.3 亿美元、216.3 亿美元和 161.1 亿美元，占其进口总额的 19.6%、11.1% 和 8.3%，同比增长 11.6%、23.7% 和 19.8%（见表 5-3）。

表 5-2　2017 年马来西亚对主要贸易伙伴出口情况表

金额单位：百万美元

| 国家和地区 | 金额 | 同比增长 | 占比 |
|---|---|---|---|
| 总值 | 217944 | 14.7% | 100% |
| 新加坡 | 31580 | 14.3% | 14.5% |
| 中国 | 29417 | 23.8% | 13.5% |
| 美国 | 20656 | 6.5% | 9.5% |
| 日本 | 17424 | 13.4% | 85% |
| 泰国 | 11766 | 10.6% | 5.4% |
| 中国香港 | 11160 | 22.7% | 5.1% |
| 印度尼西亚 | 8100 | 20% | 3.7% |
| 印度 | 8040 | 4% | 3.7% |
| 澳大利亚 | 7544 | 16.6% | 3.5% |
| 韩国 | 6683 | 21.2% | 3.1% |
| 越南 | 6438 | 11.9% | 3% |
| 荷兰 | 6266 | 18.6% | 2.9% |
| 德国 | 6212 | 15.4% | 2.9% |
| 中国台湾 | 5513 | 7.4% | 2.5% |
| 菲律宾 | 3849 | 16.8% | 1.8% |

资料来源：国别数据网，https：//countryreport. mofcom. gov. cn/record/view110209. asp？news_ id=58323。

表 5-3　2017 年马来西亚对主要贸易伙伴进口情况表

金额单位：百万美元

| 国家和地区 | 金额 | 同比增长 | 占比 |
|---|---|---|---|
| 总值 | 195243 | 15.7% | 100% |
| 中国 | 38332 | 11.6% | 19.6% |
| 新加坡 | 21634 | 23.7% | 11.1% |

续表

| 国家和地区 | 金额 | 同比增长 | 占比 |
|---|---|---|---|
| 美国 | 16105 | 19.8% | 8.3% |
| 日本 | 14816 | 7.6% | 7.6% |
| 中国台湾 | 12766 | 26.3% | 6.5% |
| 泰国 | 11217 | 9.7% | 5.8% |
| 印度尼西亚 | 8799 | 23.7% | 4.5% |
| 韩国 | 8483 | －4.5% | 4.4% |
| 印度 | 6267 | 55.8% | 3.2% |
| 德国 | 6122 | 6.5% | 3.1% |
| 越南 | 5260 | 16.1% | 2.7% |
| 澳大利亚 | 4675 | 24.2% | 2.4% |
| 中国香港 | 3263 | 6.6% | 1.7% |
| 阿联酋 | 3050 | 29.6% | 1.6% |
| 法国 | 3049 | 32.7% | 1.6% |

资料来源：国别数据网，https：//countryreport. mofcom. gov. cn/record/view110209. asp? news_ id =58324。

2017 年马来西亚前三大贸易逆差来源地依次为中国、中国台湾地区和韩国，分别为 89.2 亿美元、72.5 亿美元、18 亿美元。贸易顺差主要来自新加坡、中国香港、美国和荷兰，顺差额依次为 99.5 亿美元、79 亿美元、45.5 亿美元和 44.4 亿美元。

马来西亚主要出口商品为有机电产品、矿产品和塑料橡胶，2017 年出口额分别为 927.5 亿美元、350.5 亿美元和 147.2 亿美元，占马来西亚出口总额的比重为 42.6%、16.1% 和 6.8%，同比增长 15.4%、23.2% 和 16.2%。马来西亚主要进口商品为机电产品、矿产品和贱金属及制品，2017 年进口额分别为 776.2 亿美元、272.1 亿美元和 163.1 亿美元，分别增长 16.5%、40.8% 和 10.7%，占马来西亚进口总额的 39.8%、13.9% 和 8.4%。

## 二、农业

2017 年，马来西亚摆脱了厄尔尼诺气候影响，热带作物生产良好，农业领域的经济发展得到复苏，全年农业生产总额 958 亿令吉，增长 7.2%，高于 2016 年同期的 －5.9%，约占马来西亚国内 GDP 总值的 8%，出口额约为 781.2 亿令吉，占马来西亚出口总值的 8.4%。作为马来西亚农业的两大支柱性产业，天然橡胶业与棕榈种植业持续发展，但天然橡胶业在马来西亚 GDP 的贡献率逐渐减小（橡胶在马来西亚农业产值中的占比仅为 7%），而棕榈种植业在农业中的比例逐年攀升（棕油在马来西亚农业产值中占比高达 43.1%），产值也处于上升区间。具体来看，截至 2017 年 12 月 1 日，马来西亚天然橡胶种植面积达 1077.87千公顷，高于 2016 年同期的 1072.92 千公顷；2017 年天然橡胶产量达到 72.4 万吨，比 2016 年增长 7%；出口额达 323 亿令吉，比 2016 年增加了 75 亿令吉。在棕油方面，马来西亚政府积极拓展中国、伊朗、越南和菲律宾等具有庞大潜力的市场，同时针对欧盟国家愈演愈烈的"反棕油运动"与区域内国家积极商讨，并争取法国、瑞典和荷兰等国给予支持，反对欧盟议会要求该区域在 2021 年禁止棕油生物柴油的决定，马来西亚棕油产量在 2017 年达 1990 万吨，同比增长15%，出口额达 800 亿令吉。为了进一步扩大农业生产的多样性，马来西亚还努力提升水稻生产基础设施和技术，在慕达设立新农业区，清理灌溉设施和设备，推进一年双造稻种植，目前慕达新农业区有 2.5 万公顷稻田，其产量最高突破每公顷 8 吨。

## 三、工业

2017 年，马来西亚政府积极推动工业转型升级，并推动国际著名跨国公司到马来西亚设立运营中心以促进工业发展。如光电半导体产业领先制造商——欧司朗光电半导体公司和贝朗公司均在马来西亚设立了全球卓越中心，法国著名汽车制造商标志也在马来西亚设立了东盟汽车制造中心。国际油价的稳定上升和大型建设项目的动工兴建也为马来西亚矿业和建筑业的发展提供了有力支撑。2017年前 11 个月，马来西亚工业生产指数增长 4.7%，同期制造业指数增长 6.2%，矿业指数增长 0.9%，电力指数增长 2.5%。

为了赶上工业革命 4.0 的发展浪潮，马来西亚政府除了通过提高企业创新意识和提供培训来改变经营方式、提高生产力和效率之外，所采取的重要措施之一就是大力发展数字经济。马来西亚政府宣布 2017 年为"互联网经济年"，为了确保这个议程的成功，政府划定了大数据分析、云计算、电子商务、物联网和人工智能五个领域作为催化剂和重点发展领域；与此同时，马来西亚政府还推动"吉隆坡互联网城市与数码自由贸易区"的建设①，旨在到 2020 年将马来西亚的电子商务增长率从 10% 提高到 20.8%，并提供物资和虚拟区域来促进企业特别是中小企业利用数字经济的融合与共享及跨境经济活动，进一步加强中小企业对经济的贡献。目前，数字经济产值占马来西亚经济总产值的 17.8%，到 2020 年将达到 20%。截至 2017 年 11 月，共有 1997 家中小企业进驻数码自由贸易区。

---

① 这是"国家电子商务战略路线图"的一部分。

受国内外产品高需求的推动，马来西亚制造业 2017 年生产总额为 2699.6 亿令吉，增长 6%（2016 年增长 4.4%），出口额为 7676.4 亿令吉，占马来西亚出口总值的 82.1%。马来西亚政府的"第 11 个马来西亚计划"将化学与化学制品、电子和电机产品、橡胶制品工业、机械设备等产业认定为推动制造业转型的主要催化剂。

1. 电子及电机产品业

电子与电机产业是马来西亚经济的重要支柱，主要出口产品包括半导体设备、IC、电脑及电信设备产品，是马来西亚执行工业 4.0 级物联网策略的极为重要的支撑。2017 年，该行业的增长达 8%（2016 年增长 7%），作为马来西亚主要出口项目，其 2017 年全年的出口额达 3430 亿令吉，增长 19.2%，占总出口额的 36.7%（2016 年为 36.6%）。

2. 橡胶制品业

2017 年，马来西亚橡胶制品业增长 6.3%（2016 年增长 3.1%），出口总额达 263 亿令吉（2016 年约为 202.5 亿令吉），增长 29.9%，占马来西亚总出口额的 2.8%。其中，橡胶手套为马来西亚橡胶产业最大的贡献产品，占该产业出口额的 70%。

3. 化学及化学制品业

化学产业已超越石化产业崛起为马来西亚第二大出口制造业，仅次于电子与电机工业，马来西亚化学产业理事会主席阿都哈比指出，该理事会将与马来西亚贸工部、投资发展局及对外贸易发展机构合作，规划新计划，以期在"第 11 个马来西亚计划"下积极拓展化学产业。2017 年，化学及化学制品业增长 4%（2016 年增长 5.2%），出口金额达 685.8 亿令吉（2016 年约为 589.9 亿令吉），增长 16.1%，占马来西亚总出口额的 7.3%。

4. 机械设备业

在"第 11 个马来西亚计划"下，机械设备产业被视为重要增长的领域之一，因为它影响到其他许多经济领域的发展。该产业主要包含发电机械设备、金属加工机械、专业加工机械及一般工业机械、零组件 4 个领域。目前，马来西亚政府已实施相关奖励措施以期该产业能开发更复杂的产品，其中包括 10 年法定收入免税额或特定资本支出的投资税免税额。2017 年，机械设备及零件产品出口金额达 401.6 亿令吉（2016 年约为 376.7 亿令吉），增长 7.1%，是马来西亚第四大出口制造业。

5. 建筑材料业

马来西亚 2017 年建筑材料业增长 4.7%（2016 年增长 4.1%），其中非金属矿物产品增长 5.3%（2016 年增长 5.5%），基本钢铁和有色金属增长 4.1%

（2016年增长2.2%），金属制品增长4.7%（2016年增长5.1%）。预计"第11个马来西亚计划"的大型基建工程将推动建材领域在未来5年内蓬勃发展。

## 四、服务业

在马来西亚，服务业占国内生产总值的最大份额，根据马来西亚统计局统计数据显示，因房地产与商业服务、物流、通讯、金融与保险等行业的增长，2017年马来西亚服务业实现了6.2%的增长（2016年为5.6%），总产值达6387亿令吉，占马来西亚GDP总值的54.4%（2016年为54.2%），成为维持和推动该国经济增长的重要引擎和动力。具体来看，2017年马来西亚房地产与商业服务领域增长7.4%（2016年为6.9%），物流领域增长6.2%（2016年为5.6%），通讯业增长率为8.4%（2016年为8.2%），金融与保险的增长率为4.7%（2016年为2.5%）。

1. 零售业

马来西亚2017年全球零售业发展指数（GRDI）紧跟中国和印度之后，其零售市场投资潜力连续两年排名第三，游客大批涌入、更高的可支配收入、完善的基础设施和充足的政府投资都推动了马来西亚零售业的发展。

2. 金融业

马来西亚银行业在2017年发展稳健，主要银行全年资产质量和盈利能力都逐渐转好，其资本和资金方面也较为充裕。马来西亚政府鼓励银行推动国内金融科技发展，允许创业公司与银行在安全环境试验新产品和新商业模式。马来西亚各家银行相继出台鼓励政策和措施，如马来西亚国家银行成立金融科技推动团队（FTEG），团队负责起草并跟进管理法令以促进马来西亚金融服务业吸收金融创新科技，并在2017年5月推出最新一项创新活动——"金融科技大提案"，即向公众征求促进金融服务发展的提议；马来西亚最大的商业资本银行——马来西亚银行于年初在国内首次推出数字支付服务；丰隆银行也在2017年3月推出为期3个月的导师计划HLB Launch Pad，旨在培养马来西亚下一代科技、金融科技领域最有希望的创业公司。此外，马来西亚通过与中国合作来推动国内电子支付的发展——自2017年5月22日起，支付宝电子钱包在马来西亚正式上线。2017年，马来西亚整体金融系统的融资总额为2.29万亿令吉，同比增长6.4%，其中企业债券同比增长15.4%。2017年，马来西亚银行业贷款缓慢增长，贷款总额为1.58万亿令吉，同比增长4.1%。2017年令吉债券销售已达到929亿令吉，比2016年度总额增长30%。马来西亚富时综合指数在2017年12月28日收报1796.81点，以接近1800点的水平封关。这也是马股在2017年内的最高点，全年大涨155点，涨幅达9.45%，表现比2016年良好。2017年马来西亚股市总市值为 19068 亿令吉，比 2016 年增加了 2400 亿令吉。

3. 旅游业

在旅游业发展方面，马来西亚国会在 4 月通过了 2017 年旅游税法案。为吸引中国等国家的游客，马来西亚政府致力于简化程序，比如推出电子签证及网上免签等系统。2017 年，马来西亚政府对中国持公务护照人员实行免签政策，并不断增加中国与马来西亚之间的航班。2017 年，到访马来西亚的游客为 2594.85 万人次，旅游业总收入为 733 亿令吉。

# 第三节　社会

从各项数据和排名上看，马来西亚自 2017 年起调涨汽油价格，导致全年交通物价指数大幅上升 12.2%；其他商品价格也在上涨，如食品和非酒精价格上涨 4%，医疗保健、餐馆和酒店价格上涨 1.5%，房屋、水电气和其他燃料价格上涨 2.2%，全年通货膨胀率为 3.7%，生产者物价指数（PPI）平均同比提高 6.7%；失业率为 3.3%，人民就业比较充分；美国的《国际生活》杂志公布 2017 年全球最佳医疗国家排名中，马来西亚凭借优越的医疗环境名列榜首。

从整体情况看，2017 年，"路"字当选 2017 马来西亚年度汉字，形象地表达了马来西亚人民迫切探索未来发展的心声；在教育方面，马来西亚政府加大了投资，斥资维修及提升各类院校。

## 一、"路"字当选 2017 马来西亚年度汉字

由马来西亚汉文化中心和中华大会堂联合举办的"2017 马来西亚年度汉字"评选结果揭晓，第一次入围十大候选汉字的"路"字当选 2017 年马来西亚年度汉字。"路"字以 30.45% 的得票率险胜"累"字当选，排在第三位到第十位的汉字分别是"忧""税""等""选""一""金""乱""恐"。

评委报告认为，"路"字体现了马来西亚民众对个人与国家未来出路的考虑，中国"一带一路"倡议为马来西亚带来的发展，以及铁路、高铁、地铁等基础设施建设的进展，具有很强的代表性和概括性。2017 年，马来西亚有新地铁线路开通、东海岸铁路开建以及即将开始招标的隆新高铁，这些本身是"路"，也得益于"一带一路"倡议的推动。"路"字的当选，既说明"一带一路"在马来西亚深入人心，更表达了民众对于走上未来更光明之路的期盼。

## 二、加大教育投资，斥资维修及提升各类院校

在巩固人力资本方面，马来西亚政府不遗余力推动栽培人力资本，例如，派发 500 令吉津贴给予有孩子在私人学前教育中心上学的家长，截至 2017 年 8 月，政府共拨出 1800 万令吉供给 32378 名学生。此外，政府花费 3.67 亿令吉维修及提升国内 227 所中小学，为提升学生对英语的掌控，政府还推行数项措施，例如，在国内 6715 所学校推行落实双语言（DLP）及高度融入式课程（HIP），与此同时，教育部重新评估课程，以符合欧洲共同语言参考框架，教材与师资培训等已落实，截至 2017 年 8 月，这项措施已经花费了 3720 万令吉。教师也获得含有电子报及教学辅导的平板电脑协助课室内的电子教学，目前，244216 名教师在这项措施下受惠。马来西亚政府提供了一系列的相关协助，包括学前教育援助金、课本援助、学生援助等以加强学校的学习与教学，截至 2017 年 8 月，政府已经拨出 11 亿令吉，并有 480 万名学生在这项计划下受惠。此外，政府也通过多项计划来提升技职教育以栽培符合工业需求的劳工，包括耗资 2.714 亿令吉提升国内技职学校的设施及设备，设立绩效为先认证计划（RPEL），设立一马培训计划，将国内九所师训学院转型为技职教育教师培训中心、技职教育学院及工艺学院。

# 第四节 外交

总体而言，2017 年马来西亚展开了以多元化为主题的外交活动，政府对外交往颇为主动和积极，且成果丰富。时任总理纳吉布对包括中国、美国、印度、沙特阿拉伯等国家进行了访问，尽管有评论认为纳吉布此举不过是为 2018 年的大选拉选票，但是高层的交往仍旧加深了马来西亚与这些国家的政治互信，并深化了合作和交流的领域，为民间交往营造了良好氛围。在国际舞台上，马来西亚在相关国际议题上展现了自身的态度。马来西亚与其他周边和域内国家都保持了紧密的合作，在区域议题方面，马来西亚在东盟内部仍旧积极扮演着协调者的角色。

## 一、马来西亚—中国关系平稳向好

### 1. 高层交往频繁，政治互信加深

2017 年 1 月，时任马来西亚副总理的阿末扎希对中国进行了访问。3 月，中

央军委副主席许其亮访问马来西亚。5 月，时任总理纳吉布来华出席"一带一路"高峰论坛，与中国国家主席习近平、总理李克强分别进行了会面。6 月，国务委员、公安部部长郭声琨访马。中马两国一系列互访加强了彼此间的政治互信，为一系列丰硕成果营造了良好的政治外交氛围，这包括中资企业承建的东海岸铁路计划动工；中马企业间达成了约 72 亿 2000 万美元的商业协议，涵盖建筑、农业、股票交易所、基本建设，以及港口和机场合作等领域。

2. 双边交往在横向和纵向上都有所深化，合作得到拓展

首先，2017 年，中国和马来西亚两国的合作领域拓展至更深层次的国防、安全等领域。中马宣布成立一个由两国防长领导的高层委员会，以制度化发展两国国防合作；双方同意在涉及反贪事项、滥权及国际肃贪的工作上进行合作；在打击走私犯罪及恐怖活动方面，马来西亚原则上同意引进中国研发的世界顶级扫描仪器；马来西亚派遣海军前往中国，并参与建造滨海任务舰。其次，中马双边交往不仅仅是在高层上互动频繁，相关合作逐渐渗透至地方政府间。新疆、云南、洛阳、三亚等省区市都与马来西亚展开了交流，还表达了希望与马来西亚加深经贸等领域的合作意向；砂拉越等马方地方首席长官也对中国进行了访问，冀推广旅游以带动地方经济发展；中马双方在包括马来西亚新山、中国厦门等地设立了办事处，提供相关经贸交往的咨询。

## 二、马来西亚—美国关系有突破

马来西亚和美国的关系在纳吉布任期内有极大的提升，2017 年尤为突出。2017 年 8 月，美国时任国务卿蒂勒森对吉隆坡进行了访问。9 月，纳吉布对美国进行国事访问，这是纳吉布 2009 年上任以来对美国的首访，纳吉布也是自 2004 年以来，首位访问美国白宫的马来西亚政府总理。在纳吉布访美期间，除了打击恐怖主义和军队联系以外，马来西亚和美国间的防务合作拓展至海洋安全和安全部队信息共享领域。此外，双方还有意加强在运输及能源领域的投资和合作；马航与美国波音公司签署了购买 16 架飞机的谅解备忘录①。

## 三、马来西亚加强与伊斯兰世界的联系

2017 年，马来西亚加强了与沙特阿拉伯、卡塔尔等伊斯兰国家的外交往来，在一些国际关系问题上也态度明显。

2 月，时任马来西亚副总理的阿末扎希对卡塔尔进行访问，卡塔尔总理宣布

---

① Murray Hiebert, Trump – Najib Meeting Gives Malaysia – U. S. Relations Shot of Adrenaline [EB/OL]. CSIS Commentary, 2017 – 09 – 14. https://www.csis.org/analysis/trump – najib – meeting – gives – malaysia – us – relations – shot – adrenaline.

今后马来西亚人入境卡塔尔将不再需要支付签证费，并可在卡塔尔停留 60 天。同月，沙特国王对马来西亚展开访问。同为穆斯林占据大多数的石油大国，这为沙特阿拉伯与马来西亚加深经贸等领域的合作提供了互信和互利基础。在访问期间，两国同意共同建设在马来西亚的全球和平中心，共同打击恐怖主义活动。除了沙特阿拉伯，马来西亚还与其他主要信奉伊斯兰教的国家——印度尼西亚、卡塔尔、巴基斯坦及土耳其合作，携手对抗新崛起的各项威胁，尤其是日渐扩张的伊斯兰国组织。除了国防安全领域的合作，马来西亚还积极地与伊斯兰世界加强经贸联系。在沙特国王访问马来西亚期间，沙特阿美石油公司决定投资 70 亿美元建设边佳兰炼油厂；马来西亚与沙特一共签署 7 份谅解备忘录，涵盖建筑、清真合作、宇航及朝圣服务，预计价值高达 97.4 亿令吉。此外，在第 13 届世界伊斯兰经济论坛上，马来西亚签署了 16 项总值高达 25 亿美元的合作意向书，涉及技术、清真食品及能源等项目。

### 四、周边外交维持良好态势，继续推动东盟的发展

1. 马来西亚在 2017 年与东盟邻邦的关系稳定发展，双边、多边合作均取得进展

例如，老挝总理通伦于 5 月访问马来西亚，并与时任马政府总理的纳吉布举行会谈，共同见证了两国在科学、工艺与革新合作方面合作谅解备忘录的签署；马来西亚与文莱在石油和天然气领域合作上取得了里程碑式的进展，马来西亚国油和文莱国家秘书处确定了 4 个石油和天然气采集场的统一合作框架；马来西亚与菲律宾、印度尼西亚于 4 月共同出台了"苏禄海安全巡逻行动"，将联手打击越境犯罪活动；于年初刚刚就任马来西亚陆军总司令的祖基菲里在上任伊始就对新加坡展开了访问，并在 11 月出席了新马间第 23 次代号为"团结精神"的双边演习。

2. 马来西亚继续推动东盟建设及其在地区事务上的协调作用

马来西亚作为东盟创始成员国之一，一直以来致力于东盟自身的建设，时任总理纳吉布在 11 月出席了第 31 届东盟峰会及一系列活动。此外，马来西亚在 2017 年不忘促进东盟在地区事务中的参与。针对影响地区和平和稳定的朝鲜核问题，纳吉布表示东盟领袖对朝鲜的情况感到担忧，并敦促朝鲜彻底废除核武器计划。

# 第五节　安全

新加坡和马来西亚两国在 2003 年签署特别协定，把白礁主权争议提交至国

际法院审理与裁决。2008 年 5 月 23 日，海牙国际法院以 12 票对 4 票裁决白礁主权属新加坡，同时以 15 对 1 票把将中岩礁（Middle Rocks）的主权判给马来西亚。类属"低潮高地"（Low – tide Elevation）的南礁（South Ledge），主权则判归拥有它所处的海域主权的国家。

## 一、时隔多年，白礁主权再次悬议

2017 年 2 月 2 日，马来西亚总检察署总检察长丹斯里阿班迪及其团队宣布发现新证据，三份英国解密的档案随后入禀海牙国际法院，请求复核 2008 年白礁（Pedra Branca）主权裁决。这三份档案文件分别是新加坡殖民地当局最高领导在 1958 年讨论水域范围的内部电报、一份有关马国货船在 1958 年遭印度尼西亚炮艇骚扰的内部汇报，以及一张由英国远东舰队司令所准备的新加坡水域地图。针对马来西亚政府提交白礁岛司法检讨申请一事，柔佛州苏丹依布拉欣说，白礁岛面积虽小，但它是国家主权的一部分，政府必须捍卫岛上每一寸土地。

## 二、仅距白礁0.6海里马中岩礁军事基地高调开幕

中岩礁距离柔佛东岸约 7.9 海里，由两块距离 316.6 公尺的岩石组成。2017 年 8 月 1 日，马来西亚政府在中岩礁（Middle Rocks）兴建的阿布峇卡海事基地开幕，该基地距离白礁只有约 0.6 海里。据马来西亚海事执法机构总监英德拉祖基菲里说，在中岩礁建立基地是为了彰显马来西亚对中岩礁的主权。基地于 2012 年 4 月 16 日动工，并在 2016 年 8 月 29 日完工。英德拉祖基菲里同时表示："我们能独力或参与其他单位的特别行动，也能根据程序迅速展开搜救，并更有效地戒备及采取行动以防止别人入侵。"8 月 10 日，马来西亚海军舰艇博达纳号首次停靠中岩礁的阿布峇卡海事基地。马来西亚海军首长卡马鲁扎曼表示："这个基地并非这艘军舰的常驻基地，但它将经常到那里并在附近海域巡逻以确保海事安全。"

# 第六节　发展展望

政治上，2018 年，马来西亚将迎来第 14 届全国大选，此次大选将是纳吉布与马哈蒂尔的强强对决，也是终极之战。在 2017 年召开的巫统大会上，纳吉布就已经对中央代表做出了"在 2018 年 1 月不允许出国准备迎接全国大选"的明确要求。客观而言，巫统凭借牢牢把控的"金钱"（Money）、"组织"（Machinery）和"媒体"（Media），自马来西亚独立后不曾失去中央政权，但在一党独大的长期执政下，民主精神、国家体制和组织结构出现的倒退已使人民颇有怨言，加上近年来的种种弊案、发展停滞、汇率节节败退，"308"和"505"两届大选的选情就足以说明马来西亚国民对现今国阵的失望。在如此背景下，马哈蒂尔成立土著团结党并携其加入希望联盟着实在一定程度上动摇甚至冲击着巫统60年来一党独大的局面，让对国阵已颇为不满的国民有了一丝新希望，但回过头来看，曾执政22年之久的马哈蒂尔对于当下的威权体制也难辞其咎，为了推翻纳吉布的领导如今不得不与过去的"敌人"共处，携手推翻自己一手打造出来的"巨兽"，在马哈蒂尔被推选为希联的最高领导后，"希联会否成为另一个国阵""马哈蒂尔是改革的推手还是阻力"等议论开始不绝于耳，这些都成为马哈蒂尔和希盟绕不过的关卡。创党71年的巫统确实令人心生厌倦，但希望联盟似乎尚欠火候，这一票该如何投下，这或许是马来西亚每一个选民心中最大的困惑。

经济上，马来西亚政府启动了国家转型2050（TN50），以在经济发展、人民福祉和创新方面将马来西亚打造为全球前20强的国家。2018年马来西亚政府所推动的国家转型计划和惠民政策的落实，包括降低个人所得税、全面发展数字经济、积极开拓电子商务、加大力度推进进出口贸易等措施，将使经济得到进一步的繁荣。预计2018年马来西亚经济将继续向好，国内需求依然是经济增长关键驱动因素，全球经济更快增长预期也有利于马来西亚出口。但2017年马来西亚经济所面对的外围环境、国内经济、人力资本以及国民福利等挑战预计将延续，当中也暗藏着美国升息、中国成长低于预期及地缘政治的紧张局势等风险。

外交上，马来西亚依然注重保持与主要国家的双边关系，中马关系仍然是2018年所要关注的重点，因为不管是国政继续掌权还是希盟披挂上阵，其领导都会相当重视与中国友好合作关系的维护与发展。

# 第六章　2016~2017年缅甸国情报告<sup>*</sup>

2016~2017年，缅甸民盟政府持续行政改革，新成立多个政府部门，加大反贪力度，推进教育改革，召开了"21世纪彬龙会议"，从整体看取得了一定的成效。但民主转型艰难，缅北冲突加剧，使经济发展受阻，出口疲软，2016年底爆发了罗兴亚难民危机，对缅甸和地区安全形势造成了极大威胁，并使缅甸外交空间紧缩。未来，民盟的治理能力受到质疑，经济增长趋缓，民族和解受阻，国际外交失衡等问题形成了新的挑战。

## 第一节　政治

缅甸经历了50多年的军人执政后，2015年11月，昂山素季领导的全国民主联盟（NLD，以下简称民盟）在选举中获胜，2016年3月，吴廷觉（Htin Kyaw）就职总统，民盟政府开始执政。这是缅甸民主化、政治现代化进程的一个里程碑，国际社会对民盟政府实现缅甸的民主转型寄予厚望。然而民盟政府的执政面临诸多艰巨挑战，在2016~2017年虽然推行了一些改革政治体制和行政、改善民生及推动国内和平进程的措施，但对改变根深蒂固的军人势力、弱势的法治影响有限，而国内民族冲突不断，和平进程受阻，对罗兴亚人危机的处理方式也使政府的国际声誉受损。2017年3月，国务资政昂山素季在电视讲话中承认缅甸改革进程缓慢<sup>①</sup>，民盟的第一个任期面临令民众期待落空的危险。

---

＊ 本章由黄爱莲、张杰、蓝襄云、甘若谷负责撰写。黄爱莲，广西大学国际学院（中国—东盟研究院）缅甸研究所所长、广西大学商学院教授、博士；张杰，广西大学国际学院（中国—东盟研究院）缅甸研究所副所长、博士、副教授；蓝襄云，广西大学国际学院（中国—东盟研究院）缅甸研究所副所长、讲师；甘若谷，广西大学国际学院（中国—东盟研究院）缅甸研究所研究助理。

① A year on, Myanmar's Suu Kyi acknowledges reforms have been slow［EB/OL］. 路透社 2017 - 03 - 31. https：//www. reuters. com/article/us - myanmar - suukyi - idUSKBN1712PV.

### 一、推进行政改革，加强民主法治建设

1. 行政改革

民盟政府正式执政后相继推行了一系列施政改革。民盟政府上任的两年多来一直传出要更换一些能力不突出的部门总理和一些省邦的总理，2018 年 5 月有内比都的内部消息称，民盟政府将更替六位部长和三位省邦总理。2017 年 11 月增设联邦政府办公室和国际合作部，使缅甸联邦政府部门达到 24 个。同时，民盟政府持续出台政令和政策打击公职人员的贪污腐败行为，2016 年 11 月推出鼓励民众举报贪腐的政策，2017 年加大反腐力度，加强对公职人员的监督。2017 年 7 月，昂山素季在内比都举行的"公共服务动机知识论坛"上宣布推出缅甸《4 年公务改革战略行动计划》，目标是在 2017～2020 年，通过深度改革提高缅甸公共服务的道德水平，使其更能反映缅甸社会的多元化特征，以此推动解决缅甸复杂的和平、和解、贪腐和发展问题。

2. 建设法治，推进民主转型

2017 年 3 月，总统吴廷觉签署了《公民个人自由与人身安全保护法》，禁止对公民进行侵犯尊严的跟踪、侦察和非法拘禁，禁止窃听和干扰公民间的通信通话；9 月，总统吴廷觉签署修正案，将缅甸《和平集会与和平游行法》（PAPPA）中规定的最高 3 年刑期减少为 2 年刑期，并允许保释；10 月，取消了该法中必须获得政府批准才能集会或游行的规定。2017 年 10 月 6 日，民盟政府宣布批准联合国《经济、社会和文化权利国际公约》（ICESCR）。

3. 推进教育深入改革

民盟政府将发展教育作为推动社会发展的重要手段，承诺要给缅甸孩子教授 21 世纪的技能，政府提高教育投入，2017 年的教育经费几乎达到 2012 年的 4 倍。推出《国家教育战略计划》，目标是发展职业教育，推出新的课程设计，并将批判性思维注入课堂教学。

### 二、民主转型存在艰难

1. 民盟政府与军队势力博弈

2016 年经济学人智库将缅甸的民主程度评级为民主和集权并存的"混合政体"（Hybrid Regime）。民选的民盟政府执政一年半后，缅甸从军人执政向民选政府执政的权力过渡远未完成。

2. 公民社会发展

民盟政府执政之后，缅甸社会的民主的文化价值观念未见显著提升。大部分缅甸国民支持民主，但是他们缺乏对民主概念的体制要素和价值内涵的了解，对

民主的解读也千差万别，对国家政治体制缺乏信任，公民参与社会的机会也受到限制。2017 年 8 月，国际共和研究院（IRI）在缅甸的民调结果显示，高达 40% 的受访者认为经济比民主重要，并认为民主改革更重要的只有 24%。①

裹足不前的民主转型使缅甸对弱势群体公民权利的承认和保护仍然欠缺，缅甸女性参政议政占比很低，国会议席女性的占比只有 13%，乡村基层组织更低至 0.25%；女性对国民经济的参与度低，男女收入差距达到 30%；妇女和女童的人身安全和权益受到侵害的境况非常严重，缅北冲突更加剧状况的恶化，缅军和少数民族武装势力针对女性的性暴力事件频繁发生，且受害女性没有申诉机制。妇女在缅甸推进和平进程和民主化的过程中也被严重边缘化，和平进程的女性参与者只占不到 10%，21 世纪彬龙会议也忽视了妇女权益组织的声音。

## 三、民族冲突和武装冲突加剧

### 1. 缅北冲突继续加剧

克钦邦、若开邦、克伦邦和北部掸邦的少数民族武装力量与缅甸政府军。2016 年，德昂军和缅甸政府军支持的南掸邦军在掸邦北部的冲突持续了全年；克钦独立军和缅甸政府军的冲突从 2016 年 8 月中开始不断激化；克伦邦的少数民族武装和缅甸政府军迫使 5900 名平民流离失所；11 月 20 日，果敢民族民主同盟军（MNDAA）、德昂民族解放军（TNLA）、若开军（AA）和克钦独立军（KIA）组成缅北联军，集合千人军力对缅甸北部的勐古街、棒赛等地的缅甸政府军营和警察站发动进攻，政府军进行激烈反击。

### 2. 推进和平进程的彬龙会议

为解决缅北地区的民族武装冲突，缅甸政府重启 1947 年昂山将军和少数民族领袖谈判的"彬龙会议"。2016 年 8 月 31 日至 9 月 4 日，来自缅甸军方、联邦政府、议会、少数民族武装组织（EAOs）及政治党派的代表在内比都共同主持召开联邦和平会议"21 世纪彬龙会议"（21st Century Panglong Conference），作为冲突各方谈判、沟通、和解的平台。共有 17 支少数民族武装组织参加了会议，但若开军、德昂民族解放军、果敢同盟军等 7 支武装组织没有参加，佤邦代表团中途离场。这一次会议后，缅甸政府于 10 月中宣布"7 步推进国家和解和联邦和平路线图"，包括检讨、修改政治对话框架，并在此框架基础上继续召开 21 世纪彬龙会议；签订联邦协议，以此协议为基础修订和通过宪法；在新宪法下举行多党制民主选举，在民选结果基础上建设缅甸的民主联邦。

缅甸政府将 21 世纪彬龙会议定为半年一期，直到各方达成停火协议。第二

---

① The Irrawaddy, Economy More Important Than Democracy in Myanmar, Survey Says［EB/OL］. 2017 - 08 - 23. https：//www. irrawaddy. com/news/burma/economy - important - democracy - myanmar - survey - says. htm.

次 21 世纪彬龙会议于 2017 年 5 月 24～29 日召开，此次会议取得一些突破性进展，7 支因为没有签订停火协议而没有参加第一次会议的少数民族武装力量出席了这次会议。至此，缅甸 20 支少数民族武装力量中有 15 支参加了会议，给开辟一个更具包容性的和平进程带来希望。

# 第二节 经济

作为一个中低收入国家，缅甸 2017 年人均国民总收入为 1455 美元，但却是东亚和太平洋地区乃至全球增长最快的经济体之一。未来缅甸的经济增长可能受到包括缅甸军队与少数民族武装组织持续不断冲突如若开邦危机在内的挑战的阻碍，根据世界银行缅甸经济监测（MEM）的数据，虽然缅甸的经济前景看起来"有利"，预计 2018～2019 年增长率从 6.4% 上升至 6.8%，但这些前景的风险"已经加剧"。对此，缅甸需要继续改善投资环境、银行业及加强重大改革计划的实施能力。

缅甸的贫困人口基数仍然很大，特别是在农村地区，依靠农业生产和临时就业谋生的农村地区人口尤其如此，生活在贫困线附近的人最容易受到经济冲击。在东盟国家中，缅甸的预期寿命最短，婴儿和儿童死亡率排第二高。在营养方面，5 岁以下儿童中有 29% 属于中度发育迟缓，8% 属于发育迟缓。

基础设施和服务建设仍然是缅甸农村和城市地区的挑战。在缅甸，只有 1/3 的人口能够进入国家电网，而道路密度仍然很低，为每千平方公里土地 219.8 公里。然而，随着电信部门的自由化，移动网络和互联网普及率从 2014 年的不足 20% 和 10% 大幅增加到 2016 年的 60% 和 25%。缅甸是世界上最容易发生灾害的国家之一，国家经济受到包括洪水、旋风、地震、山体滑坡和干旱在内的多种灾害的影响，2016 年，缅甸在全球气候风险指数在 187 个国家中排名第二，191 个国家中风险管理信息指数排名第九。

## 一、经济概况

2016～2017 年 GDP 增长率为 6.8%，2017～2018 年保持不变仍为 6.8%，世界银行预计缅甸 2018～2019 年 GDP 的增速为 6.7%，2019～2020 年为 7%。这主要受服务业、工业和农业的推动。

1. 缅甸各行业经济概况

（1）农业。农业是缅甸的主要产业，在缅甸国内生产总值中占据着重要比例，在农业生产中雇用约65%的劳动力。缅甸曾经是亚洲最大的稻米出口国，而稻米仍然是该国最重要的农产品。缅甸其他主要作物包括豆类、芝麻、花生、甘蔗、木材和鱼类。农业和农产品加工给缅甸提供了大部分就业和收入，产生了绝大部分的国内生产总值。尽管缅甸的粮食产量足以满足缅甸全体人口的需求，但许多缅甸民众因缺乏购买力而无法满足自身粮食需求。

缅甸2017～2018财年的农产品出口额约4.5亿美元，农业领域出口额达24亿美元，较上财年同期增加了1.7亿美元。大米是缅甸主要的出口农产品，本财年至今共出口大米260万吨，较上财年同期增加了150万吨；豆类是缅甸另一主要出口农产品，但受印度调整进口政策的影响，本财年至今豆类出口量虽较上财年增加了2.5万吨，但出口额下降了4亿美元。

（2）制造业。制造业是投资者潜在回报可能最高的行业，引起了很多关注。缅甸的劳动力成本仍然低于世界其他绝大部分国家，因此尽管其基础设施存在缺陷，但仍然对劳动密集型行业如服装生产具有吸引力。

在缅甸发展制造业的优势是位置和劳动力。在仰光，工厂工人的地方工资平均每月为70～95美元，这与其他国家和地区相比属于较低水平。除了相对较低的薪水外，缅甸工人勤奋的特点也是吸引在缅甸投资制造业的原因。另外，缅甸位于全球两个最大的新兴市场中国和印度之间，其地理位置优势不言而喻。

缅甸制造业的风险是决定是否在缅甸开设制造企业时需要考虑的一个重要方面，是运行备用的发电成本。缅甸的电网仍然不发达，这意味着在工作日的任何时候电力都可能会消耗殆尽，这会增加生产的时间成本。在缅甸从事制造业的企业必须将这些发电设备计算到在缅甸设厂的成本。在缅甸发展制造业的另一个风险是监管框架不清晰、法律体系陈旧。许多制造企业不确定它们能做什么，不能做什么，这会导致混乱和麻烦。虽然缅甸议会已开始处理其中的一些问题，并以宪法为指导，但投资者需要采取额外的预防措施，以确保他们明确了解现行法律。

缅甸成衣工厂为缅甸民众提供了大量的就业机会。2017年，欧盟从缅甸进口11亿欧元的成衣，与上一年度相比增加了62%。2017年内缅甸成衣与鞋子两种产品出口达到30亿美元，这是4年来每年以25%的增长率迅速发展起来的新行业。2017～2018财年的前9月（即2017年4～12月），缅甸共吸引外资47.84亿美元，其中制造业吸引外资15.5亿美元，位居第一。

（3）能源。1988年，为复苏该国举步维艰的石油产业，缅甸开放外国企业投资开发石油。目前缅甸已探明的天然气储量约为1.82兆立方英尺，原油储量估计约1.39亿桶。随着缅甸逐步开放国际探勘，全球石油巨头看好缅甸市场，希望引进先进技术来发现新的油田。2016年，由于内阁人事异动、部分油企撤资及更具体的能源政策出台等因素，让缅甸能源产业的走向成为各界关注焦点。

据缅甸商务部统计，2017～2018 财年截至 3 月 2 日，缅甸对外贸易额已超过 300 亿美元，其中，进口 170 亿美元、出口 130 亿美元，较去年同期各增加 20 亿美元。天然气位居出口榜首，达 30 亿美元。

2. 对外贸易

缅甸商务部发布的统计数据显示，2017～2018 财年（2017 年 4 月 1 日～2018 年 3 月 31 日）缅甸对外贸易额达 333.23 亿美元，比往年同期增长了约 41.14 亿美元。其中，出口占 146.75 亿美元、进口占 186.48 亿美元；海上贸易额为 248.59 亿美元，与往年同比增长了 34.27 亿美元；边境贸易额为 84.64 亿美元，与往年同比增长了 6.87 亿美元。本财年贸易逆差近 40 亿美元。

3. 汇率

一些跨国企业提高了对进入缅甸投资的兴趣，但因为担心缅甸的汇率情况不稳定，为了能够调整与有效管理该情况和吸引外资，缅甸中央银行做出了在 2017 年底实现以国内银行之间交易的市场汇率为准的决定。缅甸中央银行于 2017 年 7 月将美元兑缅币汇率定为 1∶1366，以此符合货币兑换市场的上涨行情。

## 二、2016～2017 年缅甸经济热点

1. 新出台的车辆进口政策改变市场动态

2017 年 10 月，缅甸政府宣布了一项新的车辆进口政策，其中从 2018 年起只允许进口全新左舵车。此举旨在将缅甸全国车辆与现有道路规则看齐。通过此政策，缅甸将逐步淘汰较老的右舵驾驶车辆，以改善道路上的安全和交通堵塞。目前，尽管现有的右舵汽车不符合道路规定，但进口的二手右舵车在缅甸国内应用得最为广泛。随着中国、美国和韩国的汽车制造商进入，预计新型左侧驾驶车辆的需求将在长期内上升。

2. 外国人法草案和吸引外资产生冲突

新的"外国人法"规定，年龄在 10 岁以上且计划在国内居住超过 90 天的非缅甸公民需要获得外国人登记证（FRC）并随时携带。此项新的"外国人法"规定和"外国劳工法"引起了专家的批评，他们认为以上两项法案的一些内容可能会创造一个敌对的外资投资环境。引起最多争议的条款涉及外国人在缅甸国内旅游。如果非缅甸公民 FRC 持有者在缅甸境内旅行超过 24 小时，必须事先获得"注册服务机构"的批准，"注册服务机构"的定义为领导乡镇移民局或人力资源办公室的人员。不遵守规定可能导致违反者最高一年的监禁。在一份联合声明中，9 家外国商会也对法律草案表示担忧，称这些要求过度，并且会阻碍外资企业在缅甸建立投资或阻挡外国工人。该法律草案带来了一系列的潜在问题，包

括额外的行政延误，以及增加了腐败的风险。

3. 中缅经济合作

2017~2018 年，中缅在"一带一路"倡议达成了可喜的共识。其中，包括中国承诺在缅甸达到数十亿美元的基础设施合同，帮助缅甸成为连接亚洲、欧洲和非洲大陆广泛贸易网络的重要站点。"一带一路"倡议引起了缅甸极大的兴趣，集中体现在昂山素季参加了 2017 年 5 月在北京召开的"一带一路"国际合作论坛。缅甸派出由国务资政昂山素季带领的高规格代表团，出席"一带一路"国际合作高峰论坛，充分体现出缅甸对"一带一路"倡议的重视。缅甸政府官员也表示，期待在论坛期间同中国就落实"一带一路"倡议，形成相关备忘录，并在此基础上推动缅甸更好地参与"一带一路"倡议的实施进程。①

2017 年 11 月 19 日，中国外交部部长王毅在内比都会见缅甸国务资政兼外交部长昂山素季。会上提出了"人字型"中缅经济走廊设想。"人字型"中缅经济走廊，打造三端支撑、三足鼎立的大合作格局。在两人举行的会谈中，昂山素季表示，缅方赞赏中方提出的建立中缅经济走廊的倡议，这一倡议与缅国家发展规划有很多契合之处。

4. 商业信心下降

2017 年，至少有三份报告和调查显示企业和投资者对缅甸政府的信心下降。在 UMFCCI 调查的 600 家公司中，超过 3/4 的受访者认为实施不力或缺乏明确的经济政策是他们对缅甸经济信心下降的主要原因。这可能是缅甸今年未能吸引更多外国直接投资的根本原因。缅甸 EuroCham 的第二次商业信心调查结果显示，在缅甸活跃的 70 家欧洲公司中，超过 3/4 认为商业环境较差或需要改善，而 2016 年则为 67%。这些公司列举了监管问题，缺乏合格的劳动力和法律上的不确定性，这些都是缅甸面临的最大挑战。世界银行指出，由于私人投资者在政府的经济议程中进一步明确，以及若开邦罗兴亚问题在国际社会的不断发酵，私人投资者踌躇不前，投资需求也在减少。

5. 重要立法出台成为政府推动经济的触发器

在获得批准后一周，DICA 的高级官员表示，在准备好附例后，期待已久的缅甸"公司法"将在 2018 年 8 月开始实施，并且公司注册处对执法工作至关重要。新的"公司法"将取代 20 世纪制定的旧缅甸公司法。2014 年，由前政府发起的新法规定了公司如何运作和管理的指导方针，取消了过时的股份转让规则，并为股东提供了更大的保护。新法规中允许外国公司获得当地公司 35% 的股份，为当地经济中资金短缺的企业带来急需的改革。

---

① 央视记者专访昂山素季："一带一路"是和平之路［EB/OL］. 新华网，http://news. cctv. com/2017/05/16/ARTI2C3nfniZYiq6dmuJWtaR170516. shtml.

6. 第五家公司批准在仰光证券交易所上市

一家提供电信、互联网和充值服务的企业 TMH 公司于 2017 年 12 月获得批准成为第五家在仰光证券交易所（YSX）上市的公司。

7. 缅甸央行朝着规范金融新技术的方向迈出新一步

2017 年 8 月，缅甸央行向 Ok Dollar 公司颁发了移动金融服务（MFS）许可证，Ok Dollar 公司得以向缅甸民众提供现代化的汇款服务。国会在 2017 年 10 月的仰光地区议会会议上讨论了缅甸央行对金融科技公司的许可程序。Seikgyi Khanaungto 镇的议员 Daw Sandar Min 表示，中央银行应该更好地管理这些公司以防止欺诈行为。

8. 缅甸最大燃气电厂投入使用

12 月 24 日，缅甸电力和能源部（MOEE）、曼德勒供电公司和电力供应企业的官员访问并检查了曼德勒 Myingyan 的联合循环燃气轮机发电厂的施工现场。这是缅甸第一个价值 3 亿美元以上的 225 兆瓦燃气发电厂，由新加坡胜科工业公司（Sembcorp Industries）建造。根据协议，胜科工业公司将建设并运营该电厂 22 年，之后该设施将转移至缅甸政府。根据政府的一份声明，正在测试生产的两台 71.5 兆瓦的燃气轮机发动机将在 2018 年 1 月投入使用。

# 第三节　外交

2017 年也是缅甸外交变相万千的一年，缅甸继续在大国平衡外交的战略指导下周旋与世界各国、东盟国家和中国的外交关系。本节对 2017 年缅甸的主要外交接见和出访进行了梳理和归纳，最后总结了缅甸推进民主进程中维持各国外交关系的机遇与挑战。

## 一、2017 年缅甸主要外交接见和出访

缅甸奉行"积极，独立，不结盟"的大国平衡外交战略。自缅甸民盟政府执政以来，缅甸积极推进民族和解进程，与西方大国关系逐渐缓和，与东盟及周边国家稳步发展睦邻友好关系。截至 2017 年，缅甸已与 123 个国家建立了大使级外交关系，其中 2017 年新建交的国家就有 7 个。

2017 年 8 月以前缅甸外交事务频繁活跃，对东盟国家诸如泰国、柬埔寨、菲律宾等国展开了访问，主要围绕区域内发展问题进行了协商。2017 年 4 月 6~11 日，缅甸总统吴廷觉对中国进行了国事访问，表示缅甸将继续支持并参

与"一带一路"倡议，积极投入两国在基础设施建设、经济和贸易等方面的项目建设和合作进程。2017 年 5 月中旬，昂山素季参加了在中国北京举办的"一带一路"国际合作高峰论坛，并与中国领导人会面，在此之前昂山素季拒绝了美国国务卿蒂勒森在华盛顿举行与东南亚国家外交官会谈的邀请。2017 年 12 月初，昂山素季还出席了中国共产党与世界政党高层对话会，这在罗兴亚人危机后昂山素季面临西方国家批评和声讨后展示出的向中国靠拢的姿态极具深意。自缅甸民盟执政以来，昂山素季共访华三次，总统吴廷觉访华一次，国防军总司令敏昂莱访华两次，中国成为缅甸民盟政府军政高层出访次数最多的东盟以外的国家。

与之形成鲜明对比的是，罗兴亚危机成为缅甸与西方国家关系的一个分水岭，2017 年 8 月以前外事往来频繁，缅甸出访了比利时、瑞典、加拿大、俄罗斯等国，而与美国的交往却颇为微妙。美国自特朗普执政以来对缅甸持续施压，美国国会和舆论因对缅甸在推动民主进程，削弱军方权力以及罗兴亚人等问题表示不满而冷落缅甸。昂山素季并未出席 2017 年 5 月在美国华盛顿举行的第 30 届美国东盟对话会议和第二次美国东盟外长特别会议。

罗兴亚危机爆发后，缅甸与西方国家关系则进展不顺，跌入低谷。罗兴亚危机后，为了不落入四面楚歌的境遇，缅甸各级高官频繁交往周边国家包括日本、韩国、泰国和印度尼西亚等，大有寻求危机后的邻国支持谅解和区域后盾之势。因此，2017 年 8 月之后的缅甸外交主要围绕罗兴亚危机的修复和应对展开。在遭遇西方各国一致排斥、制裁和冷落的形势下缅甸转向区域内邻国尤其是中国的支持是必然的选择。罗兴亚危机事件也成为推动中缅关系的助推器，让缅甸看到了危难关头的援助之手和理解支持之音，且有着雪中送炭的效果。

表 6 - 1　2017 年缅甸主要外交接见和出访

| 时　间 | 国　家 | 事　件 |
| --- | --- | --- |
| 2017 年 2 月 2 日 | 缅甸总统吴廷觉与国家顾问昂山素季在内比都接见泰国副总理 H. E. Dr. Somkid Jatus-ripitak | 双方签署了升级士瓦医院的备忘录，渔业合作谅解备忘录，缅甸经济银行与泰京银行换汇协议 |
| 2017 年 2 月 3～6 日 | 缅甸总统吴廷觉及夫人杜素素伦出访柬埔寨 | 两国签署避免双重征税协定 |
| 2017 年 3 月 17 日 | 菲律宾总统罗德里戈·杜特尔特访问缅甸 | 会见了总统吴廷觉，国家顾问昂山素季，国防总司令敏昂莱，缅菲建交 60 周年 |

续表

| 时 间 | 国 家 | 事 件 |
|---|---|---|
| 2017 年 4 月 6～12 日 | 缅甸总统吴廷觉访问中国 | 中国国家主席习近平，国务院总理李克强，人大常委委员长张德江分别会见了吴廷觉。中方将提供 10 亿元人民币支助缅甸农村和社会经济发展 |
| 2017 年 5 月 2 日 | 昂山素季访问欧盟总部 | — |
| 2017 年 5 月 4 日 | 昂山素季会面梵冈教廷 | 梵蒂冈教廷正式与缅甸建立全面外交关系 |
| 2017 年 5 月 15 日 | 昂山素季出席北京"一带一路"国际合作高峰论坛 | 多国政要共同规划"一带一路"倡议建设合作大计 |
| 2017 年 6 月 5 日 | 国家顾问昂山素季出访瑞典和加拿大 | 昂山素季参加加拿大的联邦制度座谈会，11 日访问瑞典协商教育、环保、妇女和企业家社会责任等议题 |
| 2017 年 6 月 17～22 日 | 缅甸三军总司令敏昂莱出访俄罗斯 | 参观俄罗斯黑海舰队，巡洋舰和潜艇 |
| 2017 年 7 月 6 日 | 缅甸副总司令梭温在内比都会见挪威外交大臣博格布伦德 | 探讨缅甸和平进程，帮助缅甸排雷 |
| 2017 年 7 月 7 日 | 缅甸总司令敏昂莱率代表团访问印度 | — |
| 2017 年 7 月 17 日 | 缅甸总司令敏昂莱在内比都会见了美国东亚及太平洋事务局对朝政策特别代表尹汝尚 | 朝鲜半岛局势，亚太地区繁荣，缅甸国内和平，两国军事合作等议题 |
| 2017 年 8 月 8 日 | 昂山素季会见联合国开发计划署署长阿希姆施泰纳 | 缅甸和平进程 |
| 2017 年 8 月 28 日 | 缅甸总司令敏昂莱出席在泰国举行的泰缅高级官员会议 | — |
| 2017 年 9 月 4 日 | 缅甸总司令敏昂莱在内比都会见来访的印度尼西亚外交部部长雷特诺马尔苏迪 | 若开邦局势及人道主义援助等事宜 |
| 2017 年 9 月 18 日 | 昂山素季在缅甸内比都会晤中国香港特首林郑月娥 | — |
| 2017 年 10 月 7 日 | 昂山素季访问文莱 | 加强两国在能源、教育、卫生等领域的合作 |
| 2017 年 10 月 16 日 | 昂山素季与敏昂莱分别会见联合国政治事务副秘书长 Jeffrey Feltman | 商讨打击恐怖主义、难民安置、人道主义援助等事宜 |

续表

| 时　间 | 国　家 | 事　件 |
|---|---|---|
| 2017 年 10 月 24 日 | 孟加拉国内政部部长阿萨杜扎曼汗访缅期间与内政部长觉遂会谈 | 商议难民身份审核和打击恐怖主义等议题 |
| 2017 年 11 月 5 日 | 缅甸总司令敏昂莱出访泰国 | 参加 2017 东盟国防与安全设备展 |
| 2017 年 11 月 15 日 | 美国国务卿蒂勒森访问缅甸 | 若开邦难民问题和缅甸民主转型 |
| 2017 年 11 月 19 日 | 中国外交部长王毅访问缅甸，会见昂山素季和吴廷觉 | 中国向缅甸提供 3300 万元援助，计划合作投资建设工业区 |
| 2017 年 11 月 26 日 | 缅甸人民议院议长 U Win Myint 出访日本 | — |
| 2017 年 11 月 27 日 | 缅甸民族议院议长 Mann Win Khine Than 出访韩国 | — |
| 2017 年 11 月 27 日 | 天主教教宗方济各访问缅甸 | 协助化解偏见和仇恨 |
| 2017 年 11 月 30 日 | 昂山素季出席中国共产党与世界政党高层对话会 | — |
| 2017 年 12 月 5 日 | 缅甸总统吴廷觉出访日本 | — |

资料来源：作者根据新闻、相关报道整理。

## 二、缅甸民主进程中大国平衡外交面临的机遇和挑战

　　罗兴亚危机暴露了缅甸与西方国家关系仍然脆弱得不堪一击，危难关头还是得求助于有着深厚根基的中缅胞波情谊。从长远来看，缅甸的民族和解进程和若开邦危机仍然任重道远，相关问题不可能短期内得到解决。缅甸和美国等西方国家的分歧源于意识形态上根深蒂固的差异，对缅甸进行制裁迫使其推进民主化进程；放眼区域内大国势力影响，印度和缅甸的经济依赖色彩更重，日本虽不断为缅甸提供投资援助试图抗衡中国对缅甸的影响，但日本不得不受制于美国的姿态行事，因而多少有所局限；缅甸的大国平衡外交也正在面临着挑战，来自国内民主进程的压力和国际人权的谴责使得缅甸不得不反思今后的外交之路。

　　严峻的内外形势下中国始终张开友好的怀抱支持缅甸，不畏国际压力帮助缅甸寻求出路。而另一方面中国正在以更主动的姿态担当起地区大国的角色，在"一带一路"倡议建设的大背景下深化中缅各领域的合作，走合作共赢的务实外交之路是中缅外交关系的契机。在政治外交方面，中缅高层还需进一步加强沟通和互访，中国可以为缅甸的若开邦问题和民主进程提供建设性的意见和建议；在经济外交方面，在"一带一路"倡议建设的框架下深化贸易和经济合作，提升

中国投资形象，带动技术和人员交流合作；在文化外交方面，强化中缅边境民族友好往来，多方位多形式地开展两国文化交流，输出积极的企业社会文化，为民间信任打下坚实的基础。

# 第四节　国防

　　2017 年是缅甸军事冲突不断、局势动荡不安的一年。2017 年国内缅军与少数民族武装势力冲突不断，和谈无果，以开罗辛亚救世军为代表的恐怖袭击活动也时常发生，形成了国内不安的主要因素；在国际上，缅甸是联通中南半岛和印度半岛的重要枢纽，也是大国之间博弈的战场，缅甸在拓展与周边国家海洋合作的同时，也由于与邻国存在不同程度的领土争端、反叛问题，出现海上难民和武器走私等问题。面对内忧外患的安全局势，缅甸在 2017 年国防建设方面更进一步加强了军事现代化建设，持续增加国防建设投入，逐步开始重视海军建设，但受限于缅甸的经济发展水平，加上国内复杂的政治局势，缅甸真正建成一支职业化、正规化军队还任重道远。

## 一、军事冲突频发

### 1. 少数民族武装势力割据

　　缅甸是一个多民族的国家，共有多达 135 个民族，形成了各种少数民族割据势力。由于历史原因，缅甸中央政府和缅甸北部和东北的一些地方割据武装长期存在多重矛盾，且冲突不断。2017 年 3 月 6 日，缅甸掸邦北部果敢地区，一支民族地方武装攻击果敢自治区首府老街等地，造成包括平民在内大约 30 人死亡的"缅北军事冲突事件"。对此，缅甸国务资政昂山素季以民族和解与和平中心主席身份发布公告，呼吁各方摒弃令人民陷入苦难的武装斗争，回到和平谈判桌上。

### 2. 国内恐怖袭击加剧

　　缅甸被内战困扰不断，已有 70 年之久，而国内频发的恐怖袭击活动使得缅甸又不得不进入了"反恐"的新战场。根据经济与和平研究所（IEP）① 公布的《2017 年全球恐怖主义指数报告》数据显示（见表 6－2），自 2002 年以来，缅甸的恐怖活动不断扩张，2017 年缅甸的恐怖主义指数为 4.956，在全球排名第37 位。

---

　　① 2017 年全球恐怖主义指数报告［EB/OL］. Institute for Economics and Peace. http：//economicsand-peace. org/.

表 6-2　2017 年东盟国家全球恐怖主义指数（GTI）

| 国家名称 | 全球排名 | 2017 年恐怖主义指数 | 相对于 2016 年得分变化 |
|---|---|---|---|
| 菲律宾 | 12 | 7.126 | -0.026 |
| 泰国 | 16 | 6.609 | 0.097 |
| 缅甸 | 37 | 4.956 | -0.686 |
| 印度尼西亚 | 42 | 4.55 | -0.048 |
| 马来西亚 | 60 | 3.334 | -0.642 |
| 老挝 | 80 | 1.964 | -1.269 |
| 柬埔寨 | 128 | 0.038 | 0.039 |
| 新加坡 | 134 | 0 | 0 |
| 越南 | 134 | 0 | 0 |

注：文莱数据未纳入统计。笔者根据《2017 年全球恐怖主义指数报告》（Global Terrorism Index 2017）整理。

3. 促进与邻国海洋合作

缅甸西南临印度洋的安达曼海，是陆上从东南亚通往南亚、中东的必然通道，同时它作为中国通往印度洋的最近通道，中缅在港口及油气管道上合作也日益频繁。此外，缅甸参加了一些东盟多边海上安全倡议，如印度洋海军研讨会、MILAN 海军联合演习等。2017 年 5 月，中国海军远航访问编队与缅甸海军在莫塔马湾海域首次举行海上联合演练；12 月 24 日，缅甸海军在首都仰光庆祝海军成立 70 周年，并展示了茵莱号巡逻舰。缅甸的海上安全接触主要体现在双边层面上，鉴于印度洋和太平洋地区地缘政治重要性的不断增加，区域内外各国与缅甸发展双边关系也将带来经济和战略利益。但是缅甸国内冲突不断，会破坏它与东盟合作伙伴的海上安全合作前景，同时还可能会带来海上难民和武器走私问题。

## 二、军事现代化建设

进入 21 世纪以来，在缅甸内忧外患的国家安全背景下，推动了缅甸实现其军事现代化的雄心。一方面，按照军事和政治情况看，缅甸国内反政府力量大约有 10 万人，超过一些国家的军队规模，一个国家面对数量如此庞大的反政府力量，加强政府武装力量的建设极有必要。另一方面，缅甸存在对保卫主权和领土等传统安全问题的担忧，在 2008 年与孟加拉国在孟加拉湾就海上边界争端发生冲突之后，这种不安全感就达到了顶峰。

1. 持续增加军费投入

据《缅甸时报》报道，2017 年 3 月 28 日，缅甸国防军总司令敏昂莱大将在纪念缅甸建军 72 周年活动上称，缅甸必须努力建设一支适应 21 世纪现代战争的武装力量，为成为 21 世纪现代战争的胜利者，必须具备专门的信息与通信技术、电子技术和机械技术，必须了解与最新技术相对应的军事战略与战术变化。近年来，缅甸对加强本国军事建设的目标是不言而喻的，其国防军费开支也在逐年增加（见表 6-3）。

表 6-3　2012～2015 年缅甸军费支出和武装部队人员数量

| 年份 | 军费<br>（十亿缅元） | 军费开支/<br>GDP（%） | 武装部队人员<br>数量（人） | 武装部队人员/<br>劳动力总数（%） |
|---|---|---|---|---|
| 2012 | 1902.25 | 3.71 | 513250 | 2.13 |
| 2013 | 2209.75 | 3.81 | 513250 | 2.11 |
| 2014 | 2335.75 | 3.58 | 513250 | 2.09 |
| 2015 | 2967.425 | 4.08 | 513250 | 2.07 |

资料来源：数据来源于世界银行数据库。

缅甸国防部发布消息，国防申请从 2018 年 4 月到 9 月共 6 个月期间，军事预算为 7210.07 亿缅币。说明本财年缅甸国防经费支出再破新高，已达 21.4 亿美元，或占缅甸国家财政总支出的 14%。国防部副部长敏努艾少将在国会中表示，该预算资金用于将海陆空三军建设成为一支现代化的军队以及实施全国民兵战略。数据显示（见表 6-4），从 2011 年起，虽然缅军的国防开支预算每年都有所上涨，2018 年 1 月，缅甸国防部向联邦议会申请 2017～2018 财年下拨预算资金约 3 万亿缅币，但由于缅币货币汇率的波动，缅甸国防支出占缅甸联邦政府开支、本国 GDP 的比例将呈逐年下降趋势。英国 IHS 简氏防务预计缅甸在全国民主联盟政府选举后，未来 5 年国内生产总值年增长率将保持在 6.5% 以上，似乎仍有可能继续增加实际国防开支，同时降低其占国内生产总值的比重，到 2020 年将进一步降至 2.7% 左右。IHS 还预计到 2022 年，缅甸国防支出将实现每年约 26 亿美元的实际增长，其增长率将以每年 4%～5% 的速度增长。

表 6-4　2015～2022 财年缅甸国防支出预算情况

| 国防预算总额<br>（2018 年为基期） | 2015 年 | 2016 年 | 2017 年 | 2018 年 | 2019 年 | 2020 年 | 2021 年 | 2022 年 |
|---|---|---|---|---|---|---|---|---|
| 以美元计价（亿美元） | 2.741 | 2.488 | 2.303 | 2.373 | 2.446 | 2.511 | 2.571 | 2.609 |
| 以缅元计价（亿缅元） | 3624.312 | 3289.392 | 3045.278 | 3137.611 | 3233.875 | 3320.181 | 3398.430 | 3449.823 |
| 人均预算（美元） | 6163.61 | 6722.13 | 6486.45 | 6514.99 | 6701.13 | 6913.99 | 7111.93 | 7292.25 |
| 占 GDP 比重 | 4.36% | 3.73% | 3.21% | 3.08% | 2.95% | 2.82% | 2.69% | 2.55% |

资料来源：笔者根据《简氏防务周刊》资料整理得来。

### 2. 采购国外先进武器

近几年缅甸经济增长迅速，主要得益于缅甸在外交、经济和政治上的改革，以及美国和欧盟相继于2013年放宽了对缅甸的贸易与投资制裁。但缅甸作为农业国，工业基础薄弱，尤其是航空工业方面多数依靠国外进口。

瑞典斯德哥尔摩国际和平研究所（SIPRI）① 发布了《国际武器转让趋势》报告，公布了1950~2016年国际常规武器转让情况，并对未来国际武器转让趋势进行了展望。从近几年缅甸的武器进口商来看，缅甸主要向中国、俄罗斯、白俄罗斯等国家采购军事武器。其中，中国是缅甸最重要的武器设备进口商，其次是俄罗斯。

表6-5　2010~2016年缅甸武器采购供应商　　　　单位：百万美元

| 年份 | 2010 | 2011 | 2012 | 2013 | 2014 | 2015 | 2016 | 合计数 |
|---|---|---|---|---|---|---|---|---|
| 中国 | 5 | 277 | 254 | 190 | 65 | 185 | 190 | 1166 |
| 俄罗斯 | 44 | 380 | 144 | 55 | 28 | 12 | — | 663 |
| 白俄罗斯 | — | — | — | — | — | 6 | 51 | 57 |
| 印度 | — | — | — | 6 | — | 27 | 12 | 45 |
| 以色列 | 20 | 1 | — | — | — | — | — | 21 |
| 法国 | — | — | — | — | 8 | 8 | — | 16 |
| 乌克兰 | — | 7 | — | — | — | 4 | 4 | 14 |
| 德国 | — | — | — | — | — | 4 | 4 | 8 |
| 未知供应商 | — | 1 | — | — | — | — | — | 1 |
| 合计数 | 68 | 667 | 398 | 251 | 101 | 245 | 261 | 1991 |

资料来源：瑞典斯德哥尔摩国际和平研究所武器转让数据库（SIPRI Arms Transfers Database）。

### 3. 加强缅甸三军装备

在东南亚国家中，缅甸的总体军事实力不弱，但军事实力发展不平衡，主要力量集中在空军和陆军上，海军力量较为欠缺。

在陆军上，由于美国、欧盟对其的军品出口禁令仍然存在，缅甸几乎大部分装备都是从中国进口的，从轻武器到重武器，包括坦克、炮弹还有各式枪械等。自1988年以来，欧盟就对缅甸实行了各种形式的武器禁运，且对缅甸的武器禁运期限每年都在延长。2017年10月24日美国国务院发布声明称，鉴于缅甸若开邦发生的一系列侵犯人权的行为，美国政府宣布对缅甸实行部分制裁。美方将撤

---

① 国际武器转让趋势 ［EB/OL］. Stockholm International Peace Research Institute. https：//www.sipri. org/.

销对缅甸的军事援助，并对涉及若开问题的缅甸军方官员进行制裁。

在空军方面，缅甸现在大部分服役的战机也都是从中国和俄罗斯进口的，包括一系列的战斗机、轰炸机、运输机及教练机等。在长期与少数民族地方武装的冲突中，空军是缅甸政府军最常动用的武装力量之一，甚至可以说是一支"内战空军"。英国《简氏防务周刊》认为，缅甸空军现有总兵力约为 2.3 万人，部署在全国各战略要点。

在海军方面，缅甸的实力较弱。缅甸一向对陆军比较重视，让缅甸的陆军实力在东南亚国家中首屈一指，但其周边国家却在不断地加强海军力量。尤其是最关注的对手泰国是东南亚唯一拥有航母的国家，缅甸邻国孟加拉国也购买了潜艇，在此情况下，缅甸军方不得不将海军的建设提到日程上来。

# 第五节  社会文化

## 一、媒体：发展迅速及多种障碍和问题并存

### 1. 缅甸媒体产业现状

随着缅甸社会的迅速发展，各界对社会文化交流需求更多、要求更高，缅甸传媒产业已开始全面发展，社会文化的传播速度明显提高，传播范围也更广。缅甸互联网媒体没有经历门户时代，至今也没有领军的门户网站，社交媒体与自媒体平台结构及生态迥然不同，用户习惯、用户流量入口也比较单一。目前，脸书依旧是缅甸最受欢迎且市场份额最大的社交媒体，也是在缅甸查找信息最快最便捷的方式，并已占据缅甸社交媒体的垄断地位。MySquar 是一款针对缅语用户开发一系列互联网产品的社交软件，在缅甸市场受到好评，但 MySquar 公司 2017 年财报显示亏损 199.7678 万美元，比 2016 财年亏损有所扩大，并且 MySquar、MyChat 等本土产品在仰光和曼德勒手机用户的普及率并不高，有些人甚至不知晓这类软件。

### 2. 外媒涌进缅甸，但收购缅甸媒体面临诸多挑战

"缅甸前沿"网站报道，中国产品在缅甸市场销售的手机里就占 60%，而缅甸最受欢迎的三大手机品牌是中国的小米、OPPO 和 vivo。中国互联网产品不断涌入缅甸市场，微信等社交软件在缅甸颇受欢迎，甚至与脸书等社交媒体齐头并进。华人企业家邵维庆开发并推广的诚信电商系统（Trusty Eco）在缅甸华人圈中有较大影响。缅甸华人群体数量庞大，腾讯微信在缅甸也因此有较广泛的受

众。由于缅甸语是缅甸的官方语言，目前其最基础的录入体系分为政府提倡的
Unicode 体系和"若几"（Zaw－gyi），两者僵持不下，导致以缅文为搜索引擎的
系统发展缓慢。① 因此，缅甸众多的社交媒体和网站仍以英文为主流。中国的支
付宝和微信支付等如果要到缅甸扎根市场将面临极大的考验，且还要走很长
的路。

3. "一寺庙一电视"提升媒体普及率

2017 年 9 月 18 日，第二期"一寺庙一电视"捐赠仪式在仰光敏达谬欧儿童
发展中心隆重举行。此次云南民促会为仰光地区 80 家寺庙捐赠了电视机、天空
网卫星电视接收器，并支付 3 年卫星电视的收视费。单就 2017 年上半年，云南
民促会已经为仰光地区 100 所寺庙捐赠了相关设备。在缅甸，寺庙内的孩子大多
家境贫寒，没有条件接受正规教育，因而寺庙的地位比较特殊，由此承担着救困
兴学等社会职责，是老百姓的"服务中心"。电视进入寺庙，促进了信息的流
通，让寺庙更好地为民众提供帮助和服务。"一寺庙一电视"项目不仅改善了寺
庙的硬件设施，也为僧尼和孩子们提供了更多接触外部信息的途径和机会，同时
深化中缅"胞波"情谊，助力缅甸经济社会发展。

## 二、教育：精彩纷呈，困难依然存在

1. 缅甸教育：教育受到重视但普及困难重重

缅甸政府重视发展教育和扫盲工作。教育系统分学前教育、基础教育和高等
教育三个阶段。学前教育包括日托幼儿园和学前学校，招收 3～5 岁儿童；基础
教育学制为 10 年，1～4 年级为小学，5～8 年级为普通初级中学，9 年级、10 年
级为高级中学；高等教育学制 3～6 年不等。现有基础教育学校 40876 所，大学
与学院 108 所，师范学院 20 所，科技与技术大学 63 所，部属大学与学院 22 所。
著名学府有仰光大学、曼德勒大学等。②

自从扫盲之后，缅甸国民识字率大幅度提升，缅甸教育也越来越受重视，然
而发展却是困难重重，面临诸多问题，如接受高等教育人数百分率和东盟其他国
家相差甚远，人均教育经费更是仅有低得可怜的 9 美元，师资匮乏等。

（1）成立了人民教育政策委员会。2016 年 9 月 29 日，缅甸通过联邦议会的
批准而成立了人民教育政策委员会。该委员会主要是执行有关政策的工作，不仅
是对教育部下属各局的政策进行研究调查，还对其他部门制定的有关教育政策实

---

① 去缅甸收购媒体面临许多挑战［EB/OL］. 环球时报，2018－03－14，http：//www. ckxxbao. com/
huanqiushibaodianziban/0314313332018_ 13. html（http：//www. fx361. com/page/2018/0314/3173906. shtml）.

② 外交部. 缅甸国家概况［EB/OL］. 2017 年 12 月 10. http：//www. fmprc. gov. cn/web/gjhdq_
676201/gj_ 676203/yz_ 676205/1206_ 676788/1206x0_ 676790/.

施调研，同时拥有撤销与重新制定相关政策的权力。

（2）推出新的考核机制，"一考定终身"将退场。2017年缅甸教育部推出一个新的考核机制来评估初级教育阶段学生全年的表现，不再仅仅局限于学生卷面成绩，也要考核孩子全面发展和社会承担。

（3）华文教育：发展遭遇障碍但仍积极发展。缅甸现有能进行正常教学的学校有167所，在校生达19584人，在职汉语教师455人[①]。2016年9月1日起，全面恢复民办公助的教育模式[②]。由于各种因素导致当前办学困难，如办学资源匮乏（教师数量不足、素质普遍低下、经费严重不足、来源回归为元学之水）；社会不稳定因素（停办学校的复课几乎无望）；民办公助办学模式的恢复，不可避免地将会出现两个流失（教师工资收入降低可能会出现离岗，学生因交不起学费而辍学）；社会因素（民众对办学意义的认知水平严重低下，主要领导人的办学投入放不开手脚）；办学硬件设施不足，甚至有的必备设施历来空白，如理化生学科连学生实验器材都没有。

2016年8月11日至15日，"华文教育·名师巡讲团"在曼德勒福庆学校成功举行，由中国海外交流协会主办，福建省海外交流协会与缅甸曼德勒福庆学校共同承办。2017年8月30日，中国驻缅甸大使馆举办2017年缅甸公派赴华留学生欢送仪式，此次中方共为103名缅甸学子提供了赴华留学奖学金。2017年9月4日上午，由中国大使馆和缅甸商务部共同举办的第二期汉语培训班在内比都正式开班。2017年9月7日，巩发党汉语培训班结业仪式在内比都巩发党总部举行。巩发党是在缅甸各政党中第一个提出开办汉语培训班的。中国使馆还应缅方要求在内比都为缅甸建设部、商务部、内政部等部委开设了汉语培训班。2017年9月26日上午，由中国大使馆和缅甸建设部共同开办的第二期汉语培训班结业仪式在内比都建设部礼堂举行。

华文教育恢复与发展虽然存在诸多困难，却积极发展兴起高浪潮，开展的各种课程、比赛活动不仅丰富了同学们的校园文化生活，还提升同学们对传统文化的认识，增强传统文化的认同感，并坚定华文教育信念，促进华文教育的良好可持续发展。

（4）缅外合作办学。2016年10月，云师大与缅甸曼德勒恩瓦教育培训中心合作共建"缅甸云华职业学院"，"云华职业学院"的开办，立足于服务缅甸社会，结合缅甸当地的实际需求，培养当地需要的专业技能人才，促进中缅教育、文化交流。2017年5月2日，中国驻缅甸大使馆应缅甸警察部队请求，为缅甸警察部队开办的汉语培训班在内比都缅甸警察部队总部大楼举行开班仪式。这也是

①②　缅甸教育近况［EB/OL］．缅华网，2016－08－2. http：//www. mhwmm. com/Ch/NewsView. asp? ID＝17497.

中国驻缅甸大使馆委托缅甸东方孔子课堂在内比都开办的第四个缅甸公职人员汉语培训班。2017年6月5日，中国驻缅甸大使馆援建的第八号"中缅友谊学校"在内比都第七中学举行揭牌仪式和新建体育设施移交启用仪式。2017年6月6日，中国驻缅甸大使馆援建的仰光莱达雅第九高中新教学楼暨第011号"中缅友谊学校"揭牌仪式在莱达雅镇区隆重举行。2017年8月11日，中国驻缅甸大使馆援建的缅甸航空航天大学新宿舍楼启用暨第16号"中缅友谊学校"揭牌仪式在曼德勒省密铁拉市隆重举行。我国通过给缅甸提供援建工程、捐送图书、设立奖学金等方式促进中缅合作办学。另外，双方积极探索中外合作办学新路径，促进中缅人文、教育交流。

2. 医疗：医疗事业落后亟待加快发展

（1）医疗事业有进展但医疗水平仍旧很低。自缅甸改革以来，缅甸的医疗卫生事业无论是在公共方面还是在私营方面都取得了很大的进展。为了给民众提供更好的医疗卫生服务，政府将会逐年增加医疗卫生领域的预算，到2020年，医疗领域支出将会占到政府总支出的6%。尽管如此，缅甸仍是东南亚国家里在医疗领域投资最少的国家。5岁以下儿童死亡率、产妇死亡率都相当高（在东盟国家中是第二高），说明人民的生活卫生条件还有待改善或提高。除此之外，医疗水平也没有达到国际或是地区普遍标准。

（2）私营医疗行业的投资呈逐年上升趋势。据统计，由于医疗需求意识的增强以及中产阶级的崛起，私营医疗行业的投资正呈逐年上升趋势。2017年1月开始，私营保险公司面向缅甸公民和外国人推出一项新版医疗保险。这些私营保险公司包括Apex保险国际有限公司、IKBZ保险国际有限公司等。每份保险的保费将根据年龄从6～65岁划分为几档，最低44000缅币，最高66000缅币。每人可购买2～5份一年期基本医疗保险，除基本医疗保险外还可购买1～10份其他保险。这种新版医疗保险可以保证支付为期60天每天2万缅币的住院费，并对意外死亡给予200万缅币的保费赔偿①。

（3）缅甸国际医疗展"MYANMAR PHAR－MED EXPO"如期举行。缅甸国际医疗器材展览会是缅甸最大、最为专业的医疗器材及医药制药展览会。2017年7月5～7日，展会也如期举行。缅甸国家卫生部，医疗、医药制药协会及私立医院协会大力支持展会，展品范围包括各类医药医疗设备、各类药品及原材料、建筑技术及服务、通信及信息技术、康复设备、健身设备等，为参展商及国内外采购商提供了绝佳的市场营销平台和技术交流机会，也为提升缅甸医疗事业提供极好的发展平台。

_____

① 中国驻缅甸经商参处 . 2017 年缅甸私营保险公司将推出新版医疗保险［EB/OL］. 2016－12－29. http：//www. mofcom. gov. cn/article/i/jyjl/j/201612/20161202417712. shtml.

3. 华人社会：华人在中缅交流中的作用继续向人文领域深化

2017 年 6 月 8 日，缅甸华人社团和中国驻缅甸大使馆在仰光香格里拉酒店共同举办庆祝第二届"中缅胞波友谊日"招待会。2017 年 10 月 24～28 日，中国驻缅甸使馆在仰光成功举办首届"中华文化大篷车"系列巡演。"大篷车"先后走进仰光英国学校（The British School Yangon，BSY）、缅甸国际学校（Myanmar International School，MIS）、仰光国际学校（International School in Yangon，ISY）和仰光云南会馆，分别举行 4 场艺术演出和文化展示，为千余名在校师生、学生家长及广大华人华侨带来具有浓郁"中国风"的文化盛宴①。

在宗教方面，华人也有积极的布施活动。2016 年 11 月 13 日，由曼德勒云南同乡会主办，福建、广东、多省、华侨妇女联谊会协办，曼德勒区华侨华人共同参与的第三届袈裟布施大会在曼德勒云南会馆第二礼堂内隆重举行，主要为玛索英（旧）寺庙的 440 位僧侣布施袈裟及生活用品。

4. 推进文化外交：中缅文化合作交流

2016 年 8 月 9 日，"中国文化周暨中缅青年文化交流节"活动在仰光外国语大学举行。活动通过文艺演出、图片展、文化展示与体验、汉字与拼音游戏等内容，使中缅青年增进感情，促进中缅两国青年文化交流。2017 年 10 月 1 日，"中国电影周"启动仪式在内比都举行，本次"中国电影周"活动显示出中缅两国的传统友好关系和两国人民历久弥坚的胞波情谊。同时也是助力中缅正共建"一带一路"倡议的民心相通工程。2017 年 8 月 27 日，由缅甸宗教与文化部、联合国教科文组织（UNESCO）在蒲甘共同举办"蒲甘地震一周年佛塔修复国际研讨会"，中国驻缅甸大使馆于边疆参赞代表洪亮大使出席了研讨会。参与震后修复的各国专家 80 余人参加了会议，就 1 年来的修复工作进展、面临的困难等进行沟通协调②。

5. 宗教与传统文化对社会影响大

（1）宗教、传统文化的影响。缅甸信仰佛教的人有 85% 以上，信仰基督教的人大约有 5%，信仰伊斯兰教的人有 8%，信仰印度教的人约有 0.5%，信仰泛灵论的人有 1.21%。缅甸的佛教主要是南传上座部佛教。佛教不但是缅甸人的宗教信仰，还是他们道德教育的源泉。缅甸文化也深受佛教文化影响，其各民族的文字、文学艺术、音乐、舞蹈、绘画、雕塑、建筑及风俗习惯等都有佛教文化的烙印。缅甸独立后，始终维护民族文化传统，保护文化遗产。传统文化在缅甸有

① 中华人民共和国驻缅甸联邦共和国大使馆. 首届"中华文化大篷车"系列巡演在仰光成功举行 [EB/OL].2017 - 10 - 31. http：//www.fmprc.gov.cn/ce/cemm/chn/sgxw/t1506093.htm.

② 中华人民共和国驻缅甸联邦共和国大使馆. 中国驻缅甸大使馆于边疆参赞出席蒲甘地震一周年佛塔修复国际研讨会 [EB/OL].2017 - 09 - 6. http：//www.mfa.gov.cn/ce/cemm/chn/sgxw/t1490571.htm.

广泛影响，占主导地位。缅甸主要文化机构和设施有：国家舞剧团、国家图书馆、国家博物馆、昂山博物馆等。

（2）中缅宗教交流促发展。2016 年 10 月 31 日，中国国家宗教事务局副局长蒋坚永会见了缅甸曼德勒玛索英新寺院住持赳达雅为团长的缅甸曼德勒高僧代表团一行。这表明中缅两国佛教界源远流长的友好交流有很好的延续，也促进今后加强合作交流与宗教教育事业合作发展。

# 第六节　发展展望

## 一、革新并深化施政举措

当前的施政举措有望进一步深化及革新，带动经济社会的进一步发展。在民盟执政的 2 年间，缅甸在军政关系、和平进程、民生经济及对外交往方面取得了一定的成效，但重新爆发的内战、罗兴亚人危机等问题也说明当前施政策略下存在着诸多威胁。根据缅甸宪法的规定，下一届大选将在 2020 年 11 月左右举行。未来 3 年间，民盟将继续推行并革新现有的各项政令，在尽力维持国内和平稳定的基础上，着力解决国内民族、宗教冲突，创造就业、改善民生。相信在此基础上，民盟领导下的缅甸将迎来更为良好的发展机遇，在一定程度上革除军政府时代的种种弊端，实现国内和平稳定，经济发展蒸蒸日上。

## 二、继续推行大国平衡外交战略

大国平衡外交战略继续推行，促进缅甸在地区国际事务中发挥更为积极的作用。缅甸将继续加深与中国之间的紧密关系，积极对接"一带一路"倡议；继续深化与东盟其他国家的关系，重温与日本之间曾经紧密的资金援助关系；同时，妥善处理在应对若开邦危机方面与西方国家之间的分歧，着力缓和双方相对紧张的外交局势。

## 三、妥善处理各方关系

妥善处理民盟同军方的关系应为未来国内改革的一大重点。尽管近 2 年来缅甸取得了相当的成就，但也应当看到，民盟在处理与缅甸军方的关系方面还有很多力不从心之处，未来需要双方进一步深入磋商，或许还要做出一定程度的牺牲方可取得突破。

# 第七章　2016～2017年菲律宾国情报告[*]

　　杜特尔特总统执政后，2016～2017年菲律宾国内政治、经济、外交、国防和社会文化等方面出现新动态。政治方面，杜特尔特政府开始探讨修宪改革体制，对国家机关进行反腐肃清，与菲共开展和谈；外交方面，采取"亲中俄，远美国"的外交策略；经济方面，实施积极的财政政策和稳健的货币政策，GDP继续维持中高速增长，制造业实现了大幅上涨，出口相比以往有了较大提升；国防安全方面，不再单独依赖美国，马拉维危机和海盗隐患使军事资源透支，杜特尔特赞同搁置南海争议，希望与中方共同开发；社会文化方面，政府继续采取铁腕手段打击毒品犯罪，恐怖袭击爆发以致马拉维损失惨重。

## 第一节　政治

　　2016～2017年，在政府治理、政治改革、社会问题等方面，菲律宾都充满了意外。菲律宾因换上了颇具个性风格而惹争议的总统，呈现出新的发展趋势。杜特尔特政府为了实现其竞选时的诺言，大刀阔斧地进行反腐、反恐与扫毒，增强了民众对本届政府的认可度。经济改革与政治改革同步推进，"大建特建"计划和税制改革塑造了菲律宾经济改革史上的里程碑，宪法修正决议颠覆当前国家政治体制引来菲律宾国政局轩然大波。北部叛乱继续，菲律宾政府与菲共的和谈进展缓慢。

---

　　*　本章由缪慧星、方晶晶、李雄师、易鑫富负责撰写。缪慧星，广西大学国际学院（中国一东盟研究院）菲律宾所所长，博士、讲师；方晶晶，广西壮族自治区工业和信息化研究院投融资所研究人员，广西大学商学院硕士、讲师、经济师；李雄师，广西大学商学院博士研究生，广西大学国际学院（中国一东盟研究院）研究助理；易鑫富，广西大学商学院在读博士。

## 一、总统禁毒反腐获得群众基础

菲律宾是一个岛国，由于菲律宾国内民众的国家认同感低、民族情绪较淡薄、天主教的传统深厚、教育水平低等方面的原因，传统意义上的民族、领土、文化等议题很难发动群众。杜特尔特的上任主要源于菲律宾民众对此前菲律宾国内家族政治与精英领导所带来的治安混乱与政治贪腐的厌恶。当前的菲律宾，除了需要经济发展以外，混乱治安所带来的梦魇，以及政治贪腐所致的贫富差距都是菲律宾民众心中的痛。杜特尔特所推行的强硬式扫毒反贪，正切中菲律宾国内民众的下怀，可谓以最低的成本调动了民众，取得了民众最大的支持与赞同。继杜特尔特上任总统一年多后，总统府向菲律宾人民保证，将致力于通过"重大改革"来消除毒品、犯罪和腐败。总统府 2017 年 12 月 26 日在长达 63 页的年终报告中表示，杜特尔特政府将在重要政策中采取"紧急"的态度，给予菲律宾人民一个安全和舒适的环境。

1. 铁血扫毒

杜特尔特上任之初为表缉毒决心，一度站上禁毒一线。他对外公布一份包含大批涉及毒品犯罪活动的公职人员名单，且下令重金奖励逮捕或击毙毒枭的警方和军方人员。菲律宾警方荷枪实弹扫毒挨家挨户，逼迫涉毒人员自首。杜特尔特利用低成本发动民众的方法，在短时间内使得扫毒取得巨大成效。杜特尔特铁腕扫毒使得他在菲律宾国内的民调持续上升，尽管菲律宾国内和世界各地都对反毒战的过激发出强烈抗议和谴责，但杜特尔特政府宣称，其打击非法毒品的行动在 2017 年取得了巨大成功。在政府年终报告中，菲律宾总统府表示，当局已经进行了 79193 次反毒品行动，截至 2017 年 11 月 27 日，逮捕了 118287 人。该报告还记录了在同一时期内死于禁毒行动的 3967 名吸毒人员。美国《时代周刊》（Time）杂志在 2017 年 4 月关于 100 位最具影响力人物的民意调查中，宣布菲律宾总统罗德里戈·杜特尔特名列榜首，排名遥遥领先于所有其他全球政治领导人。这从某种程度上证明，杜特尔特打击非法毒品贸易的战争已经引起了国际社会的高度关注。杜特尔特的禁毒战争为他赢得了 2017 年的年度人物称号，这是由"组织犯罪与贪腐举报计划"（OCCRP）给予的在世界上最大程度推动打击有组织犯罪活动和腐败的个人的年度表彰。

2. 铁腕肃贪腐

反贪腐是总统杜特尔特竞选的重要承诺之一，他对国家机关内部的贪污腐败深恶痛绝，并且公开宣称处理贪腐绝不心慈手软。他上任之后下令解除涉贪腐官员的职务，甚至宣布在总统府成立专门的反腐败委员，协助调查官员贪腐案件。2017 年他亲自下令解除了多名政府高级官员的职务，如内政和地方政府部部长苏埃尼奥、危险毒品委员会主席迪奥尼西奥·圣地亚哥、城市贫穷人口总统委员会主席特里·里东、发展研究院院长埃尔巴·克鲁兹等，这些官员或涉嫌多项贪腐案件，或因"频繁公款出国奢华游"及与毒枭有利益勾结等原因被撤职。除了严肃处理贪腐官员，杜特尔特还试图从制度上杜绝贪腐。2017 年 10 月，杜特尔特签署行政令，试图在总统办公室之下成立反腐败委员会，以协助总统调查行政部门政务官员的贪腐案件。该委员会有权调查行政部门中总统任命官员所涉贪腐指控，还能对行政部门外总统任命的军警官员和政府下属企业管理人员进行生活作风问题调查。同时，敦促总统府发布新规，严加管控政府官员及国企管理人员、雇员公费出国。另外，对全国政府机构、国有企业和政府资助的团体，其官员和雇员在出国前必须向所在单位提出申请，自费出国旅行也须报备。上述单位的负责人每季度末应向总统府报告当期出国人员情况，包括出国总花费及是否遵守相关标准等详细信息。更为重要的是，针对海关腐败犯罪行为给予更坚决的遏制。菲律宾每年因海关腐败和走私损失严重，历任总统出台过许多措施都未能奏效。杜特尔特上台后，宣布要公开销毁海关缴获的走私车辆，不再给走私犯罪的人任何腐败寻租的空间。杜特尔特的这些反贪腐举措，不仅体现在言辞强硬上，还体现在铁腕手段上。

2017 年 12 月，菲律宾非营利社会调查机构"社会气象站"公布的民意调查显示，79% 的菲律宾人认可杜特尔特政府的表现，这份民调结果与杜特尔特政府兑现反腐承诺不无关系。因杜特尔特反贪腐态度坚决，也因此招致一些反对派的非议和抹黑。例如，菲律宾反对派参议员安东尼奥·特里利亚内斯在杜特尔特大选期间指控其在菲律宾群岛银行其中一家分行存有 2 亿 1100 万比索（约 3000 万人民币）的不明财产。该事件在杜特尔特上台后持续发酵，甚至由菲监察署对此展开调查。

## 二、"杜氏经济学"引领国家改革

杜特尔特上任后不仅有效打击了国内毒品交易等恶性犯罪活动，还让该国经济稳步增长，并成为 2016 年表现最佳的亚洲经济体。2017 年 4 月 17 日，菲律宾财政部首次提出杜特尔特经济（Duertenomics），其目标是在杜特尔特总统任期结束时，让菲律宾跨入中等收入经济体行列。杜氏经济学为了实现这个目标，制定了涉及税改、外商投资、基建、农业、卫生、科技和社保等领域的经济包容性增长的计划。2017 年大举推进的便是提升菲律宾国内基础设施水平的"大建特建"计划（Build，Build，Build）以及《税制改革加速包容法案》（TRAIN）。

### 1. 大建特建

2017 年 4 月杜特尔特经济建设团队在马尼拉举行的投资和基础设施论坛上宣

布，正式推出一项名为"大建特建"的大规模基础设施投资计划，将在 6 年内投资 8.4 万亿比索（约 11620 亿元人民币），在菲律宾全国进行基础设施建设，已经开工或正在筹备的项目超过 30 个，涵盖道路、桥梁、机场、铁路、港口、防洪设施等各个领域。政府用于基础设施建设的资金主要来源于以下三部分：政府税收、外国政府开发援助和商业贷款。菲律宾因在 2017 年主办东盟峰会引来了世界媒体的瞩目，使其有机会展示杜特尔特政府推行的"大建特建"活动的各种基础设施项目。菲律宾当前面临着人口密集、社会基础设施建设落后、税率高等一系列问题，亟须用激进措施推动结构性改革，突破亚洲传统的人力发展模式。因此，应推动基础设施投资，带动就业，进一步实现经济的结构性增长。

2. 税制改革

杜特尔特经济改革的核心是基础设施建设，那么 2017 年菲律宾推出的税制改革加速包容法案（TRAIN）便是解决基建资金的措施之一。杜特尔特政府签署通过税制改革方案，预计为菲律宾政府的基础设施项目带来 1288 亿比索的额外收入。当然，税制改革的最终目标是减少菲律宾国内的贫困率。获批的税制改革加速包容法案是杜特尔特政府《综合税制改革计划（CTRP)》的第一项方案，预计将产生高达 900 亿比索的额外收入。菲律宾财政部长卡洛斯·多明格斯透露，菲律宾国会预计在 2018 年初通过第二项方案，这个方案能够将总额外收入增至 1288 亿比索。另外，《税制改革加速包容法案》还有望提升收入占 GDP 的比重，以此增强菲律宾的人均消费能力，这是因为法案的一项重要条款规定，年收入不超过 25 万比索的个人免缴个人所得税。菲律宾政府的税改计划和杜特尔特大胆推动的基础设施项目，使得国际债务观察家惠誉评级最近将菲律宾的债务评级从"BBB－"上调为"BBB"。

## 三、修改宪法引领政治改革

杜特尔特在任期间的另一计划便是修改宪法以实现政治改革，即将中央集权制改成联邦制，将目前总揽于首都的大权下放，让 81 个省份变成州属。杜特尔特在公众场合宣称，菲律宾自"二战"以来实行的政治体制一直让精英阶层独揽大权，这是造成菲律宾陷入贫困和伊斯兰叛乱的根本原因所在。杜特尔特提出的联邦制，将把自治权下放到各州，各个自治州可以保留大部分的地方财政收入。这将极大地改善贫困地区的现状，也可以连带解决因贫困导致的伊斯兰少数民族叛乱问题，为棉兰老带来和平。而中央政府将权力下放后，只需要继续保留国家职能部门，如国防、外交、海关等。实际上，菲律宾国内本身处于地方割据、中央失权的状况，菲律宾北部吕宋山区有共产党与政府交火，南部棉兰老岛有穆斯林闹独立。因此，杜特尔特的这种政治改革思想并非没有支撑基础。

2016 年杜特尔特第一次发表国情咨文时，重申当初上任时的建议，呼吁菲律宾实行联邦制，应参考法国的联邦制政府。他同时在公开场合宣称，如果改制需要改选领导人，他愿辞去总统职位。2017 年 8 月，菲律宾班巴加省（Pampanga）众议员小龚萨雷斯与 ABS 政党名单（Party - list）代表众议员德维拉在众议院修宪委员会听证会上，呈交了"菲律宾联邦共和国拟议宪法"草案，要求参议院与众议院成立制宪议会，研议修改 1987 年宪法，探讨将国家政体从总统制改为联邦制的可能性。众议院修宪委员会随后召开工作小组会议，2017 年 11 月批准这份草案，预计 2018 年初提交全席会议审议。修改菲律宾当前的政治体制的构想获得了相当多的支持，但是也面临着较大的阻力。尽管杜特尔特宣称修宪是为完美解决菲南部地区分离主义与叛乱，但反对派认为修宪是杜特尔特派系延长任期的借口。参议长彭敏直称，政府的修宪会议代表完成修宪后，计划在 2019 年的 5 月举行一次公投，民众通过投票决定他们接受或拒绝新宪法。

## 四、菲律宾共产党与杜特尔特和谈：仍未打破僵局

杜特尔特在菲律宾总统大选胜出之后，外媒曾预测菲律宾共产党与菲律宾政府和谈的成功概率增大。因为杜特尔特曾公开宣称自己是左翼分子，虽不是菲律宾共产党员，但却是一个"社会主义者"，加之菲共领袖施顺（Jose Maria Sison）曾经是杜特尔特所读政治系的教授。因此，杜特尔特上任之初确实对菲律宾共产党展现出和谈的诚意，释放了多名菲律宾共产党的高干。2016 年 8 月 19 日上午，菲律宾地方法院批准让菲共政治组织"菲律宾国家民主阵线"主席贝尼托·添顺与总书记威玛·添顺以 10 万比索交保。这显示总统杜特尔特有心解决国内菲共引起的叛乱问题。2016 年 8 月 27 日，菲律宾政府和共产党游击队 26 日签订无限期停火协议以促进和平会谈，双方谈判时也同意"加快和平进程，目标在 6 个月内就经济和社会改革达成第 1 个重大协议"。菲律宾共产党武装与菲律宾政府在 2017 年 2 月份宣布停火。但随后双方因政府未及时释放菲律宾共产党成员等问题，致使短期和谈陷入僵局。2017 年 7 月菲律宾政府与菲律宾共产党民主阵线举行第五轮谈判，讨论拟议的临时单方面停火宣言。实际上，为了促使和谈成功，杜特尔特政府做出了重大的让步，包括宣布释放包括前菲律宾共产党总书记添顺夫妇在内的 20 多名政治犯，让他们以顾问的身份参加和谈。此外，还让多名左派人士进入内阁，并答应如果和谈取得进展，将释放全部在押的 300 多名政治犯，但这样重大的让步仍然没有促成和谈成功。实际上，杜特尔特政府在与菲律宾共产党和谈进展上比上几届政府更用心，但是此次和谈的失败，主要原因在于菲律宾共产党内部的分歧所致。菲共、民阵和新人民军武装组织并不能达成一致意见。民阵谈判代表同意了菲律宾政府的和谈条件，但菲律宾共和新人民军却

拒不执行，态度强硬。例如，剿灭马拉维恐怖分子期间，政府军的目标是穆特和阿布沙耶夫，但是菲律宾共和新人民军却对政府军发动袭击。目前，杜特尔特政府认为在总统任期内达成和谈无望。

# 第二节  经济

2017 年，菲律宾宏观经济运行稳定，GDP 增速处于较高水平，各项经济指标实现较好较快发展，通货膨胀、就业率均保持在合理区间，产业结构进一步优化，财政收支更为平衡，强劲的经济数据使得菲律宾成为 2017 年亚洲地区经济增长最快的国家之一。

## 一、宏观经济状况

2017 年菲律宾经济发展整体上延续了 2016 年的良好势头。根据菲律宾当局最新统计，2017 年菲律宾实际 GDP 增长率达到 6.67%，虽不及 2016 年的6.92%，但达到了政府提出的 6.5%～6.7% 的年度目标，在东盟各国 2017 年的GDP 增长率排名中也属于前列。人均 GDP 增长 5.17%，基本与 2016 年的增速持平。从支出情况看，居民最终消费支出、政府最终消费支出、进口的增长率和前几年相比变化不大；资本形成、出口增速出现了较大变化，资本形成从 2016 年23.70% 的增长率大幅下降到 2017 年 9% 的增长率；而出口的增长率从 2016 年的10.70% 大幅提升至 2017 年的 19.20%，显示出菲律宾对外贸易的进一步改善。就业方面，2017 年菲律宾就业率继续维持在 94% 以上，虽然与 2016 年相比有所下降，但都明显好于 2013～2015 年的水平。通货膨胀方面，2017 年的 CPI 增长率达到 3.1%，显著高于 2016 年的 1.8%，但也仍处于政府预计的 2%～4% 的目标区间内，物价上涨主要原因是食物、饮料、酒精和烟草价格水平的较大上涨。政府收支方面，政府支出增长率为 10.76%，相比 2016 年下滑 3.5 个百分点，而政府收入大幅增长，增长率从 2016 年的 4.12% 提升至 2017 年的 12.62%，其财政收支进一步平衡。

从季度来看，如表 7-2 所示：以 1981 年第一季度不变价格计算，2017 年第一季度至第四季度，菲律宾的 GDP 分别达到 20102.90 亿比索、22227.98 亿比索、20916.55 亿比索、23435.45 亿比索，实现当季同比实际增长率 6.40%、6.70%、7.02%、6.56%；而人均 GDP 分别达到 19313.00 比索、21270.00 比索、19935.00 比索、22247.00 比索，实现当季同比实际增长率 4.89%、5.20%、

5.52%、5.07%。以 2017 年各季度比索兑美元平均汇率计算，菲律宾 2017 年各季度 GDP（现价）分别为 715.64 亿美元、793.28 亿美元、750.60 亿美元和 873.57 亿美元，2017 年全年实现名义 GDP 约 3133 亿美元，人均 GDP（现价）分别为 687.52 美元、759.10 美元、715.39 美元和 829.25 美元，2017 年全年实现名义人均 GDP 约 2991 美元。

表 7－1　2013～2017 年菲律宾主要经济年度指标对比　　　　单位:%

| 年度 | 实际GDP增长率 | 人均GDP增长率 | 居民最终消费支出增长率 | 政府最终消费支出增长率 | 资本形成增长率 | 出口增长率 | 进口增长率 | 就业率 | CPI增长率 | 政府支出增长率 | 政府收入增长率 |
|---|---|---|---|---|---|---|---|---|---|---|---|
| 2013 | 6.94 | 5.23 | 5.68 | 7.66 | 29.15 | -1.10 | 5.37 | 92.90 | 3.00 | 5.76 | 11.80 |
| 2014 | 6.15 | 4.36 | 5.42 | 1.74 | 4.38 | 11.28 | 8.68 | 93.20 | 4.10 | 5.40 | 11.21 |
| 2015 | 6.07 | 4.31 | 6.33 | 7.55 | 18.38 | 8.50 | 14.62 | 93.73 | 1.40 | 12.57 | 10.50 |
| 2016 | 6.92 | 5.18 | 7.00 | 8.40 | 23.70 | 10.70 | 18.50 | 94.53 | 1.80 | 14.29 | 4.12 |
| 2017 | 6.67 | 5.17 | 5.80 | 7.30 | 9.00 | 19.20 | 17.60 | 94.28 | 3.20 | 10.76 | 12.62 |

资料来源：菲律宾统计局。

表 7－2　2016 年第三季度至 2017 年第四季度菲律宾经济发展情况对比

| 项目＼季度 | 2016 年 | | 2017 年 | | | |
|---|---|---|---|---|---|---|
| | 第三季度 | 第四季度 | 第一季度 | 第二季度 | 第三季度 | 第四季度 |
| GDP（亿比索，以 1981 年第一季度不变价格计算） | 19544.81 | 21993.24 | 20102.90 | 22227.98 | 20916.55 | 23435.45 |
| GDP（亿美元，现价） | 740.80 | 835.66 | 715.64 | 793.28 | 750.60 | 873.57 |
| 当季同比实际 GDP 增长率（%） | 7.13 | 6.57 | 6.40 | 6.70 | 7.02 | 6.56 |
| 人均 GDP（比索，以 1981 年第一季度不变价格计算） | 18893.00 | 21173.00 | 19313.00 | 21270.00 | 19935.00 | 22247.00 |
| 人均 GDP（美元，现价） | 716.08 | 804.50 | 687.52 | 759.10 | 715.39 | 829.25 |
| 当季同比实际人均 GDP 增长率（%） | 5.39 | 4.85 | 4.89 | 5.20 | 5.52 | 5.07 |

资料来源：菲律宾统计局。

如表 7－3 所示，从需求侧看，2017 年菲律宾外贸出口表现强势：2017 年的第一季度至第四季度，出口当季同比分别增长 20.28%、20.40%、17.67%、18.60%，全年实现 19.23% 的增长，不仅高于去年同期的当季同比增长率，且在所有季度均高于进口的增长率,对外贸易得以改善。政府消费方面,得益于税收改革,菲律宾政府的财政收支状况明显好转,促进了政府在最终消费上的支出,政府最终消费支出增长率从第一季度的0.15%提升到第四季度14.30%,高于去年同期的水平,对经济发展产生了较大刺激。居民最终消费支出和资本形成增长速度均有所放缓,其中资本形成的增长速度回落较为明显,如2017年的第三、第四季度资本形成增长率为8.67%和8.25%,远低于2016年同期的21.73%、14.66%。

表7-3  2016年第三季度～2017年第四季度菲律宾国内
生产总值—需求侧当季同比实际增长率对比                      单位:%

| 季度 项目 | 2016年 | | 2017年 | | | |
|---|---|---|---|---|---|---|
| | 第三季度 | 第四季度 | 第一季度 | 第二季度 | 第三季度 | 第四季度 |
| 居民最终消费支出 | 7.16 | 6.16 | 5.78 | 5.89 | 5.26 | 6.13 |
| 政府最终消费支出 | 3.11 | 4.49 | 0.15 | 7.07 | 8.33 | 14.30 |
| 资本形成 | 21.73 | 14.66 | 10.63 | 8.53 | 8.67 | 8.25 |
| 出口 | 9.03 | 13.42 | 20.28 | 20.40 | 17.67 | 18.60 |
| 进口 | 13.32 | 15.44 | 18.59 | 18.69 | 15.82 | 17.46 |

资料来源:菲律宾统计局及Wind数据库整理而得。

如表7-4所示,从供给侧方看,第二产业和第三产业的拉动作用明显。其中,得益于建筑业、水供应、废水废物管理部门的发展,第二产业的发展尤为抢眼,2017年四个季度分别实现6.32%、7.44%、7.85%和7.34%的增长,除了第一季度外,其余季度第二产业的当季同比实际增长率均大于第三产业;而第一产业在2017年前半年的表现优于下半年的表现,但2017年第四季度实现了2.37%的当季同比增长,扭转了2016年同期负增长的颓势。

表7-4  2016年第三季度～2017年第四季度菲律宾国内
生产总值—供给侧当季同比实际增长率对比                      单位:%

| 季度 项目 | 2016年 | | 2017年 | | | |
|---|---|---|---|---|---|---|
| | 第三季度 | 第四季度 | 第一季度 | 第二季度 | 第三季度 | 第四季度 |
| 第一产业 | 2.95 | -1.28 | 4.88 | 6.27 | 2.62 | 2.37 |
| 第二产业 | 8.79 | 7.93 | 6.32 | 7.44 | 7.85 | 7.34 |
| 第三产业 | 6.81 | 7.22 | 6.69 | 6.33 | 7.16 | 6.80 |

资料来源:菲律宾统计局及Wind数据库整理而得。

## 二、产业结构情况

如图 7-1、图 7-2 所示，在三大产业中，第三产业是菲律宾绝对的支柱产业，其次是第二产业，最后为第一产业。截至 2017 年第四季度，第一、二、三产业增加值占比分别为 55.90%、34.79% 和 9.31%。从发展态势看，菲律宾的产业结构在不断优化，第二产业比重不断上升，2015~2017 年的比重分别为 33.47%、33.93% 和 34.11%；第三产业比重基本保持稳定，2015~2017 年的比重分别为 57.07%、57.34% 和 57.28%；第一产业比重逐渐下降，2015~2017 年的比重分别为 9.46%、8.73% 和 8.51%。

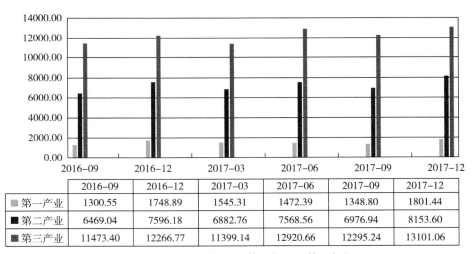

|  | 2016-09 | 2016-12 | 2017-03 | 2017-06 | 2017-09 | 2017-12 |
|---|---|---|---|---|---|---|
| 第一产业 | 1300.55 | 1748.89 | 1545.31 | 1472.39 | 1348.80 | 1801.44 |
| 第二产业 | 6469.04 | 7596.18 | 6882.76 | 7568.56 | 6976.94 | 8153.60 |
| 第三产业 | 11473.40 | 12266.77 | 11399.14 | 12920.66 | 12295.24 | 13101.06 |

■第一产业 ■第二产业 ■第三产业

**图 7-1 2016 年第三季度~2017 年第四季度菲律宾三大产业季度增加值
（单位：亿比索，以 1981 年一季度不变价格计算）**

资料来源：菲律宾统计局及 Wind 数据库整理而得。

1. 农业

农业曾经为菲律宾的主导产业，但随着 20 世纪 80 年代菲律宾推行出口导向型工业化发展战略，农业在国民经济中的比重逐渐降低，目前在菲律宾整体经济中的占比已经不足 10%。菲律宾农业主要以水稻、渔业、畜牧业、家禽等为主。2017 年，农业产值 7384 亿比索（以 2010 年不变价计算），同比增长 3.9%，其中，水稻所占比重最大，达到 20%，其次是渔业，产值比重为 16%，接下来分别是畜牧（14%）、家禽（12%）、农业服务（8%）、玉米（6%）等。

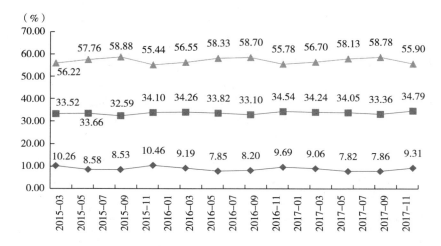

图 7-2　2015 年 3 月至 2017 年 11 月菲律宾三大产业比例（单位：%）

资料来源：菲律宾统计局及 Wind 数据库整理而得。

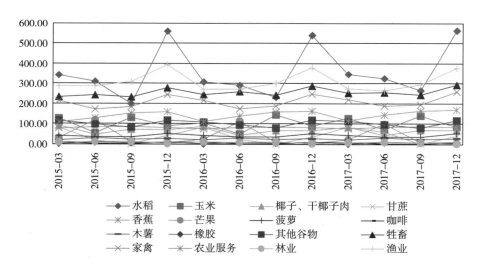

| —◆— 水稻 | —■— 玉米 | —▲— 椰子、干椰子肉 | —✕— 甘蔗 |
| —✳— 香蕉 | —●— 芒果 | —+— 菠萝 | —-— 咖啡 |
| —— 木薯 | —◆— 橡胶 | —■— 其他谷物 | —▲— 牲畜 |
| —✕— 家禽 | —✳— 农业服务 | —●— 林业 | —+— 渔业 |

图 7-3　2015 年 3 月至 2017 年 11 月菲律宾农业发展概况

资料来源：菲律宾统计局及 Wind 数据库整理而得。

2. 工业

2017 年，菲律宾工业总产值达到 29582 亿比索（以 2010 年一季度不变价计算），同比增长 7.24%。其中制造业是菲律宾工业的绝对支柱行业，并且在 2017 年表现抢眼，全年实现增长 8.55%，对菲律宾工业乃至整体经济产生巨大的推动作用，其中，2017 年第四季度环比增长 23.84%，当季同比增长 8.76%。

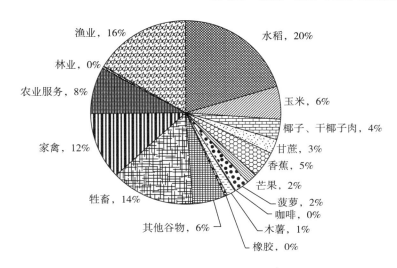

图7-4 2017年农业各行业比重（单位：%）

资料来源：菲律宾统计协调局。

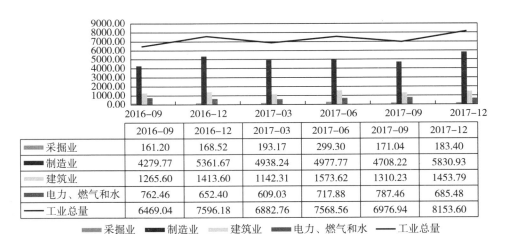

| | 2016-09 | 2016-12 | 2017-03 | 2017-06 | 2017-09 | 2017-12 |
|---|---|---|---|---|---|---|
| 采掘业 | 161.20 | 168.52 | 193.17 | 299.30 | 171.04 | 183.40 |
| 制造业 | 4279.77 | 5361.67 | 4938.24 | 4977.77 | 4708.22 | 5830.93 |
| 建筑业 | 1265.60 | 1413.60 | 1142.31 | 1573.62 | 1310.23 | 1453.79 |
| 电力、燃气和水 | 762.46 | 652.40 | 609.03 | 717.88 | 787.46 | 685.48 |
| 工业总量 | 6469.04 | 7596.18 | 6882.76 | 7568.56 | 6976.94 | 8153.60 |

图7-5 2016年第三季度～2017年第四季度菲律宾工业各行业对比

（单位：亿比索，2010年一季度不变价计算）

资料来源：菲律宾统计局及Wind数据库整理而得。

3. 服务业

2017年，菲律宾服务业总产值达到49716亿比索（以2010年一季度不变价计算），同比增长6.74%，服务业在菲律宾经济中占有非常重要的地位，产值比重在55%以上。就行业来看，最重要的几个行业包括：批零贸易及汽摩修理业

（产值比重达到 29.34%），不动产投资、租赁、交易活动行业（产值比重达到 20.11%），运输、仓储和通信业（12.90%）和金融业（12.74%），这四个行业的总产值占到服务业总产值的 70% 以上。从增速来看，金融行业增速最快，同比增长率达到 7.67%，同时，公共管理、国防及社会保障服务业，不动产投资、租赁、交易活动业，批零贸易及汽摩修理业亦表现抢眼，同比增长率分别达到 7.57%、7.47% 和 7.05%。

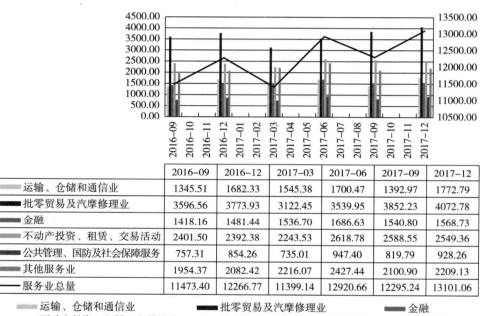

| | 2016-09 | 2016-12 | 2017-03 | 2017-06 | 2017-09 | 2017-12 |
|---|---|---|---|---|---|---|
| 运输、仓储和通信业 | 1345.51 | 1682.33 | 1545.38 | 1700.47 | 1392.97 | 1772.79 |
| 批零贸易及汽摩修理业 | 3596.56 | 3773.93 | 3122.45 | 3539.95 | 3852.23 | 4072.78 |
| 金融 | 1418.16 | 1481.44 | 1536.70 | 1686.63 | 1540.80 | 1568.73 |
| 不动产投资、租赁、交易活动 | 2401.50 | 2392.38 | 2243.53 | 2618.78 | 2588.55 | 2549.36 |
| 公共管理、国防及社会保障服务 | 757.31 | 854.26 | 735.01 | 947.40 | 819.79 | 928.26 |
| 其他服务业 | 1954.37 | 2082.42 | 2216.07 | 2427.44 | 2100.90 | 2209.13 |
| 服务业总量 | 11473.40 | 12266.77 | 11399.14 | 12920.66 | 12295.24 | 13101.06 |

运输、仓储和通信业　　　　批零贸易及汽摩修理业　　　　金融
不动产投资、租赁、交易活动　　公共管理、国防及社会保障服务　　其他服务业
服务业总量

图 7-6　2016 年第三季度至 2017 年第四季度菲律宾服务业各行业对比
（单位：亿比索，2010 年一季度不变价计算）

资料来源：菲律宾统计局及 Wind 数据库整理而得。

## 三、对外经济

菲律宾 2017 年的对外贸易总额约 1560 亿美元（现价），同比增长 10.29%，略高于 2016 年的同比增长率 1.3 个百分点；其中出口 632 亿美元，同比增长 10.15%，扭转了 2016 年出口出现负增长的趋势（2016 年出口的同比增长率为 -2.42%）。进口 928 亿美元，同比增长 10.38%，低于 2016 年的同比增长率 18.35%。

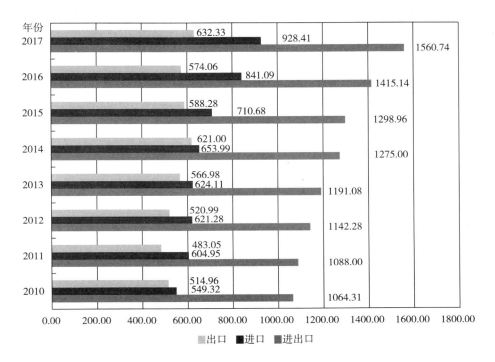

**图 7 - 7　2010～2017 年菲律宾进出口贸易情况对比**
**(单位：亿美元，现价)**

资料来源：菲律宾统计局及 Wind 数据库整理而得。

　　从月度数据看，2017 年上半年，菲律宾的进口和出口波动性都较大，导致了进出口整体的波动性较大。从整体的趋势上看，菲律宾进出口总额仍然处于一个不断上涨的过程，特别是在下半年，波动性消失，呈现出稳定增长的势头。其中，进口的波动性要大于出口的波动性，而之后，出口呈现逐渐提升的态势，而进口在前半年经历了波动性上升后，又经历了 3 个月左右的平稳上升，然后于 10 月开始下降。

　　基于菲律宾强劲的宏观经济基本面和高 GDP 增长前景，大量的 FDI 投资涌入菲律宾，主要集中于制造业、菲律宾房产、批发和零售贸易、金融和保险和建设活动。外国资本主要来自美国、新加坡、荷兰、中国和日本。如图 7 - 9 所示，截至 2017 年 11 月，菲律宾的外商直接投资已达 87.25 亿美元，已经高于去年全年的 79.80 亿美元，相比去年同期的 72.64 亿美元增长了 20.12%。

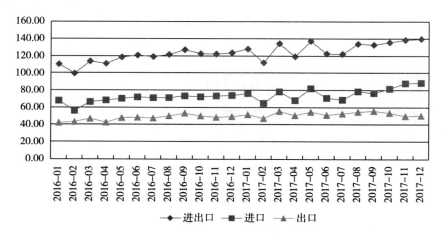

**图 7 - 8  2016～2017 年月度菲律宾进出口数据**

**（单位：美元，现价）**

资料来源：菲律宾统计局及 Wind 数据库整理而得。

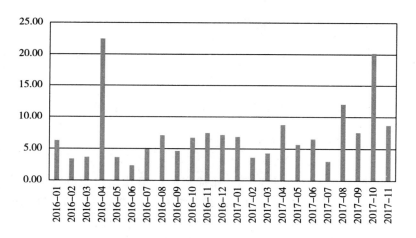

**图 7 - 9  2016～2017 年月度菲律宾外商直接投资 （单位：亿美元）**

资料来源：菲律宾统计局及 Wind 数据库整理而得。

如图 7 - 10 所示，截至 2017 年 12 月，菲律宾外汇储备 815.70 亿美元。进入 2017 年后菲律宾外汇储备就在 800 亿～820 亿美元区间内浮动，相对 2016 年有所下降，2016 年 9 月的外汇储备曾到达历史新高的 861 亿美元。

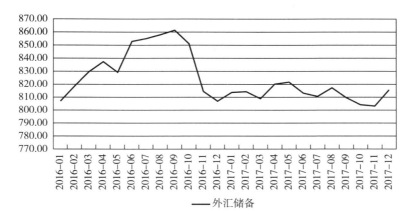

**图 7 – 10　2016～2017 年月度菲律宾外汇储备（单位：亿美元）**

资料来源：菲律宾统计局及 Wind 数据库整理而得。

## 四、金融发展情况

### 1. 宏观金融环境

如图 7 – 11、图 7 – 12 所示，截至 2017 年 12 月，菲律宾货币 M1、M2、M3 和 M4 存量分别为 35623.23 亿比索、102113.41 亿比索、106374.27 亿比索和 124880.08 亿比索，当月同比分别增加 16.06%、11.72%、11.90% 和 11.36%。

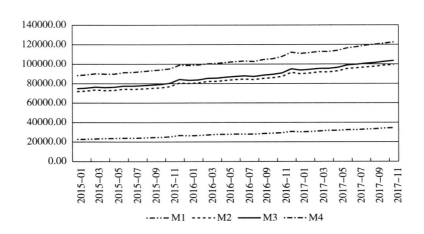

**图 7 – 11　2015～2017 年月度菲律宾货币存量（单位：亿比索）**

资料来源：菲律宾统计局及 Wind 数据库整理而得。

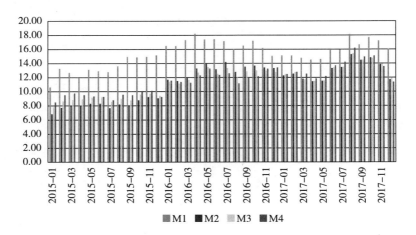

**图 7 – 12　2015～2017 年月度菲律宾货币当月同比增长率（单位：%）**

资料来源：菲律宾统计局及 Wind 数据库整理而得。

### 2. 金融结构发展情况

如图 7 – 13 所示，菲律宾金融体系以银行业为主导，非银行金融机构所占比例较低。截至 2017 年 12 月，菲律宾金融系统总资产 189393 亿比索，同比增长

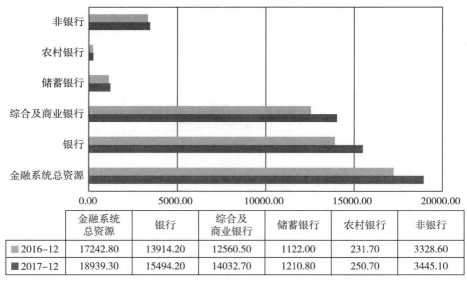

|  | 金融系统总资源 | 银行 | 综合及商业银行 | 储蓄银行 | 农村银行 | 非银行 |
|---|---|---|---|---|---|---|
| 2016–12 | 17242.80 | 13914.20 | 12560.50 | 1122.00 | 231.70 | 3328.60 |
| 2017–12 | 18939.30 | 15494.20 | 14032.70 | 1210.80 | 250.70 | 3445.10 |

■ 2016–12　■ 2017–12

**图 7 – 13　2016～2017 年菲律宾金融结构发展状况对比（单位：十亿比索）**

资料来源：菲律宾统计局及 Wind 数据库整理而得。

9.84%，其中，银行资产 154942 亿比索，同比增长 11.36%；非银行资产 34451 亿比索，同比增长仅为 3.5%，远低于银行业的增速。在银行体系中，可分为综合及商业银行、储蓄银行和农村银行三大类，截至 2017 年 12 月，资产规模分别为 140327 亿比索、12108 亿比索和 2507 亿比索，同比增长分别为 11.72%、7.91% 和 8.20%。可以看出，综合及商业银行不仅在规模上远远大于其他金融机构，在增速上也是首位，以及在菲律宾金融结构中具有绝对地位。从比重的变化方面，如表 7－5 所示，非银行业资产占整个金融体系的资产比重有所下滑，从 2016 年第四季度的 19.30% 下滑至 18.19%，相应地银行业资产占整个金融体系的资产比重从 80.70% 小幅提升至 81.81%。综合及商业银行占整个银行业的比重从 90.27% 提升至 90.57%，而储蓄银行占整个银行业的比重从 8.06% 下降至 7.81%，农村银行占整个银行业的比重从 1.67% 下降至 1.62%。

表 7－5 2016～2017 年菲律宾金融结构比例对比

| 截止时间 | 2016 年第四季度 | 2017 年第四季度 |
| --- | --- | --- |
| 非银行业比重（%） | 19.30 | 18.19 |
| 银行业比重（%） | 80.70 | 81.81 |
| 综合及商业银行比重（%） | 90.27 | 90.57 |
| 储蓄银行比重（%） | 8.06 | 7.81 |
| 农村银行比重（%） | 1.67 | 1.62 |

资料来源：菲律宾统计局及 Wind 数据库整理而得。

## 五、财政状况

菲律宾财政收支状况如图 7－14 所示，截至 2017 年 11 月，菲律宾政府财政收入 22500.40 亿比索，高于去年同期 20305.88 亿比索将近 10.8 个百分点；财政支出 24935 亿比索，高于去年同期的 22657.81 亿比索将近 10.05 个百分点。财政赤字为 2434.89 亿比索，略高于去年同期的 2351.93 亿比索 3.5 个百分点，但在 2017 年下半年，随着财政改革的推进，财政赤字有所减少，财政收支进一步平衡。

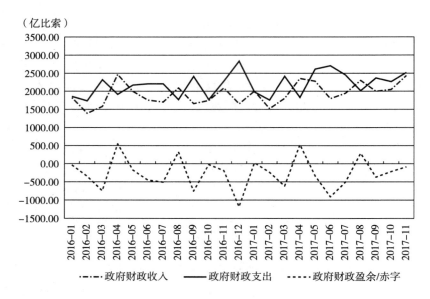

图 7 – 14　2016～2017 年月度菲律宾政府收支状况对比（单位：亿比索）

资料来源：菲律宾统计局及 Wind 数据库整理而得。

# 第三节　外交

一个国家新任领导人上台后出访他国的顺序安排通常会释放出一些关于该届政府外交策略的信息。菲律宾新总统杜特尔特上台后，他出访之旅实际就是他外交战略和政策的体现。

如图 7 – 15 所示，根据就近原则及延续以往外交关系的情况下，杜特尔特总统上任后，最先出访的是东盟国家，包括老挝、印度尼西亚、越南、文莱等。随后，他选择中国作为首个访问的非东盟成员国，并表现出与中国交好的愿望和诚意，不同于上届阿基诺三世政府"亲美远中"外交策略，说明杜特尔特政府奉行独立外交政策。除了中国，杜特尔特还选择了日本和俄罗斯进行国事访问，选择日本的主要目的在于继续寻求日本对菲律宾的经济支持和援助，与俄罗斯建交是为了与俄建立军事技术合作关系，购买俄制武器，帮助其打击国内恐怖分子及叛军。

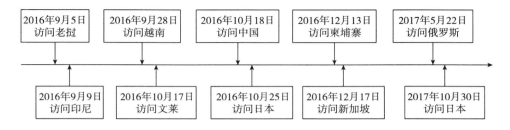

图7-15 2016~2017年菲总统杜特尔特国家时间轴

## 一、访华之旅

菲律宾总统杜特尔特于2016年10月20~21日对中国进行为期2天的正式访问。这是杜特尔特总统上任以来第一次访华，而且中国也是他访问的首个非东盟成员国。由此可见，杜特尔特政府非常重视中菲两国的外交关系。

1. 访华前活动

杜特尔特总统的访华活动并不突然，在访华前，其政府及团队做了大量准备活动。其一，杜特尔特总统对外宣称，计划在访华期间提出给予中国游客免签待遇，他认为免签政策将有助于菲律宾吸引大批正在快速走向富裕、踏出国门的中国游客；其二，叫停菲美联合军演，杜特尔特称在10月举行的菲美军演是两国最后一次举办联合军演，原因之一是"中国不愿见到"军演；其三，杜特尔特下令审查2014年菲律宾与美国签署的《加强防务合作协议》（EDCA），不排除要求美军全部撤出菲律宾的可能性；其四，呛声奥巴马，杜特尔特10月4日提到政府"重新校准"的外交政策时说，鉴于美国当局对他反毒品战争的批评，在他的任期，会切断同美国的关系；其五，菲律宾外交部部长通过外交部网站发表声明，强调菲律宾政府将摆脱对美国的依赖，追寻独立外交政策，菲律宾不再作美国的马前卒。这一切活动均是杜特尔特在访华前，围绕着对中国示好，与美国划清界限展开，这也奠定了两国未来外交关系的新走向。

2. 访华后成果

杜特尔特总统10月18~21日对中国进行了国事访问，中国对其进行了高规格接待。中国主席习近平与杜特尔特总统就双边关系及共同关心的国际和地区问题深入交换了意见。中国国务院总理李克强、全国人大常委会委员长张德江分别与杜特尔特总统举行了会见。国务院副总理张高丽与杜特尔特总统共同出席了中菲经贸合作论坛开幕式并致辞。

（1）发表联合声明。访华期间，中菲两国发布联合声明，声明有20项内容，双方领导人在外交、高层交往、互联互通、经贸合作、防务及执法安全等多个领域交换意见，并达成一致意见。

（2）签署双边合作文件。双方还签署了 13 个双边合作文件，两国未来将开展在经贸、投资、科技、制造业、旅游、航空、媒体、禁毒、反恐、人文等多个领域的合作。具体地，南海问题方面，两国领导人都同意将其回归到共同协商的轨道上妥善处理，共同遵守、有效落实《南海各方行为宣言》，希望通过共同努力在协商一致的基础上早日达成"南海行为准则"，并拟建立一个双边磋商机制，共同探讨在其他领域开展合作；农业方面，两国领导人同意深化农业扶贫合作，中方愿帮助菲律宾提高农业生产和农村发展能力，中方将恢复 21 家菲律宾企业对华水果出口资格，批准 7 家菲律宾企业对华芒果出口资格；旅游方面，中方将取消几年前发出的针对菲律宾旅游的提醒；海上合作方面，两国正式开始海上合作，签署海警部门合作协议，双方也同意要进一步加强两国在南海的渔业合作，中方表示愿意支持菲律宾在水产养殖、水产品加工方面开展合作，帮助菲方渔民解决生计问题；基础设施方面，双方均表达了在包括基础设施投资、基础设施项目建设、工业产能等领域共同开展务实合作的意愿；金融方面，双方将在优惠贷款、优惠出口买方信贷、债券、贷款、投资、证券及其他双方同意的如开发性专项贷款等领域加强金融合作。

（3）获得投资项目和贷款。访问结束后，杜特尔特及其经贸代表团从中国带回了价值 240 亿美元的协议，包括 150 亿美元的投资机会和 90 亿美元的融资。这些投资协议包括马尼拉—克拉克铁路、棉兰老高速铁路及全国机场修缮等项目，价值 100 亿美元，还包括菲律宾国有企业集团与五矿国际（香港）有限公司等中国企业签署的合作协议等。

3. 访华意义

这次访问是中菲两国外交关系的破冰之旅，是杜特尔特政府奉行独立外交政策的体现，改善了中菲两国关系，也为菲律宾提振经济提供了助力。

（1）奉行独立的外交政策。杜特尔特奉行独立的外交政策，他不仅这么说，也正是这么做的。杜特尔特转变了阿基诺三世"一边倒"的外交战略，计划摆脱对美国的完全依赖状态，转而拉拢中国、俄罗斯，实施平衡外交策略，争取菲律宾利益的最大化。

（2）寻求经济合作与援助。菲律宾此届政府对华态度的转变，主要目的是寻求中国支持，帮助其发展国内经济、提高社会福利水平。当前，菲律宾与中国的经贸关系越来越紧密，中国目前已经是菲律宾第一大贸易伙伴，菲律宾经济的发展离不开中国。杜特尔特是位"务实派"总统，也是希望在任期间能够对菲律宾做出一些贡献，他深知这点，因此，在其访华的 4 天中，中菲经贸合作贯穿始终，最终他不负众望，菲律宾代表团"满载而归"。

（3）弱化南海问题。杜特尔特政府对南海问题的关注度远没有阿基诺政府高。杜特尔特认为南海仲裁案的结果不会使南海问题有实质性转变，菲律宾想要改变与中国的关系，南海问题不能成为两国的"绊脚石"，因此，在南海问题方面，菲律宾政府不再强硬，两国一致同意通过友好磋商谈判，以和平方式解决领土和管辖权争议。

## 二、访日之旅

2016～2017 年，杜特尔特总统对日本出访两次，出访目的是希望继续与日本维持友好外交关系，并获得日本对菲律宾基础设施建设的贷款和援助。

1. 访日之旅一

（1）访日前活动。杜特尔特总统访华结束后，于 2016 年 10 月 25～27 日对日本展开了为期 3 天的正式访问，旨在扩大和深化菲律宾和日本的战略伙伴关系。但杜特尔特上台后积极向中国示好，公开表示打算搁置南海问题，与美国划清界限等，日本政府较为不安，所以在杜特尔特到访之前，日本发布消息，指出双方将谈及南海问题以及加强美日的同盟关系等问题，但杜特尔特并不买账，菲律宾总统府发言人称，杜特尔特总统此行的主要议程不是政治，而是经济。

（2）访日后成果。第一，发表联合声明。日本首相安倍晋三与菲律宾总统杜特尔特举行首脑会谈后，双方发表了旨在促进两国战略伙伴关系的联合声明。第二，获得丰厚的贷款和援助。访日行程结束后，日本已经为菲律宾提供了两笔贷款，价值 213.83 亿日元（78 亿比索），以协助菲律宾加强海上安全及促进农业发展。其中包括 164.55 亿日元贷款，用于购买菲律宾海岸警卫队（PCG）的两艘大型巡逻船，49.28 亿日元贷款用于棉兰老岛农业企业活动的援助。第三，承诺和平解决南海争端。菲日双边会晤后发表声明，双方承诺和平解决南海争端。杜特尔特表示他将与日本就共同关心的问题密切合作。安倍认为南海领土与区域稳定有直接关系，他还强调，在解决海洋问题方面，必须遵守"联合国海洋法公约"。随后菲方媒体称杜特尔特在日本的涉南海表态与中菲共识相符。

（3）访日意义。杜特尔特此次对日本访问是继访华之后进行的，其战略意义重大。日本方面对待此次访问较为谨慎，日本政府的目的是继续延续菲日之间的友好关系，继续日美菲同盟关系，利用南海问题牵制杜特尔特倒向中国，但杜特尔特对此态度较为暧昧，一方面在访华期间发表各种反美言论，另一方面在访日期间又称美菲同盟关系没有变化，即使与中国构筑关系也是经济层面的，而非军事层面的。由此可以看出，杜特尔特是一个追求菲律宾利益最大化的民族主义者。此次，杜特尔特访日的战略意义在于：

1）为菲律宾拉拢援助，杜特尔特上台后面临的主要问题就是发展本国经济，完善国内基础设施建设，提高人民福利水平，但这些任务仅靠菲律宾本国力量很难短时间内取得成效，只能借助各国的支持和帮助。日本一直是菲律宾的主要援助国家，此次访日，杜特尔特的目的就是希望日本能够一如既往地继续支持菲律宾。

2）寻求外交平衡。为靠近中国，发展与中国的友好关系，杜特尔特已破坏了与美国之间的同盟关系，如果再与日本交坏，非常不利于菲律宾的发展。因此，杜特尔特在访华之后，紧接着访日，目的是不冷落日本，寻求在中国和日本之间的外交平衡，力争使菲律宾从中日双方手中都获取最大利益。

2. 访日之旅二

2017 年 10 月 30～31 日杜特尔特总统又对日本展开了为期 2 天的正式访问。之前日本首相安倍晋三有两次访菲律宾之行，从外交礼仪的角度来讲，此次访问菲方应该算是回访。

双方首脑在会面后发表联合声明，日方未来将全力帮助菲律宾重建马拉维，也会在其他基础设施领域帮助菲律宾，如帮助菲律宾修建道路和桥梁、提供 6000 亿日元贷款修建马尼拉地铁、帮助菲律宾加强河流的防洪措施等。此外安倍重申，将在未来 5 年为菲律宾提供价值 1 万亿日元的经济援助。除了经济方面，未来两国还会在反恐、公共安全、反毒品等领域开展合作。

## 三、访俄之旅

应俄罗斯总统普京邀请，菲律宾总统杜特尔特 2017 年 5 月 22 日抵达莫斯科，计划对俄罗斯进行为期 5 天的正式访问，但由于突发事件，马拉维爆发的持续枪战打乱了杜特尔特的访问行程，杜特尔特 23 日提前与普京举行了会晤，并于 24 日返回马尼拉。此次是杜特尔特总统首次访问俄罗斯，标志着两国关系发展开启了新篇章。

1. 访俄罗斯前活动

杜特尔特在访俄罗斯前向媒体透露此行的主要目的之一就是购买俄制武器装备。他说，以前为了区域内的地缘政治平衡，菲律宾采购美国武器，但是美国总是提出各种类似人权的附加条件，于是他打算不再向美国购买武器。俄罗斯总统普京早些时候也表示，为迎接菲律宾总统访俄罗斯而筹备的一系列文件，将于双方会晤时签署。

2. 访俄罗斯后成果

菲俄两国于 24 日签署了 8 份合作协议，这些文件包括《2017 至 2019 年旅游发展项目》《农业合作谅解备忘录》《国防合作协议》《发展贸易和投资协议》《发展工业合作备忘录》及《与俄原子能集团和平发展核能的协议》等。今后菲俄双方将在能源、机械制造、交通基础设施、军事技术合作等领域展开合作。

3. 访俄罗斯意义

（1）建立军事技术合作关系。杜特尔特此次访俄罗斯主要目的就是与俄罗斯建立军事技术合作关系。菲律宾急需现代化武器装备打击菲律宾境内的恐怖组织和叛军，虽然此前菲律宾均是与美国签署军售协议，但因美国所倡导的人权问题，履约情况不理想，菲律宾需要更加多元化的武器供应渠道，俄罗斯是其中之一。因此，杜特尔特上台后开始转向俄罗斯寻求军事上的帮助。

（2）寻求外交平衡。此前菲律宾已与中国重修友好关系，与日本继续延伸同盟关系，那么基于外交平衡，对于世界不可忽视的另一大国俄罗斯，菲律宾也在寻找机会与其合作。此次访问俄罗斯，向俄罗斯购买武器装备，是拉近菲俄关系的良机，两国形成了比较密切的关系，今后双方还会继续推进在经济、能源、军事等领域的合作。

## 四、访问东盟各国

在外交方面，杜特尔特除了特别关注几个大国之外，周边邻国也没有冷落。杜特尔特上台后，专门出访了与菲律宾关系密切的几个东盟国家，如老挝、印度尼西亚、越南、文莱等。

1. 访问老挝

杜特尔特上台后首次出国访问的是老挝，2016年9月5日，正值老挝万象举办第49届东盟领导人峰会，菲律宾总统借此机会与老挝领导人会面。在东盟峰会期间，大家关注点较高的是菲律宾是否再次提起南海问题，对此杜特尔特表示不打算提及南海问题，愿意与中方官员静静地对话，这为未来中菲两国友好对话埋下伏笔。

2. 访问印度尼西亚

2016年9月9日杜特尔特在雅加达与印度尼西亚总统佐科进行了双边会谈。双方就维护海上安全和打击毒品等话题进行了讨论。在海上安全方面，双方就如何应对海上劫持事件展开讨论，承诺采取必要措施维护两国间海域安全。

毒品是菲律宾和印度尼西亚面临的共同社会问题，印度尼西亚总统佐科上台后大力打击毒品犯罪，处死了多批毒贩，杜特尔特上台后也采用极端手段向毒贩宣战。在打击毒品问题上，两位领导人有共同之处，因此两国未来将加强应对这一威胁的合作。

3. 访问越南

应越南国家主席陈大光邀请，杜特尔特于2016年9月28~29日对越南进行正式访问。此次访问是杜特尔特就任菲律宾总统以来第一次对越南进行访问。

杜特尔特此次出访由菲律宾外长、贸易与工业部部长、国家安全顾问、菲律宾驻越南大使等陪团。访越期间，两国领导人就今后促进两国战略合作伙伴关系，尤其是政治、安全、经济、贸易等领域的合作展开讨论。此外，双方将就共同关心的国际和地区问题展开讨论，特别是南海问题。两国对于南海问题立场基本一致，两国均表示将共同致力于维护南海的和平与稳定，避免挑衅行为，使用外交途径而非武力解决南海冲突，呼吁各方严格遵守《国际海洋法公约》和《南海各方行为宣言》。

4. 访问文莱

杜特尔特于 2016 年 10 月 17～18 日对文莱进行了访问。杜特尔特与文莱苏丹博尔基亚就深化双边经济合作关系展开讨论。杜特尔特表示已获得文莱苏丹在认证和建设等方面帮助发展棉兰老清真产业的承诺，今后文莱和棉兰老岛可以成为清真产品生产和出口的双中心。双方同意加大贸易投资促进力度，强化东盟东部增长区功能，加强互联互通，会面也讨论了如何加强反毒、防务和海事等方面的合作。

# 第四节　国防安全

2016～2017 年，杜特尔特政府对菲律宾的国防安全政策有了新的调整，在军事上不再单独依赖美国，而是展开了多元化的合作，重心主要放在俄罗斯与中国上。菲律宾国内棉兰老岛区域恐怖主义分子造成的马拉维危机和南部海域带来的海盗隐患让菲国军事资源透支，因此杜特尔特政府极力推动军事合作与联合巡逻。在南海问题上，杜特尔特政府力主搁置争议，希望与中国共同开发南海争议区域，但是菲国内政治实力相互牵制，在此问题上并没有达成一致意见。

## 一、国防

菲律宾长期以来面临内部党派武装叛乱和外海领域主权利益声索的安全威胁，亟须明确国家安全政策来应对国家安全形势的演变。菲律宾一方面希望借区域、国际协议与邻国、东盟成员国以及世界各国维持军事、政治、经济、海上安全等多领域的国际与跨国机制的合作，预防外来威胁入侵。但是，在领土主权尤其是海域主权与利益的声索方面，菲律宾立场强硬。在对内国家安全议题方面，菲律宾希冀发展可恃的国防能力来保护国家主权和国家战略利益，确保群岛国家的安全。

1. 军事合作

杜特尔特上台后，菲律宾在多元国际体系与全球化浪潮下，正在寻求以正面、积极的态度融入国际社区。全球化降低了领土争端而导致战争的可能性，尽管如此，菲律宾仍然认为要强化国防实力以应对外部战略态势变化。但是，为了防止让菲律宾陷入武力冲突的困境，菲律宾积极与其他国家开展了军事上的合作。

目前，菲律宾的先进武器除了向大国寻求购买外，主要都来自军事合作国家的赠送。2016～2017 年，菲律宾接受的来自他国的武器捐赠数据如表 7-6 所示。

表 7-6 菲律宾 2016～2017 年接受武器转移的数量

| | 2016 年 | 2017 年 | 总计 |
|---|---|---|---|
| 飞机 | 67 | 143 | 211 |
| 大炮 | — | 4 | 4 |
| 军械 | 6 | 18 | 23 |
| 导弹 | — | 4 | 4 |
| 探测装置 | 4 | 16 | 20 |
| 船只 | 153 | 86 | 239 |

资料来源：SIPRI Arms Transfers Database。

上述这些武器主要来自美国、韩国和印度尼西亚的捐赠转移，少部分来自澳大利亚、以色列、西班牙和日本。

目前杜特尔特总统上台后调整了国家外交战略，在军事上也减少了与美国和日本的公开性牵扯。2017 年 1 月 30 日，杜特尔特在总统府举行的记者会上告诫美国不要在菲律宾建设军事设施，并警告说，一旦证实美国这么做，他将废除菲方与美国的军事协议。他表示，菲律宾法律明文禁止建设存放武器的仓库和补给站。菲律宾国防部部长洛伦扎纳 2 月 7 日解释称，总统杜特尔特同意美军按照美菲协议使用菲律宾军事基地建设军用设施，但不允许美军在其中存放武器。2017 年 1 月，据日本新闻网消息，菲律宾总统杜特尔特似乎是拒绝了日本首相安倍晋三提出的"愿意向菲律宾提供导弹"的建议。杜特尔特说，菲律宾不想卷入第三次世界大战。然而，尽管杜特尔特对美日在军事上的态度有所变化，仍然没有拒绝美国在军事上的支援。例如，美国为菲律宾海岸警卫队提供的 470 万美元的教育培训援助金及美国政府捐赠的用以提升其海上情报和侦察能力的留空观察雷达系统。

与此同时，杜特尔特寻求增强美日之外的军事合作，如俄罗斯和中国。2017年 2 月，菲律宾总统杜特尔特将请求俄罗斯政府提供精确制导武器，以帮助菲律宾对抗伊斯兰极端组织和其他恐怖组织。杜特尔特表示，军事设备的收购是他2017年访问俄罗斯目标的一部分。菲律宾同时也向中国提出正式要求，请求中国方面提供精确制导弹药（PGM）、快艇和无人驾驶飞机，作为杜特尔特政府提供打击非法毒品和恐怖主义运动援助的一部分。菲律宾国防部部长证实说，菲国当时已向中国驻华大使赵鉴华递交了关于中国向政府承诺的1400万美元武器清单。同年5月，菲律宾总统杜特尔特对俄罗斯进行访问，期间与俄罗斯国防部部长签署军事合作框架协议，发展两国军队关系。

杜特尔特在军事合作上的战略调整并非心血来潮。2017年2月初，在伊斯兰好战分子转向攻击国际航运活动之际，菲律宾正寻求美国与中国协助守卫1条主要海上航道，但最后美国并没有如菲律宾所愿出手相助。因此杜特尔特也认识到，像上届政府一样完全依赖美国是行不通的，必须寻找其他的军事合作伙伴来守护菲律宾的国家安全。菲律宾与俄罗斯的军事合作进展顺利，与中国的军事合作也在慢慢展开。2017年4月30日，中国海军远航访问编队抵达菲律宾东南部城市达沃，开始进行为期3天的友好访问。这是此次中国海军远航访问编队出访的首站，也是中国海军舰艇编队首次访问达沃。

在积极开展多边军事合作的同时，菲律宾也在加强自身的国防现代化进程。菲律宾海军2017年底对外宣称，在3艘全新的多用途攻击艇上搭载其首个导弹系统。菲律宾海军指挥旗军麦卡道上将称，这些武器是反舰模式，可以应付水面舰船目标。它能够穿透1000毫米的冷轧均质装甲，最大射程为5英里。菲律宾空军飞机将前往以色列运回导弹，该3艘船的合同价为2亿7000万比索，资金来自菲律宾武装部队军事现代化信托基金。

2. 联合海上执法与军事演习

菲律宾地理位置控制着往来中东地区经马六甲海峡与东北亚之间的主要海上交通线，在这条航线上，菲律宾实际上掌控了东南亚最重要、形势最复杂的南中国海海域，其地缘战略地位不言而喻。菲律宾自1995年实行武装部队现代化法案，2012年修订该法案，制订2013~2018年国防转型发展计划。因此前过度依赖美国军事外援导致菲律宾外部防卫能力及空、海战力的萎缩，菲国武装部队尚不及中等国家的战力。近年来，菲律宾财政支援也无法适应菲律宾武装部队战力急需提升的需求。因此，菲律宾在当前形势下，仍然是对外寻求海上联合执法与军事演习合作来提升国家安全保障。

2017年初，菲律宾在杜特尔特独立外交政策的影响下，与俄罗斯方面的军事合作逐渐密切。例如，2017年1月，俄罗斯太平洋舰队的"特里布茨海军上将"号反潜驱逐舰和"鲍里斯·布托马"号补给舰抵达菲律宾首都马尼拉南港码头，对该国展开为期6天的友好访问，计划同菲律宾举行联合军演。在军事合作方面，总统杜特尔特和菲律宾国防部的意见并不完全统一，杜特尔特总统希望撇清与美国军事上的牵扯，例如，2016年底菲律宾总统杜特尔特反对美国在本国驻军，并且想结束与美国的军事演习，但是后来他采纳了国防部长洛伦扎纳的建议，继续了演习。菲律宾国防部长2017年初曾公开表示，菲律宾与俄罗斯国防部门签署军事防务合作协议不会对其与美国的关系产生不利影响。

实际上杜特尔特上任后，在军事合作与联合执法上，偏向于中俄两国。2017年2月，杜特尔特向菲律宾军官表示，已经请求中国军舰帮助菲律宾，在菲律宾南部海上巡逻。当时伊斯兰激进组织成员已成为海盗，菲律宾附近的苏禄海已经变得与索马里附近海域同样危险，影响国际海洋通行的正常运转。中国方面回应了杜特尔特的请求，并且在《中国海警局和菲律宾海岸警卫队关于建立海警海上合作联合委员会的谅解备忘录》的指导下，于2017年2月20～22日在菲律宾苏比克举行了海警海上合作联合委员会第二次筹备会暨成立会议，双方同意在打击毒品贩运等跨国犯罪、海上搜救、环境保护、应急响应等领域开展多种形式的务实合作。在此基础上，菲律宾国防部长在2017年3月宣称，菲律宾与日本不会进行联合海上巡逻，因为没有允许两国进行联合巡逻的机制。菲律宾政府2017年4月表示，菲律宾军队将不会遵循往年惯例与美军举行大规模联合军事演习，从往年大规模的军事演习演变为"技能与技术交流"。除此之外，2017年7月6日菲律宾与邻国印度尼西亚加强联合海上巡逻。确保达沃海湾和两国在菲律宾南部边界的领海安全，特别是在西里伯斯海沿岸。

## 二、非传统安全

菲律宾国内长期面临着南方分裂主义和恐怖主义的压力。2017年棉兰老伊斯兰恐怖分子的袭击以及菲律宾南部海域阿布沙耶夫等武装组织的海盗行为给菲律宾造成巨大损失。另外，菲律宾国内反对派菲共武装组织及其他武装分裂分子长期与菲律宾政府军队交火，消耗了菲律宾政府对抗恐怖主义的资源与精力。因此，杜特尔特政府在反恐方面倾向于寻求强力而有效的外援，这也是菲律宾目前摒弃单方面依靠美国，寻求军事安全多元化合作的根源所在。

### 1. 马拉维反恐：棉兰老宣布戒严

2017年5月，马拉维危机爆发。宣誓效忠伊斯兰国（IS）的毛里求斯恐怖组织对菲律宾马拉维市（Lanao del Sur）发动了攻击，其主要目的是占领南拉瑙省，并在该省的议会大厦升起伊斯兰国的黑色旗帜。这表明该地区已经完全沦陷。随即菲律宾政府武装开始漫长的城市攻坚战。根据第216号公告，菲律宾总统罗德里戈·杜特尔特于2017年5月23日宣布棉兰老实施戒严令，并暂停了在整个棉兰老地区的人身保护令。恐怖分子和政府军之间的战斗持续了5个月，造成至少847名叛军、163名政府士兵和47名平民死亡。2017年10月16日，菲律宾国防部证实了阿布萨耶夫领袖伊尼拉哈皮隆和毛特集团领导人奥马尔莫伊特的死讯。菲律宾政府在2017年10月23日宣布了马拉维危机结束，并将重点转移到重建饱受战争摧残的城市。10月26日，菲律宾国防部长洛伦扎纳宣布，马拉维反恐战事正式结束。他说，菲律宾成功摧毁了迄今为止暴力极端主义在菲律宾国内及东南亚地区最严重的一次扩散企图，并感谢中国、印度尼西亚、马来西亚、文莱、新加坡等国为马拉维战事胜利提供的支持。杜特尔特宣布的60天戒严令原定于6月22日到期，但菲律宾国会首次将其延长至2017年底。尽管杜特尔特宣布马拉维已从毛特叛军手中解放出来，但总统杜特尔特要求在棉兰老岛实施另一项戒严令，以彻底铲除恐怖组织及其支持者。2017年12月13日，国会批准了杜特尔特在2018年12月31日之前保留戒严令的请求，这一举动遭到了反对派议员的质疑。2017年12月27日，菲律宾众议院所谓的"七国集团"提交了一份请愿书，质疑第二次军事戒严及扩张的合法性，称棉兰老岛并没有真正的叛乱。

### 2. 打击海盗

菲律宾苏禄海海上航道是其国民经济的核心来源，近年来恐怖主义海盗化，名为"阿布沙耶夫"的恐怖主义武装组织在菲律宾南部海域的海盗行为对菲律宾经济造成巨大的损失。菲律宾南部海域的海盗隐患是杜特尔特政府的一个新的安全隐患，总统杜特尔特认为现有合作打击海盗的机制有效性不足，2016年下半年，菲律宾打击海盗主要依靠团结海上邻国，为共同利益形成打击海盗的合作机制。例如，2016年8月，菲律宾、马来西亚和印度尼西亚达成联合巡逻苏禄海的三方合作协议，全力应对阿布沙耶夫组织继续在该海域的海盗和绑架等问题。2017年5月，菲律宾、马来西亚和印度尼西亚又达成新的联合协议，计划通过结合海事与空中联合巡逻等措施来共同对抗海盗。但是，菲律宾、马来西亚和印度尼西亚三国联合巡逻的进展和成效并不尽如人意，三国的海警和军事力量并没有对海盗产生震慑性效果，三国交界水域仍然频发海盗袭击事件。

杜特尔特政府开始把目光放在海上实力强大的国家身上。2017年1月31日至2月28日，菲律宾前后三次提出希望中国前往菲律宾南部海域巡逻和协助打击海盗的请求。1月31日，菲律宾总统杜尔特尔公开宣称已向中国政府提出请求，希望中国帮助菲律宾在其南部海域海上巡逻打击海盗。2月7日，菲律宾国防部同时向中国和美国发出请求，希望中国能采取任何可以帮助解决海盗问题的措施，呼吁美国向菲律宾发生海盗侵害行为的水域派出巡逻力量。2月28日，总统杜特尔特再次呼吁和请求中国与菲律宾在南方海域联手打击海盗与恐怖分子。中菲双方在杜特尔特政府执政期间，已经签署《中国海警局和菲律宾海岸警卫队关于建立海警海上合作联合委员会的谅解备忘录》，相关的打击海盗的合作也在有条不紊地展开。

# 第五节　社会文化

## 一、人口与就业

据世界银行 2017 年 7 月发布的菲律宾最新人口统计数据，截至 2016 年底，菲律宾总额人口数为 1.03 亿人。根据菲律宾人口委员会（PopCom）最新发布的数据预测，菲律宾人口将在 2018 年底达到 1.05 亿。这意味着人口红利将会增加，但另外，菲律宾贫困人口仍占总人口较大比重。人口委员会副主席罗利图·塔卡登（Lolito Tacardon）指出，贫困社区的妇女平均生育 5 名子女，相比之下高收入阶层的妇女则平均育有 2 名子女。如图 7 - 16 所示，尽管菲律宾人口增长率持续下降，2016 年人口增长率为进入 21 世纪以来最低，仅为 1.56%。但全国人口仍在继续增长，每年的增幅估计有 200 万人。此外，值得一提的是，在人口增长过程中，青少年早孕的现象突出，根据菲律宾统计局 2016 年的数据显示，生育女性中有 10% 还属于青少年。

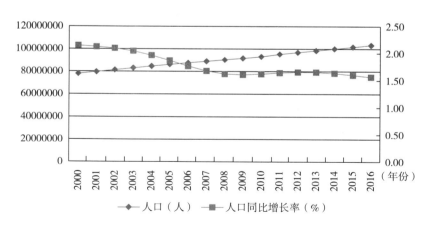

图 7 - 16　菲律宾人口增长概况图

资料来源：Wind 数据库。

随着人口数量的上升，如图 7 - 17 所示，菲律宾每年劳动力人口均保持稳速增长，社会就业的压力也会随之增大。由于 2016 年底和 2017 年初台风侵袭菲律宾影响，1 月菲律宾失业率上升至 6.6%。面对如此严峻的就业形势，菲律宾政府努力通过吸引外国投资，增加基础设施建设支出，提高在国内开展业务的便利性和开发人力资源，寻求创造更多的就业机会。因此，截至 2017 年 12 月 12 日，菲律宾失业率降至 5.0%①。

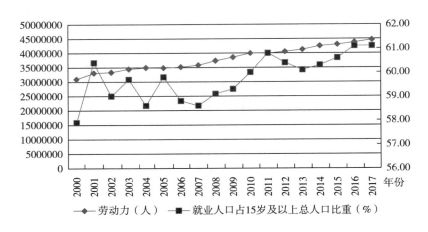

**图 7 - 17   菲律宾劳动力人口概况**

资料来源：Wind 数据库。

人口的增长和就业压力的增加对国家有限的资源构成压力，由于国内经济发展水平有限，因此许多菲律宾人不得不到国外谋生。如图 7 - 18 所示，菲律宾的海外劳工人数近年来均保持在 200 万人以上。据菲律宾劳工就业部（DOLE）2017 年底发布的报告显示，在 2017 年前 9 个月里有超过百万的菲律宾人前往海外寻求就业机会，其中有上万名海外劳工因各种原因被遣返。

2017 年对于菲律宾海外劳工是喜忧参半的一年。一方面，体现在对海外劳工基本保障和福利方面有所改善，例如，在卡塔尔的 5 万多名菲律宾家政服务人员工作条件改善，每天工作 10 小时，每周工作 6 天，并有权享受带薪年假。此外，菲律宾总统杜特尔特在 2 月曾承诺要为海外菲律宾工人建立医院，以此来回报他们向国内的大量汇款，并且保证将帮助有困难的海外菲律宾工人回国。另一方面，由于受到他国国内环境的影响，菲律宾海外劳工的工作稳定性得不到保障，安全性也受到威胁。如沙特阿拉伯、黎巴嫩及伊拉克的紧张局势加剧，会使在中东的菲律宾劳工随时撤离，随之失业。

---

① 数据来源：菲律宾—失业率，https：//zh. tradingeconomics. com/philippines/unemployment - rate。

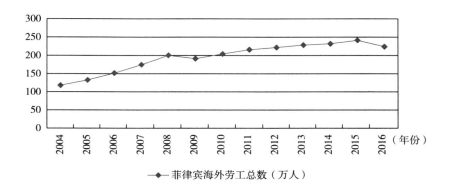

图 7-18 菲律宾海外劳工总数

资料来源：Wind 数据库。

## 二、疾病与灾害

2017 年菲律宾爆发了塞卡病毒、登革热疫苗风波、大型禽流感事件及艾滋病新增速度加快等。其中，面对塞卡病毒及大型禽流感等易传染的疾病与病毒，菲律宾政府采取了较为妥当的处理方式，隔离感染人群，处理感染牲畜，2017年 8 月，菲吕宋岛中部地区发生禽流感疫情，已致 3 万多只家禽死亡，为确保人类不受感染，农业部决定捕杀另外 40 万只家禽。

关于登革热疫苗 Dengvaxia 的问题风波，菲律宾自 2016 年成为第一个大规模使用 Dengvaxia 的国家以来，已经为国内 70 多万名儿童接种了疫苗。自登革热疫苗 Dengvaxia 传出对未曾感染人群有风险后，菲律宾已宣布暂停接种，目前未有因疫苗原因而出现的死亡报告。为此，菲律宾卫生部成立专责小组，以管理有关学校登革热接种计划的问题，专责小组将彻底审查于 2016 年 3 月展开的登革热疫苗接种计划及赛诺菲提供的最新安全证据。2017 年 11 月 29 日，疫苗生产商赛诺菲巴斯德对自己的疫苗发出警告，这对菲律宾的疫苗接种计划是一个巨大的打击，因为它已经实施一年多了。生产商赛诺菲巴斯德称，根据对 6 年的数据进行的新分析显示，登革热疫苗可能会导致更多的严重疾病病例，而这些病例全部发生在从未感染过的人使用疫苗的情况下。现任菲律宾卫生部长杜克（Francisco Duque III）暂停了该项目，并声称菲律宾卫生部将在未来 5 年内密切监测所有免疫儿童的健康状况。与此同时，菲律宾参议院蓝丝带委员会开始对登革热疫苗的采购争议进行调查。阿基诺、加林、前预算部长弗罗伦西奥·阿巴德和前执行秘书帕基多·奥乔亚，目前面临着在其任期内实施登革热疫苗项目的贪污指控。

在艾滋病的预防与控制方面，根据菲律宾卫生部 2018 年 2 月发布一份报告显示，2017 年菲律宾新增 11103 例艾滋病患者，比 2016 年（9264 例）增加了 19.85%，比 2007 年（342 例）高出 3147%。其中，在 2017 年新增病例中 95% 以上都是男性传播，其中有 38 个病例涉及 15 岁以下的未成年人。

在自然灾害方面，菲律宾今年经历了多场热带风暴及地震，其中发生灾情较为严重的是：2 月 10 日在菲律宾南部棉兰老岛发生的 6.7 级地震，造成了至少 7 人遇难，120 余人受伤；7 月 6 日发生在菲律宾中部地区的 6.5 级地震目前已造成 2 人死亡，至少 72 人受伤；9 月 12 日热带风暴"马林"在吕宋岛南部和马尼拉市带来了特大暴雨，致使 3 人死亡，2103 个家庭、8793 人受到影响；12 月热带风暴乌都哈对基础设施的破坏高达 5.43 亿披索，而农作物损失为 4.75 亿披索。马实描地、东三描、三描、礼智和康布斯地拉谷的国道被毁。截至 12 月 21 日官方统计死亡人数 41 人，而失踪人数 45 人。

## 三、反恐与扫毒

菲律宾政府在 2017 年 9 月承诺将努力保持所有社区的"永久安全"，基于政府对打击犯罪和非法毒品的不懈努力，越来越少的家庭成为财产犯罪的受害者。

尽管如此，在他国眼中，菲律宾的治安仍不稳定。在 2017 年底，澳大利亚政府和加拿大政府均对本国公民提出警告，称恐怖袭击的高度威胁在菲律宾国内普遍存在，赴菲律宾公民要警惕那些安保较弱和恐怖及犯罪分子活跃的地方。

### 1. 恐怖主义——马拉维冲突

2017 年 5 月 23 日，菲律宾警方根据情报在马拉维市搜索恐怖组织阿布沙耶夫的头目伊斯尼隆·哈皮隆，后招致穆特组织、阿布沙耶夫等多个恐怖团伙大约 500 人的反击与围攻，这些恐怖力量一度占据市政府、市立监狱、一所医院、多座建筑物和两座大桥，焚烧了一所天主教堂和两所学校，并挟持人质，升起伊斯兰国（IS）国旗。马拉维市顿时陷入混乱，大批居民流离失所，战斗人员与平民伤亡不断。23 日晚远在俄罗斯的杜特尔特便宣布棉兰老岛实行戒严，可见马拉维的局势之危急已经远超出菲律宾政府所能掌控的程度。基于此次恐怖主义人员的复杂性、战事的破坏性，这次恐怖活动已不仅仅是菲律宾本国的社会动乱问题，而演变成一场地区性、国际性的恐怖袭击事件，引起了国际社会的高度关注，中国、美国、印度尼西亚、马来西亚等都对此施以援手，共同应对不断蔓延的恐怖主义。

### 2. 铁腕扫毒

据菲律宾禁毒署官方所发布的信息，自 2016 年 7 月菲律宾政府发动"扫毒战争"以来，截至 2017 年 12 月底，相关部门进行了 71578 次缉毒行动，拘捕了

112086 人，以及在交火期间击毙了 3993 人。126 万名涉毒者自首，其中 49994 人是未成年人士。男性 1172579 人，女性 87194 人，社会"犯罪指数"有明显下降。

即使政府扫毒行动造成数千人丧生，引发人权组织关切，根据最近一项民意调查，仍有近 90% 的菲国民众支持扫毒。民调机构"亚洲脉搏"2017 年 10 月公布的调查结果显示，发现有 88% 的受访者支持政府扫毒，2% 不支持，其余为无法决定。此外，根据菲律宾社会气象站 2017 年底关于扫毒中伤及无辜的民意调查结果显示，近一半菲律宾人认为，在反非法毒品运动中无辜的死亡是不可避免的。而菲政府对此表示，与毒品有关的谋杀并非国家批准，政府目标是将间接损失降到最低，杜特尔特政府仍致力于维护生命的权利，国家有继续调查、起诉和惩罚这些杀人凶手的义务。

## 四、民生与教育

盖洛普国际年度全球年终调查显示，菲律宾是仅次于斐济和哥伦比亚的世界上第三幸福的国家。菲律宾的幸福指数从 2016 年的 +79 上升到 2017 年的 +84，上升了 5 个点。菲律宾人对 2018 年大选前景的乐观情绪可以归功于菲律宾总统杜特尔特的领导，杜特尔特政府带来的"变化"对该国在全球幸福指数中的排名产生了积极影响。杜特尔特上台后，在培养和维护良好社会风气方面，采取了两项重要举措，第一个举措就是禁止在街上喝酒，第二个举措就是禁止在公共场所和公共交通工具中吸烟。此外，还有为了促进公民的知识建设，使他们能够积极参与到信息沟通时代，还实施了公共场所免费上网计划，以及为加强孕妇和哺乳期妇女的健康和营养等一系列利于民生的计划。

菲律宾社会气象站的调查结果反映出菲律宾的民生逐渐得到改善，其在 2017 年第一季度民意调查中显示，菲律宾成人中有大约 50% 的人自认为是穷人，比 2016 年的 44% 上涨了 6%。而到了 2017 年 12 月底，社会气象站 12 月 1 日发布的调查报告显示，第三季度的自认贫困人数比例为 47%，约有 1090 万家庭自定义为贫困家庭，比第一季度有所下降。

此外，在杜特尔特执政的第一年时间里，根据菲律宾警方统计显示，菲律宾全国犯罪案件减少了 61409 宗，犯罪率下降了 9.8%。但从案件性质分类来看，凶杀案发生率则增加了 22.5%。虽然 2017 年犯罪事件受害家庭有所减少，但大多数的民众依然对住家安全及街头治安有所担忧。

在教育方面，本年度的焦点在于菲律宾通过了国立大学学费减免的法案，这惠及了全国 112 所国立大学和学院的学生。2017 年 8 月菲律宾总统杜特尔特签署了国立大学与学院免学费的法案，尽管此前其经济团队对该法案有所保留，但杜特尔特要求国会为该法案提供必要拨款，以确保国立大学学生的学费和杂费。此外，同年9月，菲律宾免费大学教育基金设立完成。

### 五、执政满意度

杜特尔特上台后，由于其在执政过程中的各项举措，使得民意调查结果有所波动。根据2017年底的社会气象站（SWS）的调查，61%的菲律宾人更喜欢民主而不是独裁政府。菲律宾民众对该国民主制度的满意度下降了，在全国1200名受访者中，80%的人对国家的民主表示满意，比2016年9月最高的86%有所下降。

菲律宾民众对执政者杜特尔特总统的满意度一直以来在总体保持较高支持率。菲律宾总统杜特尔特在2017年第一季度保持了"优秀"的信任评级。3月25～28日进行的调查显示，80%的菲律宾人对总统"相当信任"。根据6月23～26日全国1200名受访者的投票，78%的受访者表示对总统的工作感到满意，12%的人表示不满意。杜特尔特的满意总体评分结果为66分，这是杜特尔特获得的最佳评级。与前几届政府前总统的满意度和信任度相比，杜特尔特总统做得很好。根据12月民意调查机构的数据，菲律宾总统杜特尔特的净满意度在2017年第四季度增加了10个百分点。

## 第六节 发展展望

政治方面，2018年菲律宾国内政治环境总体将会持续稳定状态，大家族掌控政治、大财团掌控经济的状况总体上仍然存在。杜特尔特政府的改革带来很多新的变化，但是要改变菲律宾当前的政治状况，需要政府持续性的铁腕改革来支持。目前，菲律宾政局以"弱小总统"为特点，因此个性鲜明的杜特尔特总统确实需要彻底的政治改革来增强国家机构的有效权力，从而实现其任期的政治抱负。

经济方面，随着杜特尔特政府推行的大规模基础设施建设项目及其他刺激经济增长措施的施行，对国际经济合作形势的乐观估计以及东盟一体化进程的不断推进，2018年菲律宾的经济基本面进一步向好。

外交方面，未来杜特尔特政府将继续奉行独立外交政策，继续与中国深化友好关系，与日本保持伙伴关系，与俄罗斯建立军事关系，与东盟各国延续同盟关系。菲律宾政府会尽力为菲律宾发展经济，完善基础设施建设，提高人民福利水平，创造最有利的外交环境。

国防安全方面，2018 年杜特尔特政府仍将承受国内恐怖主义和分裂主义的威胁，军事现代化的历程并非一蹴而就，因此必须寻求更多牢靠的军事多元化合作，才能将国防与外部安全环境隐患暂时镇压下去。杜特尔特政府的南海政策预计仍然是温和路线，会继续避开正面冲突。但是执政党面临的国内多重政治势力压迫，短期内只能依靠经济发展成果站稳脚跟，稳定政策。

社会文化方面，菲律宾随着人口的不断增加，就业和社会治安压力将增大。未来恐怖主义袭击威胁仍然存在。禁毒运动仍将持续，警方认为扫毒不能排除有流血事件发生，因此人权问题依然存在，可能还会遭到国外人权组织的质疑。此外，因其地理位置及气候因素，自然灾害也仍然会频繁发生，影响菲律宾国内的经济发展与居民安全。在对华态度的发展趋势上，随着中菲两国关系日渐交好，菲律宾社会对华友好态度将不断提升。

# 第八章　2016～2017 年新加坡国情报告[*]

2016～2017 年，新加坡在政治、经济、军事和文化等方面都出现了许多新的情况，在政治方面，现任总理李显龙家族内讧引起的政治风波引发世人关注；新加坡首位女总统上任也引人注目。在经济方面，新加坡对外公布了未来七大经济发展策略，这就为未来新加坡的发展规划了蓝图，同时，新加坡"智慧国"建设也取得了很大的进展。其制造业从 2017 年开始扭转颓势继而持续扩张，创造了经济翻身的奇迹。在国家安全方面，其采取了一系列的措施，使其加强了军事和国家安全的力量。在对外交上继续奉行"大国平衡"政策，在中国和美国之间保持平衡。在未来的几年内，新加坡将面临总理更换、经济按既定蓝图方向发展，但还将继续努力维护本国的外向型经济而同各国开展自由贸易的谈判。本章将就这些主要问题展开分析。

## 第一节　政治

### 一、新加坡总理李显龙家族内讧政治风波

2017 年 6 月 14 日，已逝新加坡国父李光耀的女儿李玮玲和小儿子李显扬，在社交网络上发表公开信，指责其大哥新加坡现任总理李显龙滥用职权处置李光耀故居。而李显龙则通过社交网络录制道歉视频，否认弟、妹对其的无端指责。李显龙家族的内部纷争通过社交平台的公开传播，一时间在新加坡国内掀起了哗

---

　　* 本章由陈才建负责撰写。陈才建，广西大学国际学院（中国—东盟研究院）新加坡研究所副所长、副研究员。

然大波①。

## 二、哈莉玛当选总统，新加坡建设多元种族社会

2017年9月13日，哈莉玛·雅各布顺利完成竞选提名程序，选举官宣布哈莉玛自动当选，于14日在总统府宣誓就职。哈莉玛由此成为新加坡历史上首位女总统，也是继首任总统尤索夫·依萨之后的第二位马来族总统。新加坡也步入建设一个多元种族社会的新里程碑，这便是保留总统选举制的实施。这将确保从今以后，新加坡一直会有不同种族的总统，作为多元种族社会的最高象征。②

任期6年的新加坡总统为象征性国家元首，只有无党派人士可以参加竞选，当选后须继续保持无党派立场，不能参与政治派别矛盾。2016年11月新加坡国会通过新加坡宪法修正案，修改民选总统制度，以确保少数族群有当选总统的机会。修改后的宪法规定：如果30年内即连续五届总统选举都没有某个族群的人当选总统，那么下一届总统选举的候选人自动保留给该族群参加竞选。

根据新加坡2016年修正的宪法规定，连续五届总统都没有某个种族的人担任，下一届的总统候选人自动留给某个种族。新加坡从1991年民选总统制度生效以来有4位民选总统：黄金辉（华族）、王鼎昌（华族）、两任总统纳丹（印度族）和2017年选举前总统陈庆炎（华族）。从中可以看出，新加坡连续五届没有马来族裔的总统。因此2017年的总统候选人需要从马来族人中选出。

申请2017年新加坡总统选举的参选人有五位：新加坡前总统（2011～2017年）陈庆炎和2011年总统候选人陈清木、现任国会议长哈莉玛（63岁）、新加坡第二房地产集团创办人兼总裁沙里马里肯（67岁）、新加坡波旁海事公司亚太区执行主席法立（61岁）。前两位由于他们的华人身份而失去参选资格。后三位均为马来族，但沙里马里肯和法立由于其在企业的股东权益不符合"私人企业家的企业股东权益至少须达5亿元"的总统候选人条件而失去了参选资格。因此，哈莉玛成为2017年新加坡总统选举的唯一获得合格证书和族群证书的候选人。这样，哈莉玛在没有对手的情况下不战而胜，成为新加坡第八任也是该国史上首位女总统。

哈莉玛·雅各布（Halimah Yacob），生于1954年8月23日，兄妹五个中排行最小，早年丧父，由母亲一手带大。1978年毕业于新加坡国立大学法律系，先后任职于全国职总，裕廊集选区国会议员，新加坡社会发展、青年与体育部政

---

① 新加坡第一家庭内讧　李显龙"王朝政治"野心暴露？［EB/OL］. 央视网，2017 – 06 – 16. http：//news. cctv. com/2017/06/16/ARTI50tdpXeL5t6MZJExMJN0170616. shtml.

② 哈莉玛当选我国第八位总统［EB/OL］. 联合早报，2017 – 09 – 13. http：//www. zaobao. com/real-time/singapore/story20170913 – 794961.

务部长，社会及家庭发展部政务部长等职，2013 年任国会议长。

新加坡的总统选举在一定程度上反映了新加坡的政治体制，一方面，体制确保由人民行动党执政；另一方面，也反映了新加坡的国情，新加坡是一个小国，对外采取"大国平衡外交政策"，对内采取"民族平衡策略"，以确保国家民族团结和社会稳定。

# 第二节　经济

## 一、新加坡公布未来七大经济发展策略

2017 年 2 月 9 日，新加坡财政部长王瑞杰领导的未来经济委员会正式发布报告，提出新加坡未来 10 年经济发展策略，希望通过三大途径、七大策略，新加坡可以实现每年 2%～3% 的经济增长。未来经济委员会所提出的七大战略包括：深化和开拓国际往来、掌握和善用精深技能、加强企业创新和扩大规模的能力、增强利用互联网发展业务的能力、打造充满活力与机遇的互联城市、落实产业转型蓝图等①。

1. 深化和开拓国际往来

该战略旨在以东盟为基础，通过 TPP 和区域全面经济伙伴关系等协议，倡导贸易自由化，寻求与全球合作伙伴的战略合作，使新加坡的经济与国际更加融合，以此克服因地域限制而影响经济发展的问题。在该战略的指引下，新加坡未来经济委员会建议：

（1）新加坡的高等学校和科研机构应积极主动与海外相应机构合作，在主要的技术创新领域和关键市场内形成"全球创新联盟"。使新加坡的年轻人视野更加开阔，并培养他们的创业精神，在新加坡的海外市场运作中应付自如。

（2）新加坡在以往的国际合作中，收益颇丰，如与印度尼西亚、印度、越南和中国的工业与商业园区都富有成效，因此，新加坡应继续探讨类似的海外合作机会，并与世界银行、亚洲开发银行，以及新的亚洲基础设施投资银行（AI-IB）携手探讨区域发展项目。

（3）新加坡有发展前景的企业领导将利用技能前程领袖培育计划接触优质海外任务。

---

① 新加坡发布未来经济报告：七大策略打造未来经济　中国科协创新战略研究院［J］. 创新研究报告，2018（4）.

（4）创建更多的海外学习计划，使新加坡的学生有更多的机会到海外浸濡，拓展视野，提高他们对全球市场的洞察力；也使更多的企业员工能到海外学习，增加他们对区域的认识。

2. **掌握和善用精深技能**

新加坡未来经济委员会认为，由于许多人受益匪浅，应该进一步升级始于2014 年末的"技能前程领袖培育计划"，对技能要学以致用，并实现终身学习。企业在雇用员工和培训人才方面也应注意往技能培训方向倾斜。

新加坡的技能创前程"加快培训专才计划"是行业培训计划，员工在上岗前便有机会在职或脱产在海外学习与行业相关的课程。而在科学、工程、技术和数学等领域的在职人员，则在该计划的实施下掌握诸如网络安全、数据科学等新技能。

在此战略的引导下，新加坡各行各业都出台相关的以掌握精深技能为目的的培训计划。而政府则继续通过提供培训津贴等措施，鼓励企业在雇用和考核员工时，注重技能的评价标准。同时员工转行和下岗再就业时提供相应的培训课程。此外，委员会也希望更多高等院校和培训机构推出单元化和网络课程，方便人们根据所需来选课进修；推出相关的网络培训平台，引导人们终身学习。

在实际行动方面，新加坡政府于 2017 年 5 月成立技能、创新与生产力理事会，以确保新加坡人有终身学习和运用知识与技能的能力。

3. **加强企业创新和扩大规模的能力**

随着竞争的日益白热化，企业如何提升自身能力变得至关重要。新加坡未来经济委员会建议，提升人力资源及管理能力，发挥员工的最大能动性；利用好《研究创新创业 2020 规划》，加大企业的创新能力；进一步扶持那些拥有增长潜力的企业，帮助它们实现规模扩大，走向国际市场。未来经济委员会将从三方面着手协助当地企业，特别是中小企业，提升自身创新和价值创造能力。这包括使推动创新普遍成为企业文化的重要部分、打造新加坡蓬勃的创新生态环境以及协助当地企业充分发挥新加坡品牌的优势，扩大规模和迈向国际。通过这些转变，为提升中小企业的创造力，让它们成为以创新为主的经济体的重要创新来源。

新加坡政府为此推出了一个 10 亿新元的创新基金，协助拥有强大知识产权的高增长企业，并利用新加坡作为基地，把产品和服务推广到全球市场。新加坡知识产权局也会协助扩大新加坡知识产权专业人才，从目前的约 500 人，在接下来 5 年增加 1 倍至 1000 人。此外，知识产权局还会同新加坡工商联合总会（SBF）合作，协助总会的 25000 家企业加深对知识产权的认识，利用知识产权提高市场竞争力。这个创新基金预计将投资 10～15 家高增长潜能、具备高竞争力技术的创新企业，包括新加坡企业在内。每家企业的投资额介于 3000 万新元和1亿5000万新元。这些企业可利用新加坡的知识产权生态系统，加强它们的价值创造，并扩大至全球市场。通过这种"来自新加坡或通过新加坡"的方式，该基金也会帮助新加坡成为把点子变成资产和收入的理想地点。预计这些新措施在接下来五年为新加坡经济带来至少15亿新元的价值，并加强新加坡知识产权生态系统，激发企业进一步创新。

新加坡知识产权局还把工作重点转移到将知识产权商品化，让企业更有策略地利用知识产权，达到增长和扩大规模，以及以新加坡作为跳板进入全球市场的目的。

4. 增强利用互联网发展业务的能力

互联网既为已有产业带来转型的契机，又不断衍生新的产业。新加坡以智慧国家愿景为基础，将利用好由数字经济带来的经济发展机会，提高整个经济产业领域内的数字技术的应用程度。新加坡互联网普及率达80%，并且以118.8Mbps的平均宽带速度处于亚太地区领先，在移动网络方面，3G或者4G使用率达106%，移动网速16.2Mbps。新加坡拥有2家固网运营商、3家移动运营商、87家互联网接入服务商和300多家语音增值服务提供商。激烈的市场竞争为新加坡带来了便宜的电信资费和高速率。新加坡拥有东南亚最成熟的支付基础设施和亚洲最好的物流体系和供应链。

随着整个东南亚互联网发展步伐的加快，越来越多的海外投资将目光转向新加坡。硅谷创投巨擘红杉资本开始从新加坡直接对东南亚进行投资，这家公司投资了移动交易平台 Carousell 和房地产搜索网站 99.co 等几家当地公司；日本电商巨头乐天和中国的阿里巴巴等亚洲企业也不甘落后，纷纷进入新加坡市场。据统计，2014年，新加坡有62家移动、网络、软件领域的创业公司获得了来自73家投资机构共6034万美金的投资。从2015年开始，新加坡就有越来越多的创业公司获得千万美金甚至亿万美金的融资。

在"增强利用互联网发展业务的能力"的战略下，新加坡政府非常注重网络安全的建设。为确保重要基础设施不遭受电脑病毒或网络恐怖活动的侵袭，新加坡政府制订了"通信信息安全总计划"，决定今后3年投入3800万新元（1新元约合0.63美元），通过五大措施来加强网络安全。这些措施包括对易受攻击的国家基础设施的信息传递开展重点研究、加强安全科技的研发工作等。[①]

5. 打造充满活力与机遇的互联城市

在全球联系高度紧密的今天，新加坡的繁荣与自身对外的吸引力及创造机会的能力紧密相关。城市必须与外部形成良好的联系，在内部拥有充分的空间使其

---

① 新加坡积极加强互联网管理［EB/OL］.新华网，2006-05-21. http：//news. sina. com. cn/o/ 2006-05-21/12508984056s. shtml.

成长和更新。新加坡政府将持续投资基础设施，促进新加坡与其他国家的国际往来。持续大胆地进行城市规划，保持城市的发展和城市更新。建立合作关系打造一个充满活力的城市，并将新加坡打造成创新城市解决方案的生活实验室，帮助新加坡企业发展可出口的能力，抓住区域发展的机遇。

新加坡未来经济委员会提出以促进多方合作为核心的新型城市规划模式，将新加坡打造成一座迸发创新活力、宜居宜业的家园。这有助于吸引和留住国内外人才，同时带动社会和经济蓬勃发展。它还指出，新加坡在高度互联互通的世界中能否保持繁荣，取决于其创造机遇的能力。"因此我们的城市必须以连接全球、提供增长机遇的方式进行规划。我们应追求新颖创新的方式组织这座城市，加强新加坡的活力与互联互通，并提前做好正确的基础设施投资。"

为此，委员会建议：

（1）政府放宽土地用途限制，并大胆创造新空间，包括在现有建筑物上方进行建设；以及加快制定详细的地下发展总蓝图，兴建更多的地下基础设施，例如，把巴士转换站和变电站移至地底，腾出地面空间做其他用途。

（2）制定一套全国性的城市物流系统，整合零散的运输订单，舒缓交通堵塞，更有效地利用有限的土地，促进物流业、零售业和电子商务等领域的发展。

（3）在全岛各处设置寄放包裹的储物柜。委员会指出，短期目标应是在裕廊创新区等新工业区，落实这种物流新网络，未来再将区域物流网络扩大至全国。

6. 落实产业转型蓝图

新加坡产业转型蓝图（Industry Transformation Map），是新加坡政府 2016 年财政预算案推出的 45 亿新元产业转型计划（Industry Transformation Programme）的一部分，政府为 23 个工商领域制定蓝图，占新加坡经济构成的近 80%，并协助企业提高生产力、投资技能、推动创新和走向国际化。所有产业转型蓝图的推行工作都由新加坡技能、创新与生产力理事会负责，理事会旗下的六个小组将负责不同产业组合。政府会加强蓝图的四大支柱，即协助企业提高生产力、提升技能、推动创新，并走向国际。[①]

多个产业蓝图描述了发展目标及具体策略：能源与化学业的产业转型蓝图，确保该行业能抓紧在亚洲崛起，以及新兴行业和制造业发展所带来的机遇；金融业产业转型蓝图，便于新加坡巩固在全球财富管理和外汇交易方面的领先地

---

① 每个经济领域设立小组　新加坡政府将为逾 20 行业制定转型蓝图［EB/OL］. 联合早报，2016 - 03 - 29. http://www.65singapore.com/news/sinnews/44887.html.

位①；电子业转型蓝图协助当地电子制造业者通过使用自动化机械提高生产效率，以及采用高科技制造业技术，推动电子业发展；建筑业产业转型蓝图促进新加坡减少建筑业对外籍劳工的依赖、推动建筑公司采取更多尖端科技以提高生产力和增强合作；医疗保健行业转型蓝图吸引更多当地人加入医疗护理行业，壮大医疗工作队伍，同时结合创新科技和私人业者合作，更好地应对未来的医疗挑战；物流业产业转型蓝图让新加坡物流业通过转型，在应付行业面对的土地局限、就业增长放缓、区域竞争加剧等挑战的同时，也掌握新的增长机遇。每一个产业转型蓝图的构成都会纳入商会与商团、工会与企业的想法，以便推行蓝图时更好地得到它们的支持与响应，目前新加坡各个商团与商会正在如火如荼地推行与落实已出台的产业转型蓝图。②

产业转型蓝图最终有赖于企业本身积极转型和提高能力。政府的工作是协助企业，而不是帮企业经营业务。为了支持产业转型蓝图和加强各政府部门间的协调，政府将为每个经济领域设立小组团队，包括来自经济发展局、标新局、新加坡国际企业发展局、新加坡科技研究局和新加坡劳动力发展局等部门的职员。他们将扮演"行业领袖"的角色，领头发展各行业的增长和转型蓝图。

7. 相互合作实现创新与增长

新加坡几十年的经济建设成就表明，与国际社会合作，不断地创新，才是经济发展的原动力。近年来，新加坡在国际合作方面颇受打击，在反全球化和贸易保护主义的影响下，双边及多边关系面临着重重阻碍。多哈回合贸易谈判原本是要在全球扫除贸易障碍以达到自由贸易的目标。然而，这个全球贸易谈判最终以流产告终。自美国总统特朗普上台后，宣布退出《跨太平洋伙伴关系协定》，使新加坡这个对外依存度很高的小国面临着发展的困境。因此，新加坡除了继续努力开展双边和多边国际合作外，必须通过创新与科技提高生产力，来促进经济的发展。毕竟创新可以增强合作的互补性，目标较具体及明确，而效果的可见度也较高。

创新领域的合作有助于新加坡继续与发达经济体维持联系，也有助于新加坡拓展外交的空间。为此，新加坡政府成立了"全球创新联盟"，协助本地科技创业公司发掘进军海外市场的机会，并撮合外国企业与本地合作伙伴。不少跨国企业在新加坡设立了研发中心。如澳大利亚贸易委员会在纬壹科技城设立"创新基地"，以协助本地创业者与澳洲同业开展更紧密的合作关系。新加坡和法国在创

---

① 新加坡发布金融业产业转型蓝图［EB/OL］. 中企联合网，2017 – 11 – 06. http：//www. sce-cea. org/show – 398 – 172435 – 1. html.

② 新加坡须加快落实产业转型蓝图［EB/OL］. 联合早报，2018 – 02 – 01. http：//www. ccpit. org/Contents/Channel_ 4013/2018/0201/959614/content_ 959614. htm.

新领域的全方位合作，进一步加强了新加坡的创新生态环境。

## 二、新加坡制造业扭转颓势持续扩张

由于新型科技产品普及化，带动晶片和电子产品需求增长，从 2017 年 9 月开始，新加坡制造业扭转连续 14 个月萎缩的颓势，制造业保持连续 15 个月扩张。11 月采购经理指数（PMI）上升至 52.9 点，创下 8 年来新高。制造业扩张趋势或预计持续至 2018 年底。到底是什么原因促使新加坡的制造业迅速扭转局面？我们可以从以下几个方面进行分析。

1. 新加坡宏观经济现状

新加坡经济自 2013 年以来，GDP 增速一直下降，从 5.0% 下降到 2015 年的 1.9%，2016 年稍微有所提升，达 2.0%（见表 8 - 1）。其他指标还好，如 2% 左右的低失业率，呈现正值的 CPI，没有通货膨胀或者通货紧缩的压力，PMI 在增长，无内债和外债的担忧，也没有不可控的系统风险，政府进行经济调控的许多政策和方法都还没有使用。从企业层面看，他们对新加坡的经济发展趋势持谨慎态度，普通老百姓的消费也趋于保守。新加坡的宏观经济总体上来说是处于稳健的增长。2018 年 1 月 2 日，新加坡贸易和工业部公布了相关数据，2017 年其 GDP 同比增长 3.1%，超过了以前的预计。

表 8 - 1 近期新加坡主要经济指标

| 项目 | 单位 | 2013 年 | 2014 年 | 2015 年 | 2016 年 | 2017 年 1～3 月 |
|---|---|---|---|---|---|---|
| GDP | 亿美元 | 3025 | 3081 | 2968 | 2970 | — |
| GDP 增长率 | % | 5.0 | 3.6 | 1.9 | 2.0 | 2.5 |
| 人均 GDP | 美元 | 56029 | 56337 | 53630 | 52962 | — |

资料来源：新加坡统计局。

2. 新加坡制造业构成

根据联合国相关机构的数据，新加坡的第二产业的产值占其 GDP 比重约 27%，与日本和德国持平，高于占比达 20% 的美国、英国和法国，但低于占比达 45% 的中国和 60% 的沙特阿拉伯。与一些城市比，大于占比约 10% 的伦敦、东京、巴黎、纽约和占比约 20% 的北京。

第二产业包括建筑业、采矿业、制造业和公用事业四大部分。具体到本章要重点探讨的制造业占 GDP 比重，2011 年，中国的比重为 30.6%，2010 年美国、日本、德国的比重依次为 13.2%、19.5%、20.9%，中国香港的占比只有 1% 左右，但新加坡的制造业对 GDP 的占比为 20.4%，高于美国，和日本、德国不相上下。根据新加坡贸工部数据显示,新加坡 2015 年制造业约占其国内生产总值 4020 亿新元的 20%。新加坡制造业主要包括:电子工业、石化工业、精密工程业、生物医药业、海事工程业。其中,电子工业、生物医药业、石化工业在制造业中占比较高,分别占 2015 年制造业总产值的 26.7%、19.9% 和 14.8%。

新加坡 2015 年世界《财富》500 强企业中,有两家企业榜上有名,其中一家就是排名第 453 的全球著名的电子专业制造服务供应商伟创力集团,其总部设在新加坡,业务包括通信工程、手机电路板设计、物流和汽车配件制造等。①

3. 新加坡主要制造业分析

(1)石化工业。虽然新加坡自然资源短缺,但是其独特的地理位置使之成为世界航运的交通枢纽,这既方便了它利用世界主要产油国的石油资源和原材料来发展自己的石化工业,也方便了它建设规模庞大的炼油基地,以便将炼好的成品油运送到世界各地,目前新加坡已经成为世界上第三大炼油中心。而该地位的确立使许多世界著名的石化公司前往新加坡投资,如美国的埃克森美孚、日本的三井化学和住友化学公司、荷兰的壳牌、法国的雪佛龙—德士古石油公司,以及中国的中石油和中石化。其主要的石化基地位于裕廊工业区,该基地拥有完善的物流服务和专业化程度很高的基础设施。

新加坡的化学工业总产值在 2013 年达到 971.1 亿新元,占制造业总产值的 33.4%;就业人数 2.49 万人,占制造业就业人数的 6%;增加值为 39.8 亿新元,占制造业增加值的 6.9%。新加坡虽然滴油不产,却是亚洲石油定价中心,原因就在于新加坡是唯一具备金融中心与炼油中心双中心的亚洲城市。连伊朗这个世界产油大国的成品油都从新加坡进口。新加坡拥有三个世界最大炼油厂之一的炼油基地,其年炼油量可达 1 亿吨。该基地的乙烯年产量可达到中国的 1/3。而氯丁橡胶产量却比中国还多。中国还需要从新加坡进口氯丁橡胶。

(2)电子工业。电子工业是新加坡传统支柱产业之一,新加坡是世界第二大半导体生产中心,仅次于中国台湾的新竹,其知名企业新加坡特许半导体是全球第三大半导体公司,其著名的企业伟创力是世界五百强。2013 年电子工业的总产值是 808.6 亿新元,占制造业总产值的 27.8%;就业人数 7.64 万人,占制造业就业人数的 18.4%;增加值 174.7 亿新元,占制造业增加值的 30.3%。主要产品有:计算机外部设备、半导体、数据存储设备、电信及消费电子产品等,硬盘的产量曾占全球产量的三分之一。

(3)生物医药业。新加坡是亚洲的生物医药中心,生物医药是新加坡需要重点培育的战略性新兴产业,2013 年总产值 236.8 亿新元,占制造业总产值的

---

① 广州 GDP 赶超新加坡,一次对标的契机 [EB/OL]. 南方网,2016 - 01 - 14. http://epaper. southcn. com/nfdaily/html/2016 - 01/14/content_ 7508756. htm.

8.2%；就业人数 1.67 万人，占制造业就业人数的 4%；增加值 117.9 亿新元，占制造业增加值的 20.5%。全球医药巨头、世界顶级的制药公司均在新加坡建立投资数亿美元的大型工厂。新加坡的生物医药工业园主要有大士生物医药园和启奥生物医药研究园。

（4）交通运输设备业。2013 年新加坡交通运输设备业生产总值 321.7 亿新元，占制造业总值的 11.1%；就业人数 11.14 万人，占制造业就业人数的 26.8%；增加值 97.7 亿新元，占制造业增加值的 16.9%。新加坡岸外海事工程的主要供应商和建造商是吉宝集团（Keppel Group）和胜科海事（Sembcorp Marine）。新加坡还占据了全球钻井平台行业 70% 的市场份额，与钻油船占世界主导地位的韩国共同站在海上钻油业设备制造的前列。

以上四个新加坡的主要制造业的占比可以通过表 8 - 2 来表示。

表 8 - 2　2013 年新加坡主要制造行业对制造业总值的占比

| 制造行业 | 行业总产值（亿新元） | 占制造业总值比例（%） | 行业增加值（亿新元） | 占制造业增加值比例（%） | 就业人数（万人） | 占制造业就业人数的比例（%） |
|---|---|---|---|---|---|---|
| 石化工业 | 971.1 | 33.4 | 39.8 | 6.9 | 2.49 | 6 |
| 电子工业 | 808.6 | 27.8 | 174.7 | 30.3 | 7.64 | 18.4 |
| 生物医药业 | 236.8 | 8.2 | 117.9 | 20.5 | 1.67 | 4 |
| 交通运输设备业 | 321.7 | 11.1 | 97.7 | 16.9 | 11.14 | 26.8 |
| 其他 | 565.1 | 19.5 | 146.1 | 25.4 | 18.6 | 44.8 |
| 总计 | 2898.2 | 100 | 575.1 | 100 | 41.5 | 100 |

资料来源：作者根据新加坡统计局数据整理。

此外，新加坡还具有先进的航空发动机制造业。新加坡年产 250 台，用于 A380 和 B787 飞机。新科宇航公司在新加坡和苏州生产，并且是全球最大的飞机维修企业，其入驻上海使中国终结了大飞机必须出国维修的尴尬历史，双方联合研制了 EC120 直升机，在夭折的中国大飞机 AE100 项目中占股 15%，并改装了多款欧美飞机。新加坡发射过国产卫星，未来 2 年将送宇航员进入太空，宇航工业已获国家战略支持。

新加坡还是世界上航空发动机的先进制造基地，空客 A380 和波音 B787 所使用的 RD900 和 RD1000 航空发动机也在新加坡制造，年产量达 250 台。新加坡著名企业新科宇航公司生产航空发动机机身、叶片、起落架等部件，而且是世界最大的飞机维修公司，并在中国的上海设立了分厂，使中国大飞机的维修实现本土化。

## 三、稳步推进"智慧国"建设

早在 2006 年，新加坡便已提出了"智慧国"的概念，并从国家层面推出了"智慧国家 2025"的发展计划。通过采取"政府主导、企业参与"的模式，新加坡政府解决了"智慧国"建设资金短缺、用户需求匮乏、企业动力不足的难题。同时随着信息技术的推广和发展，民众的生活工作变得更为便捷，实现了新加坡整体科技领域的"倍增效应"。①

1. 新加坡建设"智慧国"的提出

新加坡政府在 2006 年公布的"智能城市 2015"中的目标至今已全部实现，如通信业的产值达到 260 亿新加坡元，比 2006 年翻了一番；行业出口收入达 600 亿新加坡元，比 2006 年增长 3 倍；新增就业岗位 8 万个；90% 的家庭能使用上宽带；全部儿童家庭都拥有电脑等。有些目标还超额完成了。于是，新加坡政府在 2014 年又提出了"智慧国家 2025"的规划。这是在"智能城市 2015"计划的基础上的升级版。"智能"与"智慧"虽然只一字之差，但差别还是有实质性的。"智能"注重用智能机器替代人的劳动，使人从繁重的劳动中解放出来，而"智慧"侧重在广泛应用信息技术，以共享数据的方式，尽力发挥人的智慧，使决策更为合理、科学。利用科学技术实现改善人民生活质量，使人人都有实现自我价值的机会。②

新加坡是根据其贴合实际的理念提出"智慧国"计划的。首先全新的技术在新加坡发展迅速，微信、淘宝、支付宝、滴滴出行等新鲜事物已经进入人们的日常生活。高新科技不仅改变生活场景，根据世界经济论坛预测，2015～2020 年将有 35% 的工作因为高新科技的改变而改变，如许多人的工作会被机器人所替代。因此，在这轮科技革命浪潮面前，新加坡提前做好准备，以应对科技的快速发展。新加坡总理公署智慧国咨询与行政办公室主任 Tan Kok Yam 就对智慧国的概念提出了"三是三不是"：城市是创新的促成者、技术的使用者，也是创新的输出者，不是政府项目的纯粹组合，不会有最终状态，不是技术专家和极客的个人爱好，在不断加速的变革面前，智慧国需要拥有持续改变的能力。③

智慧国计划的主要内容可以用以下三个 C 来概括：收集（Collect）、连接

① 新加坡推出"智慧国家 2025"计划［EB/OL］. 人民网，2014 - 08 - 19. http：//world. people. com. cn/n/2014/0819/c1002 - 25490518. html.

② 新加坡"智慧国家 2025"计划发布，欲成为全球首个智慧国［EB/OL］. 车云网，2014 - 09 - 11. http：//www. cheyun. com/content/4978.

③ 深圳新闻网. 前海创新研究院：解析新加坡"智慧国"主题活动［EB/OL］. ［2017 - 03 - 15］. http：//iqianhai. sznews. com/content/2017 - 03/15/content_ 15667523. htm.

（Connect）和理解（Comprehend）。智慧国平台目前已经完成了"连接"和"收集"两个核心内容。"连接"的目的是建立先进的全国的通信基础设施，并使其具有高速、安全、经济的特点。"收集"的目的是通过通信基础设施中的传感器网络获取更理想的实时数据，然后对其中所需要的数据进行管理、匿名保护和适当的分享。"理解"是指通过收集来的实时数据进行分析，面向大众设立有效共享机制，使之更准确地预测人们的需要，以便提供更好的服务。

2. 新加坡"智慧国"建设的目标

新加坡"智慧2025"是全球首个智慧国家蓝图。作为"智能城市2015"计划各项目标全部提前或超额完成基础上发布的智慧城市升级版，"智慧2025"强调要通过数据共享等方式，尽力发挥人的主观能动性，帮助人实现更为科学的决策。

新加坡"智慧国家"将通过建设覆盖全岛的数据收集、连接和分析基础设施的平台，根据所获数据预测公民需求，以提供更好的公共服务。平台建设的重点则在于信息的整合，以及在此基础上更具备前瞻性的政府政策执行，除了通过技术来收集信息，更关键在于利用这些信息来更好地服务人民。总蓝图是希望借着大学、一个个管理机构、小型的初创公司、大企业还有政府一起携手进行，让新加坡成为全球第一个智慧国家。未来政府近98%的公共服务通过在线方式提供，民众享受一站式服务及拥有免费的高速无线网，走在城市中随处可以用上优质无线网络等。①

新加坡智慧国家计划主要由政府策划推动，并以法律保障体系、坚实的产业支撑和充足的人力资源来配合，通过政府与产业合作的形式实现这些目标。

3. 新加坡2017年"智慧国"建设实施的进展

为实现"智慧国"的目标，新加坡政府前期投入了40亿新币用于规划项目的初期建设，主要包括建立超高速、广覆盖、智能化、安全可靠的信息基础设施，以满足个人和企业用户对高速带宽、移动性、隐秘性、安全性、可承受价格的要求，为经济增长和社会发展打好基础。新加坡政府希望借助信息通信技术把自己打造成为一个更加智能化的创新国度，从而提高国家的核心竞争力。

2017年5月1日，新加坡总理公署成立智慧国及数码政府工作团，该机构将隶属于总理公署，致力于推动该国"智慧国"建设。该团的职责包括运用数字和智能技术改善公众生活，密切与相关机构、企业和公众的合作；发展孵化智能技术平台，推动企业和公众创新；加强政府信息通信技术基础设施建设，推动公

① 新加坡推进"智慧国"建设［EB/OL］. 求是网，2015 – 05 – 05. http：//www. qstheory. cn/international/2015 – 05/05/c_ 1115180556. htm.

共服务数字化转型。①

具体来看，"智慧国"计划实施 3 年中有不少已经成功应用的系统，具体包括如下几个：

第一，就是城市微气候多理综合模拟（Urban Microclimate Multi - Physics Integrated Simulation），其通过收集微观气候条件数据，如风力风向、温度、日照等，加以分析后建立 3D 城镇模型用于建立智能城镇。

第二，是可应用在智能交通和移动场景的绿色行人交通系统，主要为长者和残疾人士服务，持长者或残疾人交通卡人士只要在斑马线旁的设备上刷卡，即可启动该系统延长过马路的时间。在智能医疗领域，中风患者电子复健系统是一个亮点。

第三，新加坡已经采用"大数据沙盒"（Sand Box）的方式对技术进行实际环境应用监测并逐步引导成熟技术最终进入社会实境。"大数据沙盒"的关键就是云计算。为此，新加坡政府已经与阿里云达成合作。

第四，是"超链接建筑"。建筑是产生人口数据最重要的来源，也是数据与日常生活融合最深入的场景，当然更重要的是建筑与安全息息相关。为此，新加坡的大数据治国理念将渗透几乎所有的建筑，通过让建筑实现超链接，把人的各种活动数据化，进而采集全面而丰富的社会数据，为各种措施应对提供参考。

就具体的项目来说，新加坡 2017 年有了首个智能巴士站。这个位于 Plaza Singapura 外的智能巴士站不仅装有节能冷气系统（等巴士不用再流汗了），也有净化器过滤车站周围空气中多达 90% 的有害物质（包括 PM2.5 颗粒）。

新加坡投入巨资用于加快城市陆路交通立体网络建设，又通过引进先进技术来改造交通指挥和通信系统，从而实现交通的智能化，居民随时可以通过移动网络终端方便快捷地查询、咨询、预定相关事项。新加坡公共交通运营商 SMRT 和 2getthere 公司还合作推出了无人驾驶舱。②

新加坡国立大学教育学院，专门成立了一个项目来承担探索新加坡未来智能化教育的任务，该项目名称为"未来教室 3.0"，它通过融合多种智能化技术，使得新技术融合的研发能力与教学框架基础上的课程相互促进。

此外，2017 年新加坡还建成了远程医疗、智慧旅游和"创新领先型电子政府"，给新加坡人民的工作和生活带来了极大的便利。③

---

① 新加坡将成立智慧国及数码政府工作团［EB/OL］. 新华网，201 - 03 - 20. http：//www. xinhuanet. com//world/2017 - 03/20/c_ 1120661975. htm.

② 从新加坡"智慧国 2025"看大数据治国［EB/OL］. 通信世界全媒体，2017 - 09 - 05. http：//www. cww. net. cn/article？ id = 415454.

③ 听说新加坡又拿了个"第一"！［EB/OL］. 欣凌传媒，2018 - 03 - 04. https：//baijiahao. baidu. com/s？ id = 1594839314974559842&wfr = spider&for = pc.

# 第三节 国家安全（海军的战略作用）

　　新加坡位于马六甲海峡南端的战略位置，让新加坡成为国际海运航线的枢纽。确保航道的安全和自由，无疑越来越成为新加坡重大的国家利益；海军的战略作用自然就变得显著。海军也通过参与国际联合行动，访问他国军港或举行联合演习，在提高国家能见度的同时，肩负起促进和其他国家军事关系的使命，成为小国外交的重要手段。2017 年 5 月庆祝新加坡海军成立 50 周年的大型海事检阅大会上，一共有 44 个国家派遣军事代表团及 23 艘各型军舰参与海事检阅。2017 年 11 月，新加坡国防部长黄永宏到访印度，与印度国防部长尼尔马拉·西塔拉曼举行会谈。据报道，双方签署"双边海军协议"，印度将为新加坡提供海军训练和后勤保障，其中将包括在安达曼群岛的实弹射击训练。1 年之内，新加坡海军动作不断，加上其海上的重要地理位置，我们有必要了解新加坡海军的战略作用。①

## 一、新加坡海军简史

　　1965 年 8 月 9 日，新加坡由马来西亚正式分离而独立，并加入了英联邦。1966 年 1 月 22 日，新加坡志愿部队海事分队改名为新加坡志愿海军部队。1968 年，海上防卫司令部改名为海事指挥部（Maritime Command，MC），即现在新加坡共和国海军部队的前身。此后海事指挥部立志于扩大海军部队的规模以更有效地防卫新加坡海域。

　　1975 年 4 月 1 日，海事司令部正式改名为新加坡共和国海军部队，随后新加坡武装部队正式确立海陆空三军分立。②

## 二、新加坡海军力量

　　新加坡共和国海军部队由新加坡海军司令领导，现任海军司令为戴荣利（Ronnie Tay）海军少将。新加坡海军总共分为 5 个指挥部，分别是后勤指挥部，舰队指挥部，海岸防卫指挥部，蛙人部队指挥部和训练指挥部。

---

　　① 新加坡印度签海军协议背后："东进"与"大国平衡"不谋而合 [EB/OL]．澎湃新闻，2017 - 12 - 02．https：//baijiahao．baidu．com/s？id = 1585628586125500653&wfr = spider&for = pc.

　　② 新加坡共和国海军部队 [EB/OL]．百度百科，https：//baike．baidu．com/item/新加坡共和国海军部队/7077883？fr = aladdin.

新加坡海军舰队根据舰艇类型被划分成 2 个分舰队和 1 个潜艇中队。第 1 分舰队包括 3 个中队，分别为 6 艘 "胜利" 级轻型导弹护卫舰、6 艘改进型 "海狼" 级导弹艇、6 艘 "无恐" 级反潜巡逻船。这些战舰都装备有对抗水下、水面及空中威胁的先进武器和传感器系统，代表了新加坡海军主要的海上打击资源，可执行多维海上作战及海上打击任务。在实施联合一体化作战时，新加坡空军的 "福克－50" 型海上巡逻机和战斗机将极大地增强第 1 分舰队的作战能力。

第 3 分舰队是新海军的支援力量，主要由特种船只构成，包括 4 艘自行建造的 "坚韧" 级坦克登陆舰及吨位更小的一系列船只，如快速效用艇、运送装备及人员快艇等。这些船只使得部队可以从新加坡国内或国外的训练区域迅速转移。

新加坡海军的第 171 潜艇中队由瑞典制造的 4 艘 "征服者" 级潜艇和法国制造的 6 艘 "威严" 级护卫舰组成。这 6 艘护卫舰的主要参数为：长 110 米，型宽 16 米，排水量 3200 吨，航速超过 25 节，航程 4000 海里，可容纳一架中型直升机。它采用隐身设计和最新的设计和建造技术，装备有现代化的武器和传感器系统，具有很高的自动化程度。它们的入役大大提高了新加坡海军的海防能力。

受益于高度发达的国民经济和充足的国防经费，新加坡海军的新式装备研制和部署都处于领先地位。

## 三、新加坡海军基地

### 1. 布拉尼海军基地

布拉尼海军基地（Brani Naval Base，BNB）是新加坡海军的第一座基地，已经由大士基地和樟宜基地接替其职能并在 2000 年正式关闭。现在新加坡武装警察部队和海岸警卫部队接管了布拉尼基地并将指挥部设立在基地中。

### 2. 大士海军基地

大士海军基地（Tuas Naval Base，TNB）是新加坡海军的第二座基地，位于新加坡西部，占地 0.28 平方千米。该基地于 1994 年 9 月 2 日正式开放。经过了空间优化分配之后，尽管大士基地仅占用 850 米的海岸，但停泊空间却达到了布拉尼基地的 2.5 倍。而且由于大量的自动化设备投入大士海军基地使用，该基地节省了大量的人力，比如机械化装卸系统，自动化后勤补充系统及自动舰船检索系统。大士基地还有一座浮动船坞可以停靠，并运送 600 吨的战舰以进行修理和维护。

### 3. 樟宜海军基地

樟宜海军基地（Changi Naval Base，CNB）是新加坡海军的第三座基地，用于替代布拉尼基地。樟宜基地位于新加坡东端，占地 1.28 平方千米，于 2004 年 5 月 21 日正式投入使用。

樟宜基地中拥有6.2千米长的泊位，可以停靠一艘大型航空母舰。樟宜基地经常用于停靠美国海军的航母以及其他来访和路过的船只。

经过几年的扩建改造，樟宜海军基地已成为深水良港，可供包括航空母舰、巡洋舰等在内的大型舰艇编队进泊，并且配有功能先进的自动储存仓库和自动监视系统。同时，樟宜新基地还建有罕见的全自动地下弹药库。这个采用最新科技建成的弹药库深入地下达6米，能够贮藏包括大型"鱼叉"导弹在内的各种弹药，而且弹药的藏贮和搬运均由先进的自动化系统处理。根据新美签订的协议，樟宜海军基地内港由新海军使用，外港可容纳美军航母等大型船只靠泊，并为美军第7舰队及其他过往船只提供后勤补给和维修服务。樟宜建立基地大大拓展了美海军第7舰队的控制范围。从这里出发，美海军舰队可以在24小时内穿过马六甲海峡，进入印度洋、阿拉伯海到达海湾地区；向东则可以直接进入南海海域。此外，美军还以樟宜基地向周边东南亚国家辐射，通过签署军事合作协议，获得了在这些国家的基地和港口停泊军舰、起降飞机的权利。一个以樟宜为中心的新的美军基地群无疑将对东南亚的战略形势带来深远的影响。

## 四、新加坡海军在国家安全方面的战略作用

地处马六甲海峡要隘的城市国家——新加坡完全以海洋为命脉，其开放型经济严重依赖航运贸易的畅通，新加坡的贸易占国内生产总值的比率是全世界最高的。贸易行为历史上一直是，未来也将持续是这个国家经济健康的来源。由于地理位置的特殊性，新加坡共拥有大约400条海上航线，通向全球700多个港口，每个月平均有12000艘船舶停靠新加坡港，占整个世界转载出口量的30％，这使得新加坡成为世界上最大的转载中心。马六甲海峡、新加坡海峡及南中国海是将太平洋和印度洋联系在一起的主要水路通道。所以，海上交通线不光是本地区的，实际上也是全球的"主动脉"。新加坡共和国海军敏锐地意识到了不受阻拦地通过这些水域的战略重要性，以及在国际海域和国际航线自由通过的必要性。①

1. 和平时期

新加坡共和国海军在和平时期有义务为新加坡提供来自海上的防御，并且确保新加坡海上交通线的保险和安全。海军在新加坡海峡执行范围广泛的、定期的侦察巡逻任务，并且在海岸设施保护、打击海上抢劫行为、阻止非法移民等领域与其他政府机构如海上和港口管理局、警察海岸警卫队密切协同。新加坡海军还同众多的海上机构一道在新加坡海域实施相应的、综合的计划来对付可能的恐怖分子威胁。

---

① 新加坡海军简介［EB/OL］.2015－08－30.http：//blog.sina.com.cn/s/blog_ 4d9bb4a10102 vnnw. html.

新加坡海军支持国家的利益，并通过保持高等级的作战戒备及提供广泛的作战能力对新加坡的威慑及外交政策贡献力量。特别是就该地区面临的主要不确定性环境，新海军不得不时刻准备从事和平时期应急行动以保卫新加坡及其市民的安全和利益。新加坡海军将参加并对本地区国家的人道主义灾难救援行动、和平支援行动及社会公民行为做出贡献。

　　新加坡海军还利用自身独特的贡献及天生的多职能性积极主动地推进地区防务关系的发展。另外，通过与本地区及以外的海军进行联系和交流，它对促进和加强双边、多边防务协作关系、建立信心措施做出了很大的贡献，通过与现在和新的合作伙伴的接触、保持网络化的海上关系，它还提升了本地区和平与稳定的基础。

　　2. 战争期间

　　战争期间，海军的主要任务包括确保新加坡领海的完整、阻止对关键海上交通线的破坏、打击敌方海上部队。新加坡海军战争时期可作为执行所有战时任务的平衡力量。

　　在近期和中期，塑造地区前景的力量仍保持有力和不确定的态势。新加坡处在本地区的心脏地带，与地区、全球安全和经济的网络联系更加紧密，因此它受这种不稳定性的冲击将会更深远。就本地区的不稳定性和海上状态来讲，新加坡海军将在国家的未来中扮演一个关键的角色。海上领域的开发利用将有助于新加坡的战略和作战空间在和平时期、危机、战时的进一步扩展。新加坡海军现有及未来的资源和能力将允许其顺利完成各种角色所赋予的任务，范围从海军外交、建立信心行动到和平支援行动、和平应急行动及战争等。①

# 第四节　外交

## 一、新中关系拨开云雾

　　经历2016年新中关系的遇冷，2017年新中关系有所回暖。新加坡外交部部长维文和副总理兼经济及社会政策统筹部长尚达曼先后访华，中国总理李克强接受邀请前往新加坡访问，以及中共为迎接十九大顺利召开寻求平稳外交，新中双边关系出现向好向稳的新氛围。

---

　　①　赵国栋．打造东南亚战斗力最强的现代化海军［J］．国际展望，2004（10）：64－67.

1. 2017 年新加坡与中国主要外交事件

2017 年 2 月 27 日，中共中央政治局常委、国务院副总理张高丽在北京会见新加坡副总理张志贤，并共同主持中新双边合作联委会第十三次会议、苏州工业园区联合协调理事会第十八次会议、天津生态城联合协调理事会第九次会议和中新（重庆）战略性互联互通示范项目联合协调理事会第一次会议。

国务院总理李克强 2017 年 6 月 27 日上午在大连国际会议中心会见来华出席 2017 年夏季达沃斯论坛的新加坡副总理尚达曼。李克强表示，中新高层交往频繁，务实合作进展顺利。中新合作开展重庆物流中心建设，有利于加强地区互联互通。

2017 年 7 月 6 日，国家主席习近平在汉堡会见新加坡总理李显龙。习近平指出，中新传统友好，合作成果丰硕，走出了一条与时俱进、互学互鉴的合作道路。李显龙表示，新加坡将继续支持并积极参与"一带一路"倡议，落实好政府间大项目，拓展同中国在金融、高铁、自贸区建设等领域合作。新加坡愿积极促进中国—东盟合作关系。

2017 年 9 月 12 日，中华人民共和国全国人民代表大会常务委员会委员长张德江致电新当选的新加坡共和国国会议长陈川仁，代表中华人民共和国全国人民代表大会常务委员会，并以个人名义致以诚挚的祝贺和良好的祝愿。

2017 年 9 月 19 日下午，国务院总理李克强在人民大会堂同来华进行正式访问的新加坡总理李显龙举行会谈。李克强指出，中国是新加坡最大的贸易伙伴，新加坡是中国最大的外资来源国。我们愿将"一带一路"倡议同新方发展战略更好地对接，进一步提升中新贸易投资合作。李显龙表示，新中关系发展很好，三个政府间合作项目进展顺利。

2017 年 9 月 20 日，国家主席习近平在人民大会堂会见来华进行正式访问的新加坡总理李显龙。习近平指出，保持高层接触是中新两国老一辈领导人的良好传统，也是中新关系紧密的体现。李显龙表示，新方坚持一个中国政策，希望看到中国稳定、繁荣，在国际事务中发挥更大作用。

2017 年 10 月 26 日，新加坡共和国总理李显龙分别向中华人民共和国国家主席习近平和国务院总理李克强致函，祝贺中国共产党第十九次代表大会成功召开，祝贺习近平主席再次当选中共中央总书记，祝贺李克强总理再次当选中共中央政治局常委。

2. 2017 年中新经济合作进展

（1）双边贸易协定。中新自贸协定升级谈判于 2015 年 11 月正式启动。2017 年 9 月，中国商务部在新加坡总理李显龙访华期间表示，将积极推进中新自贸区升级谈判，并与新方一道力争早日完成相关谈判，进一步提升中新双边经贸合作水平。2017 年 10 月 13 日，中国与新加坡自由贸易协定升级第四轮谈判宣告结束。双方就服务贸易、投资、原产地规则、海关程序与贸易便利化、贸易救济、其他规则议题等展开磋商。新加坡是第一个与中国签署全面自由贸易协定的东盟国家。如果双方自贸区升级谈判能尽早完成，新加坡将在东盟对华经贸合作中写下又一个"第一"。

（2）双边贸易情况。据新加坡国际企业发展局统计，2017 年全年，中国与新加坡双边货物进出口额为 994.3 亿美元，增长 19.5%。其中，新加坡对中国出口 540.7 亿美元，增长 26.2%，占其出口总额的 14.5%，提升了 1.5 个百分点；新加坡自中国进口 453.7 亿美元，增长 12.3%，占其进口总额的 13.8%，下降 0.4 个百分点。新加坡贸易顺差 87.0 亿美元，增长 254.7%。①

机电产品一直是新加坡对中国出口的主力产品，2017 年出口额为 250.1 亿美元，增长 5.3%，占其对中国出口总额的 46.3%。化工产品、矿产品和塑料橡胶是对中国出口的第二至第四大类商品，2017 年出口额 60.8 亿美元、55.9 亿美元和 54.9 亿美元，占新加坡对中国出口总额的 11.3%、10.3% 和 10.2%，增长 87.2%、30% 和 18.7%。

机电产品是新加坡自中国进口的首位商品，2017 年出口 288.8 亿美元，增长 18.3%，占新加坡自中国进口总额的 63.7%。在机电产品中，电机和电气产品进口 191.4 亿美元，增长 21.4%；机械设备进口 97.4 亿美元，增长 12.6%。矿产品和贱金属及制品是新加坡自中国进口的第二大类商品和第三大类商品，2017 年进口 49.9 亿美元和 22.5 亿美元，占新加坡自中国进口总额的 11.0% 和 5.0%，矿产品增长 29.7%，贱金属及制品下降 20.6%。除上述产品外，化工产品、光学钟表医疗设备和纺织品及原料等也是新加坡自中国进口的主要大类商品，2017 年合计占新加坡自中国进口总额的 8.7%。中国是新加坡机电产品、贱金属及制品、纺织品及原料和家具玩具的首位进口来源地，占其市场份额的 20.9%、22.4%、27.8% 和 36.8%，中国产品竞争者主要来自马来西亚和日本等。②

（3）双方合作项目。2017 年 8 月 31 日，重庆、广西、贵州、甘肃四地政府在重庆签约，共建中新互联互通项目南向通道。这是中新两国就互联互通服务贸易范围进行的合作，运营中心设在重庆。该项目的特点是以服务贸易为主体，突出金融、航空、物流、通信四方面的合作。此外，该项目还具有"有形 + 无形"的特点。"有形"方面是指示范项目在重庆两江新区有一个约 10 平方千米的区域，由中新双方共建物流园区；"无形"方面是指金融、物流、航空、通信项目

---

① 叶欣，林梦. 以自由港经验深化中新经贸合作［J］. 国际经济合作，2018（12）：56－60.
② 2017 年新加坡货物贸易及中新双边贸易概况［EB/OL］. 中国商务部网站，2018－03－13. http：//www. caexpo. org/html/2018/info_ 0313/221520. html.

可以在重庆市域范围内多个地方展开，只要双方有合作意愿。

## 二、新美互惠关系继续深化

2017 年 10 月李显龙总理访问美国并与美国总统特朗普及其他政要会面，同时与波音公司签署总值 138 亿美元（约 187 亿新元）购买 39 架客机的协定。两国国防部长也再次肯定双边防务联系。联合声明中透露，两国将在双边税务课题方面加深合作，并计划在年底签署两项相关协定。

1. 新美关系简介

新加坡从独立建国起，就高度重视与美国为首的西方国家发展政治经济关系，并把与美国的军事关系看作维护本国安全的最大外来保障，因此，一直支持美国强化在亚洲的军事存在。当美国国内因越南战争而分裂时，李光耀就在访美时反复解释亚洲对美国的重要性，"强调美国的积极参与对生活在东南亚数百万人的意义"（李显龙语）；在马六甲海峡沿岸国家中，新加坡是唯一支持美国参与海峡反海盗巡逻的国家；让美国军舰通过轮换、访问等方式实现事实上的常驻——美军 20 世纪 90 年代撤出菲律宾基地后，樟宜军港成为美国军舰在东南亚最主要的停靠点；对奥巴马政府推出的亚太再平衡战略，新加坡积极予以回应，除了让美国滨海战斗舰长期驻扎外，樟宜军港不久前又同意 P8 反潜机进驻。美国对新加坡的这些努力予以充分肯定，认为美国可借此加强在东南亚的存在，并认为新加坡是地区稳定与和平的基石之一。①

2. 2017 年新美外交事件

2017 年 4 月 21～23 日新加坡副总理兼国家安全统筹部长张志贤访问美国并且在塞多纳论坛场边与美国国家安全顾问麦克马斯特会晤。他强调美国在本区域维持领导角色，以及美国与中国维持稳定的关系，对本区域未来的和平、稳定和繁荣非常重要。②

2017 年 10 月 23 日，新加坡总理李显龙访问美国，与美国总统特朗普就双方共同关心的问题进行了讨论。两位领导人肯定了新美两国良好和长久的关系。李显龙在白宫会晤美国总统特朗普后宣布，新加坡武装部队将继续在中东部署军备和人员，支持以美国为首的国际联盟打击伊国组织。

李显龙也在白宫见证了新加坡航空公司与波音公司签署买卖客机的协定。按特朗普的说法，这项价值 138 亿美元（约 187 亿新元）的协定为美国制造了

---

① 薛力，刘立群. 新加坡如何处理与东盟、美国、中国的关系［EB/OL］.［2016－08－24］. http://blog. ifeng. com.

② 张志贤访美强调美国维持领导角色对本区域安全繁荣非常重要［EB/OL］. 联合早报，2017－04－02. http：//news. news－com. cn/a/20170424/1294302. shtml.

70000 个就业机会，但李总理强调，新加坡向美国购买飞机、各种电子零件和各种金融服务等的同时，美国在新加坡的投资、美国从新加坡进口的数额也很可观，为新加坡创造了成千上万的就业机会。

特朗普形容新美友谊"前所未有的牢固"。他指新加坡是美国在亚洲最亲密的战略伙伴之一，并对两国自新加坡独立以来建立的深远伙伴关系感到骄傲。特朗普认为两国共同的价值观和利益使新美在安保方面建立了重要关系。他说："美国和新加坡正携手加强执法力度、打击恐怖主义和加强网络防卫。两国也坚定承诺致力应对朝鲜的威胁并推进南中国海的航行自由。"①

2017 年 8 月 19 日～9 月 2 日，新加坡与美国海军在关岛进行了首次双边演习，代号为"太平洋狮鹫"（Exercise Pacific Griffin）。双方在演习中进行了全方位的高端作战训练，包括反潜、反水面及防空作战。"太平洋狮鹫"演习是为新加坡武装部队探寻新的军训机遇而付出持续努力的一部分，关岛附近水域的宽广空间使新加坡海军有机会进行"具实质规模和复杂程度的高端演习"，参与此次演习的人数超过 850 人。②

3. 新美经贸关系

新加坡是美国第二大亚洲投资国，股权投资超过 700 亿美元；美国则是新加坡最大的外来投资国，新加坡有超过 4200 家美国公司，不少以新加坡为区域枢纽。③

特朗普在竞选时已表明他反对跨太平洋伙伴关系协定（TPP），而这最可能对新加坡有直接的影响。新加坡跟美国签署自由贸易协定以来，两国的双边贸易不断增长。此外，美国跟亚洲的贸易也成倍增加，而其中新加坡就占美国向东盟十国总出口的约40%。新加坡已经成为美国的第 11 大出口国。美国对新加坡的贸易也一直保持顺差。

美国目前在新加坡累积的外商直接投资超过了中国，也比在中国香港的投资多出 1 倍，同时也高于美国在非洲、中东的投资。

## 三、轮值东盟主席国，勾勒工作重点

2018 年新加坡担任东盟轮值主席国，这也是新加坡第四次担任东盟轮值主席国。李显龙总理勾勒了新加坡的重点工作，包括确保东盟成员国秉持和发扬以

---

① 特朗普：美新友谊"前所未有地牢固"［EB/OL］. 搜狐网，2017 – 10 – 25. http：//www. so-hu. com/a/200016635_ 402008.

② 新美在关岛首场双边演习落幕［EB/OL］. 联合早报，2017 – 09 – 04. http：//www. zaobao. com/re-altime/singapore/story20170904 – 792511.

③ 学者：新美经贸合作将受影响［EB/OL］. 联合早报，2016 – 11 – 11. http：//beltandroad. zaobao. com/beltandroad/analysis/story20161111 – 688645.

规则为基础的区域秩序，以更好地应对网络安全、跨国犯罪和恐怖主义等安保方面的挑战；以创新方式促进数码科技的使用，协助东盟地区人民掌握技能；引领东盟各国坚持区域经济一体化，并且促进区域的互联互通。

1. 东盟主席国制度简介

东南亚国家联盟（Association of Southeast Asian Nations）简称东盟（ASEAN），成员国有马来西亚、印度尼西亚、泰国、菲律宾、新加坡、文莱、越南、老挝、缅甸和柬埔寨。其前身是马来亚（现马来西亚）、菲律宾和泰国于1961年7月31日在曼谷成立的东南亚联盟。东盟的宗旨和目标是本着平等与合作精神，共同促进本地区的经济增长、社会进步和文化发展，为建立一个繁荣、和平的东南亚国家共同体奠定基础，以促进本地区的和平与稳定。

东盟主要机构有首脑会议、外长会议、常务委员会、经济部长会议、其他部长会议、秘书处、专门委员会及民间和半官方机构。首脑会议是东盟最高决策机构，自1995年召开首次会议以来每年举行一次，已成为东盟国家商讨区域合作大计的最主要机制，主席由成员国轮流担任，主席国外长担任东盟常务委员会主席，任期1年，负责主持常务委员会工作。

2. 新加坡作为2018年东盟轮值主席国的工作计划

这是新加坡第四次轮值东盟主席国。1992年首次担任主席国，新加坡提出了东盟自贸区的概念和时间表；2000年，东盟推出一体化行动计划及签订"电子东盟"框架协定；2007年，10个成员国签订《东盟宪章》，并发表环境可持续性宣言，着力解决环境问题和打造可持续发展的经济。2018年再轮值主席国，区域内外对新加坡的期望不小。

2018年东盟轮值主席国新加坡提出，在新的一年，东盟将重点推动以下三方面合作：一是秉持和发扬以规则为基础的区域秩序，更好地应对网络安全、跨国犯罪和恐怖主义等安保方面的挑战；二是以创新方式促进发展；三是坚持区域经济整合，并且促进区域的互联互通。

（1）应对网络安全、跨国犯罪和恐怖主义等安保方面的挑战。关于网络安全问题，网络安全已经成为全球面临的一个共同挑战，其本身就具有跨国性的特点，非常复杂。东盟地区论坛早在10年前就开始讨论这个问题，在东盟区域框架下推动网络安全领域的国际交流与合作非常重要。

每年全球因网络犯罪造成的损失超过了4500亿美金。据国际刑警组织数字犯罪中心介绍，每天大概有100万个网络犯罪的受害者，每秒有12个受害者。在这些犯罪中，计算机病毒成为最大的威胁。全球社会互联互通不仅给社会带来新的机遇，而且带来新的挑战。这些挑战当中有些罪犯和恶意的行为者，他们在网络空间日益活跃，这些活动不仅给经济方面带来负面影响，而且会导致政府之间出现更多的误解，还给东盟区域带来更多的潜在网络安全风险。

在东盟国家中，各国在应对网络安全时都采取了一定的措施。

印度尼西亚 2008 年公布网络法，同时成立了域名管理协会，对公民合法使用网络做出具体规定。泰国成立了网络安全小组，在处理信息通信技术安全方面有两个相关的法律，一个是电子交易法；另一个是计算机犯罪法。泰国政府还成立了国家网络安全委员会，制定网络安全框架，包括网络安全治理、网络安全紧急情况应急预案、国家关键信息基础设施、能力建设、法律措施、研究开发，还有国际合作。新加坡有电子商务交易法，从法律上提供了一个安全、公平交易的框架。2017 年又推出了个人数据保护法。柬埔寨希望建立一个共同的信息通信技术平台，建立一个更加安全有序的网络空间。马来西亚希望通过多方的合作来实现网络的安全和信息的安全，实现信息的共享，共同实现发展策略。①

目前，在惩治网络犯罪方面以及在网络空间国际行为准则等领域，尚未形成东盟各国公认的全球性规范。在倡导网络自由的同时，也要注重网络的监管，通过尊重国家的主权，以及尊重公民的隐私建立法律规范，促使网络安全。这些问题都亟须新加坡的东盟主席国任内探讨制定新的法律法规加以应对。

关于跨国犯罪问题。在东盟跨国犯罪中，常见诸如走私、非法贩卖毒品、贩卖人口、洗钱、计算机犯罪、贪污贿赂、偷越国境等类型的犯罪。在贩卖毒品方面，集团化、职业化趋势明显，国内外贩毒势力内外勾结，形成了一套"产供销"一条龙的职业贩毒体系。在贩卖人口方面，大都由团伙操作，贩卖妇女儿童案件日益猖獗，社会影响恶劣。在洗钱犯罪方面，犯罪分子把非法获得的资金通过存入国外金融机构或投资办企业等手段或通过非法途径如贩毒、走私、恐怖活动等犯罪途径获得收益使其合法化，造成司法机关查处犯罪的种种障碍，并且犯罪集团为获得通行证而贿赂政府官员，造成严重恶劣的社会影响。②

在新加坡的东盟主席国任内，应对跨国犯罪的策略便是其任务之一，如何加强东盟各国检察机关高层密切往来，取得共同打击跨国、跨地区犯罪活动的共识。如何相互完善各国合作机制和全面司法互助机制，对跨国犯罪形成打击合力。如何加强反商业贿赂和反洗钱国际合作，推动构建健康有序的国际金融体系。如何加强司法合作，共同应对国际贩毒、恐怖主义、海盗及其他跨国犯罪等非传统安全问题，都成为新加坡主席国任内需要考虑的问题。

关于恐怖主义问题。根据 2014 年全球恐怖主义指数显示，东南亚地区受恐怖主义活动的冲击程度加剧，在排名前 10 名的国家中，东南亚国家就占了 2 个，

---

① 莫小松，马艳. 网络安全已成安全领域重要课题 [J]. 网络传播，2014（10）：94－95.

② 蒋巍. 中国与东盟控制跨国犯罪合作机制中存在的问题及对策 [J]. 法制与经济（中旬），2014（2）：46－47.

分别是菲律宾（第 9 位）和泰国（第 10 位）。而马来西亚的排名也从去年的第 91 位，大幅度跃升到第 48 位。缅甸的排名在东南亚国家中居中，排名 35 位，也被列入"较受冲击"的国家之列，在缅甸前后，分别是印度尼西亚（第 31 位）和马来西亚（第 48 位）。属"冲击最低"的东南亚国家和地区，则有柬埔寨（第 98 位）、老挝（第 113 位）、越南（第 124 位）、东帝汶（第 124 位）和新加坡（第 124 位）。

这个指数是由经济及和平协会，依据恐袭个案、恐袭死难者人数及恐袭事件所造成的财产损失的多寡来为全球 162 个国家进行排名，研究恐怖主义对各国经济及社会活动造成多大冲击。

2015 年的《东盟峰会主席声明》中表示，东盟国家将对恐怖主义保持高度警惕，坚定打击恐怖主义的决心，各成员国也将在消灭恐怖主义问题上加强合作与协调。

鉴于东盟地区日益猖獗的恐怖主义活动，东盟十国国防部长于 2017 年 10 月 23 日在菲律宾发表联合声明，对近期发生在世界各国特别是东南亚地区的暴力极端事件和恐怖主义袭击予以最强烈谴责，表示将通过东盟内部联合反恐机制及与对话国的合作继续共同打击恐怖主义。决定将 2~3 年举行一次的东盟防长扩大会议改为每年举行，以此加强东盟各国之间及东盟与对话国之间的防务合作，防止恐怖主义在东南亚蔓延，维护地区和平稳定。因此，防止和打击恐怖主义活动也是新加坡作为东盟主席国的主要工作之一。

（2）协助东盟各国人民掌握数码科技技能。淡马锡和谷歌 2016 年的一项研究表明，6 个东盟经济体（印度尼西亚、马来西亚、菲律宾、新加坡、泰国和越南）将成为世界上增长最快的互联网区域，到 2020 年将拥有超过 4.8 亿的互联网用户。这些经济体的互联网经济（主要是电子商务）将以约 14% 的复合年增长率（CAGR）增长，到 2025 年时，将增长至 2000 亿美元规模。东盟对电子商务的运用也更迅猛，因为该地区缺乏发达国家的零售分销系统，从而有着技术颠覆的成熟条件。

东盟的数字化转型将比电子商务的运用还要迅猛。沙力文公司 2015 年的报告估计，到 2020 年，物联网市场（互联设备）的规模将达到 793 亿美元，复合年增长率为 26.8%。东盟有能力推进物联网，因为其中产阶级既有受益于良好基础教育获得的 IT 技能，又有对新技术与生俱来的适应性。在全球前 20 大的互联网国家中，有 11 个在亚洲，其中 4 个（印度尼西亚、菲律宾、越南和泰国）属于东盟。除美国和印度以外，脸书（Facebook）在东南亚拥有庞大的用户群，其中 1.26 亿在印度尼西亚。马来西亚人因为商业原因而使用脸书的概率比世界平均水平高出了 50%。世界银行估计，到 2020 年，（菲律宾的）BPO 收入可能会超过 500 亿美元，将再创造 130 万个就业机会。泰国已经是主要的汽车零部件制造商和加工食品生产商，其意图发展泰国 4.0，提升泰国的数字化生产和服务能力。

除电子商务和物联网外，下一波生产力将源于社会技术领域的创新。麦肯锡全球研究所预计，数字社交技术的改进可以将工人的生产力提高 20%～25%（麦肯锡，2012）。东盟的年轻人发现，社交媒体技术可以为社会运动发起快速动员，因此，通过使用智能技术和人工智能协调大型的、复杂项目的进程才刚刚开始。①

因此，面对如此迅猛的数字化趋势，让东盟国家人民掌握数码科技技能便是这届东盟轮值主席国的当务之急。

（3）促进区域的互联互通。东盟国家互联互通是指实体的、机构的及民间的合作纽带。这些纽带包括了东盟旨在实现经济共同体、政治安全共同体和社会文化共同体的基础支持和促进手段。①实体互联互通主要包括：交通运输、信息与通信技术、能源；②政府机构互联互通主要包括：贸易自由化和促进、投资与服务自由化和促进、相互承认协议/机制、区域运输协议、跨境流程、能力建设项目；③民间互联互通主要包括：教育、文化、旅游业。

2016 年 9 月，在老挝并期举行的第 28 届、第 29 届东盟峰会通过了《东盟互联互通总体规划 2025》（以下简称《规划》）。该《规划》通过 15 个具体创意推动东盟在对可持续基础设施建设、数字创新、物流、进出口管理和人员流动五方面的合作。《规划》指出："这个更加紧密的东盟互联互通将进一步体现东盟的奋斗宗旨：同一个愿景、同一个身份、同一个共同体。"《规划》指出："提升东盟国家的互联互通的迫切性体现在多方面上。东盟是一个包括 6 亿人口及 1.5 万亿美元年国民生产总值的区域。在东盟地区，互联互通对于加快东盟各国一体化、提升东盟共同体的建设进程、加强东盟在本地区发挥核心作用，均有着不可或缺的价值。东盟国家间更紧密的联系体系是实现提升东盟经济竞争力、经济的集约化与一体化生产网络、促进区域间贸易、招商引资、密切东盟各国民众间的关系，以及培养认同感的必要手段。"②

东盟互联互通协调委员会（ACCC）第三次会议、东盟互联互通协调委员会与 14 个对话伙伴国和欧盟磋商会议于 2017 年 10 月 4 日和 5 日在菲律宾首都马尼拉举行。东盟互联互通协调委员会成员回顾了《东盟互联互通总体规划 2025》的落实情况，高度评价《规划》落实工作继续在各方面同步展开；并认为用于

———————————

① 第一财经日报. 东盟"数据经济"前途可期［EB/OL］.［2017 - 09 - 04］. https：//www. yicai. com/news/5339893. html.

② 许宁宁. 解读《东盟互联互通总体规划》［J］. 华人世界，2011（7）：98 - 99.

展开落实《规划》中15个倡议的全部项目资料已基本完毕。对话伙伴国也已承诺对部分项目提供援助。而对于作为东盟轮值主席国的新加坡而言，要继续落实《规划》中的意见仍是任重而道远。

# 第五节　发展展望

在2021年1月新加坡大选前，新加坡的政治将会是稳定的，虽然离大选还有两年，但2019年会出现政府内阁成员的改选，在此过程中下一届的总理候选人在一般情况下就有可能确定而担任副总理。由于自1959年成立以来一直执政新加坡，以及新加坡特定的政治选举制度，其总理权力的更换均能做到平稳交接而不会产生政局不稳的现象。在经济方面，新加坡将以其经济按既定蓝图方向发展，由于新加坡的制造业在电子产品需求持续增长的带动下已经持续扩张，其服务业（占新加坡经济总量的2/3）也在2017年出现爆炸式增长，创意IT解决方案、金融科技、机器人航空航天和先进制造业等新兴产业也在发挥其作用。因此预计2019年新加坡的经济增长将会保持稳定，但由于新加坡的产业大部分是知识密集型企业，对劳动力的需求并不强劲，其国内的失业率有上升的趋势，其就业形势并不乐观。由于新加坡经济高度依赖国际市场，它也将继续努力维护本国的外向型经济，而同各国开展自由贸易诸如TPP和RCEP的谈判。

# 第九章　2016～2017年泰国国情报告<sup>*</sup>

  2017年是泰国军政府通过政变上台后的第三年，也是泰国新国王"拉玛十世"玛哈·哇集拉隆功继位的元年。

  在政治方面，军政府成功渡过泰国君主更迭的关键时期，泰国政局重现皇室弱势、军方强势的格局并总体保持稳定，政治改革进程得以少许推进。

  在经济方面，政府开启了大胆而富有远见的经济战略布局，政府大规模投资基础建设，在东部三府建立经济特区吸引外资，用非常规的军事特权强行推进中泰铁路建设，并以中国为模板，全面提出和执行名为"泰国4.0"的数字化经济社会升级战略。

  在外交方面，2017年可谓是泰国外交局面取得巨大突破的一年。泰国继续与东盟邻邦、中国、日本等国家保持良好合作，美泰关系显著好转。在成为中国"一带一路"倡议的候补支点国家的同时，美国、印度等国希望将泰国发展为"印太战略"的一部分。泰国"独立自主，中立平衡"的传统外交战略未动分毫，再次实现了与中美两大核心国家同时保持良好合作关系的外交态势。

  在安全方面，总体安全形势值得乐观看待。泰国没有遭受任何重大的外部安全挑战，反倒是由于国际形势的变化，美泰军事同盟还阳复苏，中泰军购进展巨大，泰南分离主义的国际化趋势有所放缓。

  在社会文化方面，军政府极力营造正统保守、尊王爱国的文化氛围，使泰国社会文化的整体氛围趋向复古保守。由于开放自由的社会观念已经深入人心，因此不同的思潮在泰国引发的分歧与对峙也日趋激烈。

  总体而言，本年度是一个威权主义政治体制趋向稳固，社会经济转型持续推进的时期。泰国"国家改革战略"的实质，是试图在保留君主立宪制民主政体的前提下，将泰国改造成为一个"政治一元化，经济现代化"的东亚式威权政

*　本章由岳桂宁负责撰写。岳桂宁，广西大学国际学院（中国—东盟研究院）泰国研究所所长。合作者，岳汉，广西大学国际学院（中国—东盟研究院）泰国研究所特约评论员，泰国网（www.taiguo.com）主编。

体，替代既有的政党制度和选举结构，在军事强人的主导下将泰国建设成"一元化权力结构 + 信息化先进"的国家。

# 第一节 经济发展

2017 年，在国内政治稳定、全球经济回暖的背景下，泰国经济展现出良好的发展态势，实现了持续性的复苏。

2017 年泰国整体经济环境良好，泰国政府大规模的刺激经济政策有效地提振了经济发展。同时，该年度全球经济回暖复苏，来自海外的需求回升，使泰国出口取得显著增长，各项主要经济指标如下：GDP 为 154500 亿泰铢（约合 4554 亿美元），增幅达到 3.9%，高于泰国央行预期的 3.8%；人均年收入 22.8371 万泰铢（约合 6729 美元）；家庭消费增长 3.5%；CPI 指数 111.3；财政收入增长 0.2%；出口总额 2366.94 亿美元，增长 9.9%；进口总额 2227.63 亿美元，增长 14.7%；投资增长 0.3%；外资投资总额 6419.78 亿泰铢（约合 200.6 亿美元），总体增长 22%；赴泰游客超过 3500 万人次（其中中国游客 980 万人次，为第一大客源国），增长 8.77%，为泰国旅游业创收超过 1.82 万亿泰铢，增长 11.66%；农业生产负增长 0.2%；工业增长 3.0%；酒店服务业增长 15.3%；贸易总额增长 6.9%；运输业增长 8.9%；建筑行业负增长 5.3%；年末泰铢对美元汇率 1∶0.030616，升值 9.65%；年末泰铢对人民币汇率 1∶0.200051，升值 3.28%。①

以上数据表明，2017 年泰国经济趋向稳健发展，国内消费及民间投资呈现良好增长态势，出口持续攀升带动相关产业成长，民众购买力、贸易总额、外资投资、旅游业及相关产业增长迅猛。除农业和建筑行业出现负增长外，各项经济指标都有不错的表现。

此外，在 2017 年的外国直接投资中，日本对泰国投资超过 1300 亿铢，以 47% 的占比居首位，其次为新加坡，中国作为第三大投资国对泰投资额超过 275 亿铢②，其后为美国与荷兰。

---

① 泰国国家社会经济发展办公室.2017 年泰国经济数据简报［EB/OL］.http：//www.nesdb.go.th/ewt_dl_link.php？nid=5165，http：//www.nesdb.go.th/nesdb_en/main.php？filename=national_account，中国国家外汇管理局网站，http：//www.safe.gov.cn；中国国家税务总局网站，http：//www.chinatax.gov.cn；世界银行网站，https：//data.worldbank.org.cn/indicator/FP.CPI.TOTL？name_desc=false.

② 泰国 2017 年投资超预期今年有望增长 12%［EB/OL］.新华网，2018 – 01 – 22.http：//silkroad.news.cn/2018/0122/80821.shtml.

值得一提的是，61% 的外资投资集中在泰国政府确立的十大高附加值产业中，包括新一代汽车制造、智能电子、高端旅游与医疗旅游、农业与生物技术、食品深加工五大泰国原有优势产业，以及工业机器人、航空与物流、生物能源与生物化工、数字经济、医疗中心五大未来产业。

2017 年，泰国政府完成了促进投资相关法律的修订，加大了基础设施建设，努力将东部经济走廊打造为地区经济中心，使泰国成为东南亚地区投资优惠政策最为显著的国家。在世界银行发布的《营商环境》报告中泰国的排名从 46 位升至 26 位，吸引了日本、中国、韩国及东盟国家的大规模投资热潮。同时，尽管面对特朗普贸易保护主义的不确定因素，泰美关系的缓和仍然为泰国赢得了来自欧美等国投资、贸易的增长。

必须指出的是，泰国经济之所以在 2017 年获得较好的表现，除了有利的外部客观因素之外，一个重要的原因便是泰国军政府制定并贯彻执行了一系列具有长远战略眼光的国家发展方针。这其中尤以"泰国 4.0 战略"和"东部经济走廊"规划为代表，加之雄心勃勃的政府投资项目，是泰国经济本年度最值得记取的亮点。

## 一、"泰国 4.0" 战略的持续推进

2017 年泰国经济增长的一大亮点和动力，是"泰国 4.0"战略的持续推动。"泰国 4.0"是泰国总理巴育 2016 年提出的一项国家发展战略，大致内涵是：在未来 20 年中实现全面产业升级和社会的"数字化""信息化"改造，大力发展高附加值的先进产业，将泰国从以重工业和制造业为主的工业国家，升级为高科技的信息化国家。

2017 年，泰国当局坚持贯彻巴育的战略，通过创新和技术应用发展高附加值产业，促进泰国经济转型升级，跨越中等收入陷阱，增强竞争力。推动更多的高新技术和创新技术应用，使创新真正成为推动泰国经济增长的主要动力，力争全面进入泰国 4.0 时代。

在"泰国 4.0"的影响下，泰国投资政策向"五大领域"和"十大产业"倾斜。五大领域为：核心技术、核心人才、基础设施、高新企业和目标产业。十大产业包括了泰国原有优势的产业：新一代汽车制造、智能电子、高端旅游、医疗旅游、农业、生物技术、食品深加工等。五大重点投入的"未来产业"为：工业机器人、航空与物流、生物能源与生物化工、数字经济、医疗中心。

由于"泰国 4.0"战略所倡导的"数字化商业社会"是中国经济发展的强项，加之这一战略重点关注的领域和产业多数是中国企业的优势项目，因此在泰国推进"泰国 4.0"战略的过程中，中国实际上成为泰国最为优先的"取经对

象""参照样板"及"合作伙伴",为中泰之间的高新科技产业合作,起到了巨大的促进作用。

在2017年11月举办的"泰国4.0技术版图及促进'泰国4.0'与'一带一路'倡议对接"研讨会上,泰国专家认为,中国的每个省份都有自己的优势领域和相关技术,泰国政府应该以省为单位,系统地梳理中国每个省可与"泰国4.0"精确对接的领域。①

泰国正大管理学院中国东盟研究中心认为,泰国政府推出"泰国4.0",试图构建以创新驱动为主线的经济发展模式,这同中国"一带一路"倡议的发展理念、方式和目标高度契合。其中,智能电子、汽车工业、机器人制造、全产业链航空及数码等十大目标产业,与中国正在崛起的和已经形成强大实力的战略新兴产业遥相呼应。②

一年来,泰国各界普遍认同中国作为一个具有科技后发优势的新兴大国,在科技方面的资源非常丰富。如果泰国想要以最高的效率推进"泰国4.0",应当高效地采用中国先进的技术和运营能力,推动"泰国4.0"提到的10个目标产业,精确而高效地选择来自中国的合作伙伴。

继马云在2016年高调以"电商国际导师"的形象向泰国"传授真经"(介绍电商发展战略和中小企业的发展道路)之后,2017年9月,中国第二大电商平台京东宣布与泰国百货零售业巨头尚泰集团全面合作,在泰国成立合资公司,发展电商平台③。这些商业合作标志着中国两大电子商务巨头正式会师泰国,中国企业、中国资本和中国模式成为泰国大力倡导电子商务,实现商业和消费模式信息化过程当中的首要引领者。

## 二、东部经济走廊

"东部经济走廊(EEC)",是指包括泰国东南地区的北柳府、春武里府、罗勇府三府在内的高科技产业开发特区。

泰国政府推动东部经济走廊作为"泰国4.0"战略性项目实体化落地的关键一环,并通过一系列的政策优惠、土地优惠和建设投资,吸引外资先进产业落户泰国,打造中南半岛地区最先进的经济发展中心,以及连接缅甸土瓦深水港、柬埔寨西哈努克港和越南头顿港的东盟海上交通中心。

---

① 泰专家建议"泰国4.0"以省份为单位选择中国技术对接伙伴[EB/OL].新华网.[2017-11-16].http://www.xinhuanet.com/world/2017-11/16/c_129742448.htm.

② 泰专家建议"泰国4.0"以省份为单位选择中国技术对接伙伴[EB/OL].新华网.[2017-11-16].http://www.xinhuanet.com/world/2017-11/16/c_129742448.htm.

③ 京东在泰成立电商及金融科技合资公司 总投资5亿美元[EB/OL].腾讯科技.[2017-09-15].http://tech.qq.com/a/20170915/036460.htm.

为了吸引更多的外商投资，泰国政府对东部经济走廊给予了堪称一个国家所能提供的最为优惠的政策：

　　符合条件的生物技术、纳米技术和数字信息技术等高科技企业到泰国投资，按照其科技含量划分层级，可以享有的企业所得税最高减免优惠期从 8 年延长至 13 年，到期后还可继续享有最长 10 年仅缴纳 50% 企业所得税的优惠；对于部分符合要求、有利于增强泰国经济竞争力的项目还可以申请"100 亿泰铢研发基金"的支持，并享有最高 15 年的企业所得税减免优惠。外企还可享有土地所有权等非税务优惠，在东部经济走廊，经济用地的租期最长可达到 99 年，外籍人士在公寓类房屋中所占比重不超过 49% 的法律限制也被解除。

　　泰国政府还计划投入巨资在"东部经济走廊"大兴土木，"东部经济走廊"获得的政府资金投入，占全年政府投资总额的 46%。

　　泰国政府计划在 5 年内投资 1.5 万亿泰铢，兴建 15 个重大项目，包括扩建乌塔堡机场，将客流量提升至 300 万人次；建设兰乍邦港第 3 个泊位，使港口集装箱吞吐量从 700 万标准箱提升到 1800 万标准箱，汽车出口量由 100 万辆增加到 300 万辆，将兰乍邦港建设成为世界 15 大港口之一；建设高铁连接东部经济走廊的 3 大机场，实现单程 1 小时换乘；建设曼谷到罗勇府高铁线，预计每天客流量将达到 30 万人次；建设新型城市，在春武里府建设国际教育中心等。

　　为此，泰国政府将外资投资的特区作为人力资源培养，由于需要和经济发展齐头并进，泰国将紧密展开国际合作，培养人才；同时通过外企的员工培训、技术转让等，学习外企管理经验和先进技术。

　　泰国内阁 2016 年 10 月通过了为此大计而设计的法律基础——《东部经济区特别法案》。一系列东部经济走廊交通运输基础设施在 2017 年得以启动，政府投资项目环境评估（EIA）大体完成。芭提雅—马达普港高速公路项目、北柳—空西诰—甘阔（Cha choeng sao – Khlong Sip Kao – Kaeng Khoi）铁路标准轨复线项目、林查班港口码头基础设施升级改造项目全面开启。

　　同时，泰国政府还在 2017 年启动了东部经济走廊计划下的两个项目，旨在提高和加强泰国先进产业的自行研发能力，减少对高成本的外国技术和创新的依赖。这两个项目是：位于罗勇府的东部经济走廊创新区（EECi），侧重于三种主要类型的创新研发；位于春武里府的东部经济走廊数字产业区（EECd），侧重于航天和数字产业研发。

　　据新华网 2018 年 6 月 7 日报道，泰国总理府部长戈沙在当日举行的一场东部经济走廊推介会上表示，2017 年申请优惠政策的泰国东部经济走廊投资项目总额接近 3000 亿泰铢（约合 93.92 亿美元），较 2016 年大幅增长 49%。泰国政府已专门设立东部经济走廊办公室，力争在 2018 年完成东部经济走廊数个大型基础设施的国际招标，其中包括连接曼谷廊曼机场、素万那普机场、罗勇府乌塔堡机场的高铁项目，兰乍邦深水港三期和东部经济走廊数字创新产业园等。

目前，"东部经济走廊"成为全泰国投资法律政策最为优惠、发展前景最为看好的经济特区。泰国政府对这一经济特区寄予厚望，给予政策之优惠，资金投入之巨大，甚至在泰国国内引发了"超越法律边界的土地优惠政策形同卖国"的舆论非议。①

总体而言，"泰国 4.0"战略意味着社会的信息化、数字化、智能化改造，也需要通过切实的优惠吸引外国先进产业的进驻，以软件、硬件两手抓的形式，全方位提升泰国的科技水平和产业结构。数字化商业模式的转变将主要通过发展电子商务和线上交易支付平台来实现；而产业结构的升级则将通过东部经济走廊进行试水，发挥出近似于中国 20 世纪 80 年代初期深圳经济特区所起到的历史性作用。

### 三、积极的基础建设投入

延续泰国巴育政府的一贯政策，2017 年仍旧是泰国的"大兴土木"之年。

交通基础建设，是泰国建设投入的重点，2017 年泰国推进包括铁路、城市轨道交通在内的 36 个交通项目建设，总投资 9000 亿泰铢（约 256 亿美元）②。总投资中 45.62% 将用于铁路项目，包括 10 条普通铁路复线；24.69% 用于城市轨道交通项目，主要是首都曼谷及周边地区轨道交通；18.67% 用于公路项目。其他项目包括修建公路服务站，兰乍邦建设深水港，此外还将用铁路连接国内 3 个港口，为未来加强与缅甸之间的边境贸易往来做准备。

中泰铁路项目经过漫长的认证与筹备，最终在军方动用"临时宪法 44 条"进行强力推进后，在 2017 年的最后一个月得以在呵叻府巴冲县正式举行开工仪式，泰国总理巴育、中国国家发改委副主任王晓涛、中国驻泰国大使吕健，泰国交通部长阿空、内政部长阿努蓬，以及来自中泰政府部门、铁路管理部门、相关企业、媒体等近 400 人出席开工仪式。在开工仪式上，泰国总理巴育表示泰中高铁项目不仅将促进泰国经济发展，也将有利于区域互联互通。中泰铁路项目将把泰国和周边地区国家连接起来，成为"一带一路"倡议交通网络的一部分，有助于泰国成为东盟交通和物流中心，有助于泰国可持续发展并向高收入国家

① 谢鋆. 泰国官方：外国人也能在泰国买地！［EB/OL］. 泰国网 .［2018 - 02 - 21］. http：//www. taiguo. com/article - 59358 - 1. html.

② 泰国今年将投资逾 250 亿美元建交通基础设施［EB/OL］. 新华社 .［2017 - 02 - 24］. http：//www. xinhuanet. com/world/2017 - 02/24/c_ 129495267. htm.

迈进①。

为使这一项目与泰国整体发展有机结合，泰国政府制定了交通基础设施发展规划，包括公路、铁路、水路、航空等方面，并将对相关法律法规做出调整。同时设立轨道交通技术开发研究院，负责传授和发展相关技术，开展人员培训，以适应未来轨道交通建设发展需要。

泰国政府还积极在南部发展火力发电项目，在曼谷地区斥资兴建全新的城市排水系统。与日方合作的"曼谷—清迈"新干线高速铁路项目也得到内阁批准，进入实质筹备阶段。

# 第二节　社会文化走向

2017 年，泰国军政府不断增强民众向心力，凝聚国家认同感，稳固政权地位。这一正统文化意识形态在九世王国丧期间得到强化，并逐渐从政治领域延伸到日常文化消费领域。

2017 年，泰国政府持续鼓励国产影视片的拍摄，制定优惠政策，吸引外资来泰国拍摄及进行后期制作，主要优惠政策包括：外国演员在泰国拍片免收个人所得税，免收政府所属产物（国家公园、国家历史博物馆、铁路局、移民局、素万那普国际机场）的拍摄审批费用，减少拍摄器材的进口关税等。

泰国影视后期制作产业得到进一步强化。胶片冲洗、调光、数码后期、特效等后期制作服务，得到泰国政府的政策扶持。泰国政府引进国际大型电影公司的投资，提升国内相关技术与人才，并对相关产业施以鼓励措施与减税优惠，让日本、美国、中国等地的中低成本影视片后期制作都到泰国进行。

在良好的产业基础与政策优惠之下，泰国 2017 年文化产业保持了一贯的水准。广告制作独步亚洲，中国滴滴打车、OPPO 手机等企业纷纷聘请泰国团队拍摄广告，并在国内收获良好反响。

泰国国产剧情片《天才枪手》风靡亚洲，成为中国和中国台湾地区年度亚洲进口电影票房冠军；古装奇幻电视剧《三面迦娜》、讲述现代女子穿越古暹罗大城王朝的电视剧《天生一对》等影响力波及东亚。

综合而言，尽管社会文化氛围在开放自由的尺度上有所涨落，但泰国社会文化总体上依旧是世俗的、开放的、宽容的、具有鲜明现代商业社会风格并且富有

---

① 中泰铁路合作项目一期工程正式开工［EB/OL］．新华网．［2017－12－21］．http：//www.xinhuanet.com/world/2017－12/21/c_ 1122149108. htm.

活力的。泰国，依旧在 2017 年以别具一格的魅力、开放宽容的风格、发达的文化产业，以及独具民族特色的鲜活创意，持续创造着"超越国界，走向全球"的文化影响力。

# 第三节 外交关系

2017 年泰国外交的最大特征就是实现了与全球大国和地区主要国家"广泛友好，八面玲珑"的外交常态。军政府政变上台以来被西方世界排斥，与传统盟友关系破裂的外交窘境基本得以缓解，与地区主要国家的合作关系得到深化，外交空间更为广泛而多元。

泰国外交的成功大体上得益于与中国双边合作的不断深化，以及特朗普上台后戏剧性的"泰美关系重启"。但在另一角度，泰国所面临的仅有的主要外部环境挑战，也基本来源于中美两国在亚太地区的角力对东盟共同体的撕裂。因此，泰国在 2017 年度外交成就显著，但其长远的地缘战略目标——建立以泰国为核心的东盟一体化政治经济实体——则面临着国际格局演变所带来的压倒性挑战。

## 一、美泰关系全面缓和

2017 年 4 月，泰国总理巴育与美国总统特朗普通电话，美方邀请巴育赴美进行国事访问。同年 10 月，巴育访美，并与美国总统特朗普在白宫会面。双方进行了十分广泛而愉快的会谈，标志着美泰关系在 2014 年"中断接触"以来首次出现全面的缓和趋势。

泰美两国之间有将近 200 年的外交关系，冷战时期泰国是美国在东南亚最重要的战略盟友，泰国的国家安全长期倚赖美国，而美方也投入大量军事力量和物资援助以支持泰国。

近 20 年来，随着冷战格局的瓦解，美国逐渐对与泰国不对等的军事同盟失去耐心，泰国也不再愿意扮演美国的马前卒。双方虽然仍旧保持传统友好关系，但已经没有了"军事同盟"级别的绑定关系。

2014 年泰国军方政变，美国民主党奥巴马政府对美泰关系进行全面冷冻。对泰国军事援助取消，"金色眼镜蛇联合军演"被裁减，美国和欧盟公开对泰国军方提出批评。

2016 年底特朗普当选美国总统，在经过一段时间的观望后，泰国巴育政府逐步通过种种非正式外交渠道，实现沟通。两国元首在 2017 年 10 月的会面几乎是一次泰美之间的"复交",对泰国外交战略空间的拓展具有重大意义。

在特朗普与巴育的会谈中,特朗普称赞巴育政府雷厉风行的行政风格,并重新将泰国称为美国忠实的"同盟"。巴育为感谢特朗普的接纳,提出向美国采购军用直升机,增加进口美国农产品,并承诺在 2018 年 11 月举行大选(后被延期至 2019 年 2 月),并高调称赞美国为泰国最重要的"战略同盟",同时将中国定位为"最重要的经贸伙伴",以示区别。①②

2017 年泰国与美国关系的重启,政治上的意义大于经济方面、安全方面的实际影响。在特朗普贸易保护主义挂帅的前提下,两国关系的缓和对双边经贸往来的影响并不显著。泰方打破了在西方世界中的尴尬境遇,得以重新回到"双面外交、政治中立"的外交战略常态。

必须指出的是,泰美关系缓和的地缘政治意义仍旧是有限的,巴育政府显然不打算,也不可能全面倒向美国,与日本、韩国、印度联合"应对中国影响力"。即便是在巴育访美期间,泰国总理也没有对"中美两国谁更重要"这个特朗普提出的命题给出明确的答案。两国关系步入正轨之后,也并未影响到中泰之间诸如铁路合作、军购等合作的正常开展。

## 二、"印太战略"国家与泰国的关系

2017 年,美国总统特朗普终止奥巴马时代的"亚太再平衡"战略,转而以"印度—太平洋战略"取而代之,将美国在亚太地区的战略范畴从日本延伸到印度,扩大了美国的地区战略空间范畴,并得到日本、澳大利亚等国的积极响应。

"印太战略"的提出被普遍认为是一个加强南亚及亚太地区经济政治关联,稳定地区政治格局,应对中国日益强大之影响力的跨区域战略合作框架。美国、日本、印度、澳大利亚是这一战略概念的主要发起者,并积极吸引包括泰国在内的东盟国家加入这一战略。

由于并没有"选边站"的战略负担,左右逢源的泰国在 2017 年与印度、日本、澳大利亚都维持了良好的合作关系。日泰"曼谷—清迈"高铁项目成功签约,并得到泰国内阁的批准。尽管由于造价过高,这一"新干线技术标准"的国际铁路被迫降低时速,但日本积极把握这一难得的铁路技术国际化机遇,向泰方承诺提供优惠贷款,对泰日铁路项目表现出巨大的决心。

日本仍然雄踞对泰外国投资的榜首,汽车制造、数码电子、光学仪器等领域

---

① 泰国总理访美拟购美国军机[EB/OL].[2017 - 10 - 03].http://www.chinatimes.com/cn/real-timenews/20171003002551 - 260408.

② 美国正把东盟拱手让给中国吗?[EB/OL].美国之音.[2017 - 10 - 13].https://www.voachinese.com/a/asean - countries - tilting - china - domino - effect - 20171012/4068630.html.

的对泰投资大幅度领先中国和新加坡。曼谷规模巨大的城市轨道交通计划也依旧采用日本技术体系和车辆产品。日本文化在泰国社会具有无可比拟的巨大号召力，日泰关系发展平稳而富有活力。

泰国与韩国之间经贸、文化往来同样密切。半数以上泰籍海外劳工在韩国务工，泰国也是继越南、菲律宾之后韩国在东南亚主要的投资目的地与出口市场，两国人员、经贸往来进一步深化。

泰国与澳大利亚的双边交往以文化和旅游业为主，除了两国政府在打击跨国网络犯罪方面签署协议外，泰—澳双边关系相对平淡。澳大利亚在 2017 年掀起反华宣传浪潮之后，泰国并未在这一方面对澳大利亚表达过认同，两国关系较美国、日本、韩国等国而言，可谓乏善可陈。

### 三、泰国与东盟邻国及中国的关系

2017 年，泰国与东盟国家关系平稳，基本没有发生严重的政治、经济冲突。泰国与老挝、缅甸、柬埔寨等邻国之间，人员和经贸往来进一步加深，三国外籍劳工大量涌入泰国务工，缓解了泰国劳动力短缺的不足；而泰国也设立了 5 个与邻国共同开发的边境经济特区，尤其以沙缴府阿兰泰柬经济特区和图瓦泰缅经济特区规模最为庞大。总体而言，泰国在东盟内部仍旧属于经济实力较为强劲的国家，在投资、产业转移、劳务吸纳等方面，泰国与周边邻国实现了密切的互利与合作。

2017 年，中泰关系发展平稳，尤其在经贸方面，由于泰国自身正在努力实现"泰国 4.0"信息化高新科技产业升级，因此与正在推行"一带一路"倡议，寻找海外机遇的中国政府和企业之间实现高度互补。大批中国科技、电商巨头进入泰国发展，华为、联想、OPPO、vivo 等知名品牌在泰家喻户晓，"中国制造"成为泰国人民生活中不可或缺的一部分。

随着菲律宾总统杜特尔特的外交转向，东盟受中美战略冲突影响而出现的分裂状况得到缓解。同时，"一带一路"倡议对东盟一体化的促进作用开始凸显。考虑到泰国本身的核心国家战略规划便是"维持独立自主，主导统一东盟"，因此在中国国力没有对东盟产生显著外力影响的 2017 年，泰国与中国之间、中国与东盟之间、泰国与东盟之间的相互关系是正面而积极的。

## 第四节　安全形势

2017 年，泰国总体安全形势稳定，与周边国家关系和睦，与主要大国之间关系良好。中东乱局和半岛核危机远在天边，这一年的泰国几乎没有面临任何实质上的"安全威胁"。在平稳的国内政局和良好的外部环境之中，泰国加强了与中美等国的军事合作，巩固了东盟内部的区域稳定，2017年，可以说是近百年来泰国外部安全威胁最小的时期。

在恐怖主义方面，泰国内部极端伊斯兰分离主义问题仍持续存在。但是得益于中东地区"伊斯兰国"势力的式微，全球伊斯兰极端主义恐怖活动进入低潮，泰国境内的分离主义武装虽然有"国际化"的发展迹象，但境外恐怖主义威胁大为减少。

总体而言，比起2015年、2016年的"恐怖主义高峰"，2017年的泰国反恐形势有所好转，安全局势前景乐观。

作为成功"大国外交"平衡战略的延伸，泰国在2017年实现了同时与中美两大国开展密切军事合作的战略成就，既修补了与传统军事盟友美国的关系，又增进了与新兴全球性大国中国的合作，东成西就，内外兼收。

泰美方面，随着泰美关系走向解冻，两国具有36年历史的年度机制性多边联合军演——"金色眼镜蛇演习"——得以延续，并在人数规模和参与国家等方面不断刷新纪录。

2017年2月14~24日，美、泰、韩、新、马来西亚、印度尼西亚、日本，以及新近参与的印度、中国（仅参与救援任务演习）等20余个国家，在泰举行"2017金色眼镜蛇"联合军演。①

金色眼镜蛇联合军演是东南亚地区最具影响力的联合军事演习之一，自1982年以来每年举行一次。2017年，由于演习时间正值东北亚朝鲜核危机爆发之时，因此美国、日本、韩国等国派出了数量空前的精锐海军陆战部队，在进行传统演练、履行盟友义务之余，也有着对地区大国展示肌肉、震慑朝鲜的政治考虑。

在中国方面，泰国放弃乌克兰生产的俄系装备，向中国引进外贸版VT-4主战坦克。10月8日，中方坦克提前6个月运抵泰国，泰国军方经过验收，对这批坦克表示满意。泰国陆军司令差林猜高调称赞中国坦克状态良好，除部署泰东北孔敬府第3装甲师之外，还将送往陆军军械厅进行研究。②

副总理兼国防部长巴逸随即提出以20亿铢的价格再从中国购买10辆VT-4主战坦克，并进一步表示希望中方在泰国境内建立兵工厂和海军基地，用于实施中国售泰军备的配件生产和维修——这一请求实质上是希望中国对泰国提供军事

---

① 美泰举行"2017金色眼镜蛇"联合军演9国将参加演习［EB/OL］. 中国新闻网．［2017-02-13］. http：//www. chinanews. com/gj/2017/02-13/8148344. shtml.

② 泰军对VT-4坦克非常满意将继续采购中国坦克［EB/OL］. 人民网．［2017-10-13］. ht-tp：//military. people. com. cn/n1/2017/1013/c1011-29585464. html.

装备的技术转让，从实质上提升泰国军备的生产和维护能力。

总体而言，美泰军事合作是"恢复"，在"跌落谷底"的基础上逐渐复苏，向两国军事同盟的历史平均水平复位。中泰之间的军事安全合作则是"赶超"、后来居上，用大宗军火装备交易和频繁的人员往来加深两国军事合作的广度深度。中美之间，泰国游刃有余，军方再次上演实用主义平衡外交，用最大的性价比满足了自身国防需求，同时也从两大国之间收获了不同层面的安全保障。

# 第五节　发展展望

泰国将会延续良好的发展机遇，获得更大的进步。至少在 2019 年大选之前，泰国当下良好的发展趋势预计将得以延续。

泰国政治将维持大体平稳，军方掌控一切，君主顺利登基，政党团体和新宪法框架下的议会选举体制将受到军方严格控制。但是，2019 年大选能否如期举行，大选之后泰国政坛是否又会重新回到他信派系的手中，这两点即便军方做出再周全的准备，也很难准确判断。因此，短期内的稳定、长远的风险，是泰国政治体制面对的最有可能的未来。

由于泰国政府制定了合理而富有远见的长远战略，加之美中两国经济回暖，在良好的内外环境之下，相信泰国经济能够逐渐向好，实现更为强劲的复苏。

由于美中两国对泰关系的友善，东盟地区总体环境的和平，泰国无疑会延续和保持良好的外交环境和自身安全——这一点甚至很难因泰国内部局势的嬗变而受到影响。只要中美两国不陷入尖锐冲突，泰国的外部环境就不会受到实质性的挑战。

中泰关系在平稳、安全、繁荣、互信的时代氛围中，无疑也将获得进一步的发展。中国的"一带一路"倡议将会得到泰国更为深入的对接和反馈，并帮助泰国自身克服种种问题，实现国家的振兴和科技的跃进。一个内部稳定、外部安全、日益繁荣，且与中国保持良好关系的泰国依然可期。

# 第十章　2016～2017年越南国情报告*

2017年，越南在政治上继续强化反腐，加强法制建设，推进法权国家建设，推进行政改革，简政放权为经济发展提供助力。经济方面，第一次完成国会提出的全部13项目标，全年GDP增长率达6.81%，通胀率低。经济结构改善，农业比重下降明显。进出口增长快速，吸引外资创十年来新高。外交方面，成功举办了亚太经合组织（APEC）领导人非正式会议，积极参与和推进包括《全面先进的跨太平洋伙伴关系协定》（CPTPP）、《区域全面经济伙伴关系协定》（RCEP）在内的多边协定谈判，不断努力加快融入国际经济社会步伐。国防安全方面，继续加强军队建设，实现军事现代化。民生文化方面，不断地提升国民的素养和健康水平，塑造越南精神文明，推进越南文化走向世界。

## 第一节　政治

### 一、强力反腐：反腐力度前所未有

2017年越南在反腐败方面取得了前所未有的成绩。查办了多起大案和要案，对腐败分子起到了强有力的震慑作用。这既反映了越南共产党强力反腐的决心，也提升了人们对越共的信心。具体而言，越南的力度空前的反腐举措和成绩，体现在以下几个方面。

1. 越共对反腐工作进行新部署

一方面，越共中央做出新的反腐安排。2016年10月9～14日，在越南首都

---

　　* 本章由金丹、顾强、蓝瑶负责撰写。金丹，广西大学国际学院（中国—东盟研究院）越南研究所所长、博士，副研究员。顾强，广西大学国际学院（中国—东盟研究院）越南研究所副所长、博士、副教授。蓝瑶，广西大学国际学院（中国—东盟研究院）越南研究所研究助理。

河内举行了越共十二届四中全会。会议的关键议题之一就是讨论越共的党建问题。具体而言，包括党的建设和整顿，坚决阻止和消除党内在政治、思想和生活等方面的"自我演变""自我转化"的现象。最终，全会通过了《关于加强建设和整顿党，制止和打击思想政治、道德和生活作风蜕化及内部"自我演变"、"自我转化"现象的决议》。"越共十二届四中全会决议具体指出了堕落现象的表现，明确了反腐目标、观点、措施和更有效组织实施的方式。"① 此后，越共上下依据此决议强力地部署反腐。另一方面，提升越共检查委员会的权威。自越共十二大之后，越南共产党开始强化越共检查委员会的权力，具体表现为强化了中央检查委员会主任陈国旺的权力。陈国旺曾任越共中央书记处书记、中央办公厅主任。从陈国旺的履历当中能够看出，其是现任总书记阮富仲的爱将。2017 年 6月，被视为阮富仲接班人的越共中央书记处常务书记丁世兄患病，不能正常履行职务。所以，丁世兄的越共中央书记处常务书记一职由陈国旺担任。这在客观上加强了陈国旺的权力，也加强了越共检查委员会的权力。加之在 2017 年查处了一系列的大案和要案，客观上也提升了越共检查委员会的权威。

2. 通过丁罗升案展示反腐决心

无论是在过去一年中，还是在越共历史上，因贪腐而被查处的官员当中，至今为止丁罗升案无疑是最具震撼性的。丁罗升（Đinh La Thăng）有着非常漂亮的履历，1960 年 4 月 10 日出生于越南南定省，毕业于河内金融学院。曾任越南承天顺化省省委副书记、越南国家石油和天然气集团党委书记、越南交通运输部部长、胡志明市市委书记。由于丁罗升完美的履历和年龄优势，其政治前途本是非常光明的。正常情况下，其很有可能会在越共十三大之后出任政府副总理，将来甚至是政府总理的强有力竞争者。"在 2017 年 4 月 27 日，越共中央检查委员会提请越共中央政治局就丁罗升在担任越南国家石油和天然气集团党委书记期间的违规行为进行处分。2017 年 5 月 7 日，越南共产党第十二届中央委员会第五次全体会议决定，给予胡志明市市委书记丁罗升警告，并免除其中央政治局委员职务的处分。"② 同一天，全会以大多数赞同的投票结果通过了对丁罗升的处分决定。此后丁罗升虽仍被任命为越共中央经济部副部长，但实质上已经就此正式结束了他的政治生命。

丁罗升在遭受处分和降职之后，对其有关问题的查处依然在继续着。"2017年 12 月 8 日，越共中央政治局决定停止丁罗升参加党的组织生活，越南第十四届国会常委会同一天通过起诉、拘留并终止丁罗升国会代表权限和任务的决议，

---

① 越通社. 反腐败是越南全党全民的决心［EB/OL］.［2018 - 02 - 25］. https：//zh. vietnam-plus. vn/反腐败是越南全党全民的决心/68910. vnp.

② 陶军，乐艳娜. 越共中央决定免除丁罗升中央政治局委员职务［EB/OL］.［2018 - 02 - 25］. ht-tp：//www. xinhuanet. com/world/2017 - 05/08/c_ 1120932248. htm.

越南公安部调查警察机关办公室对丁罗升发出起诉书和拘留令，对他涉及的两起特大经济案件立案调查。"① 在与其他一起受到审判之后，其最终被判有期徒刑13年。丁罗升这样的高官都被查处，几乎等同于在越南政坛投下了一颗核弹。展现了越共反腐的坚强决心，也提升了人民对越共的信心。

3. 查处多起大案要案震慑贪腐

越共在过去一年的时间里，除丁罗升案之外，还查处了多起大案和要案，对贪腐起到了强有力的震慑作用。梳理过去一年越南所查处的腐败案件，其影响较大的包括阮春英案、国家石油集团窝案、广南案等。

阮春英（Nguyễn Xuan Anh），前越南政治局常委和前越南中央检查委员会主任阮文芝的儿子，于2015年10月当选岘港市市委书记，当时是越南地方最年轻的新任领导干部。2017年10月6日，越共中央委员会讨论后，决定处分阮春英，免去他岘港市市委书记与越共中央委员会委员等职务。"越共中央检查委员会指出，阮春英执行公务时违反人事调派规定，学位文凭申报不符，还接受业者赠送汽车与住宅，违纪行为严重，对党的信誉产生不良影响，引起民众不满，建议上级处分。"②

2017年所查处的最大案件无疑是越南国家石油与天然气集团（PVN）集团腐败窝案，这当中牵涉出了丁罗升在内的多位高层。2018年1月22日，越南法院在经过多时间的审判之后，对有关人员进行了宣判。

同时，还查处了原广南省省委书记、原广南省人民委员会党组干事会书记、原人民委员会主席黎福青；广南省省委副书记、广南省党组干事会书记、人民委员会主席丁文秋；广南省省委常务委员会委员、广南省人民委员会党组干事会副书记、人民委员会常务副主席黄庆全；越共中央委员、原西南部地区指导委员会党委书记、原常务副主任阮风光（2011～2016年）和中央企业党委委员会委员、越南化工集团党委书记、成员理事会理事长阮英勇；工贸部副部长胡氏金钗等人。

## 二、法治建设：继续推进法权国家建设

### 1. 国会加强对政府的监督

越南国会在2017年一如既往地对政府进行监督，特别是在对政府的质询方面表现得尤其突出。具体表现在以下三方面：一是由政府总理直接接受质询。越南第十四届国会代表在2017年对政府官员进行了多次的质询与回答质询活动，按惯例，在国会的年中会议和质询会上，政府总理将委托一位副总理直接回答国

---

① 王宏彬. 政坛明星的寒冬越南一"大老虎"涉腐受审［EB/OL］.［2018 - 02 - 25］. http：//www. xinhuanet. com/world/2018 -01/09/c_ 129785632. htm.

② 麦可欣. 违反公务纪律越市委书记被革职［EB/OL］.［2018 - 02 - 25］. http：//www. zaobao. com/realtime/world/story20171006 -800984.

会代表们提出的质询。但是在 2017 年的 6 月和 11 月，政府打破惯例，两次由越南政府总理阮春福发言并直接回答国会代表提出的质询。在质询过程中，越南广播之声、越南电视台、国会电视频道和国会电子门户网站（http：//www. quo-choi. vn）现场直播了此次质询与回答质询活动。二是延长质询时间。在 6 月 13～16 日举行的越南第十四届国会第三次会议上，为提高质询和回答质询活动的质量和效果，越南国会将质询和回答质询时间从 2.5 天增加至 3 天。三是更加多的政府官员接受质询。在第十四届国会第三次会议上，越南各位政府副总理需要在各场质询会上回答国会代表们提出的质询。农业与农村发展部长、文化体育与旅游部长、卫生部长、计划与投资部长被选择在第三次会议上接受质询。

2. 积极推动立法事宜

2017 年越南继续在向建设"社会主义法权国家"的目标推进，其中的核心工作就是积极推进国会的立法工作。2017 年越南国会积极推动立法事宜，并取得丰硕成果。2017 年 6 月 21 日，越共中央委员、国会秘书长、国会办公厅主任阮幸福在国会大厦主持召开新闻发布会，公布第十四届国会第三次会议的结果。在 11 月召开的第十四届国会第四次会议上，共通过 6 项法律，讨论并对 9 项法案提出意见建议。国会表决通过三个决议，即有关 2018 年经济社会发展计划、2018 年预算案和 2018 年中央预算安排方案的决议。①

## 三、行政改革：简政放权为经济发展提供助力

1. 对经济社会发展进行调控

2017 年越南经济继续保持着较快的发展速度，在此过程中为促进经济社会发展及确保社会民生，政府和政府总理签发了一系列指导、调控公文，其中主要的措施如表 10－1 所示。

表 10－1　2017 年越南政府为保持经济发展所签发的主要公文②

| 名称 | 决议号 | 举措 |
| --- | --- | --- |
| 2017 年经济社会发展的主要指导、调控措施 | 01/NQ－CP 号决议 | 稳定宏观经济，抑制通货膨胀；提高生产率和竞争力；继续实现经济结构调整和增长方式转变；抓紧时间完成 2011～2020 年经济社会发展战略的三大突破；建设先进、专业的行政体制 |

① 越通社. 越南国会秘书长阮幸福：第十四届国会第四次会议取得圆满成功［EB/OL］.［2018 - 02 - 25］. https：//zh. vietnamplus. vn/越南国会秘书长阮幸福：第十四届国会第四次会议取得圆满成功/73380. vnp.

② 越南社会主义共和国中央政府门户网站. 越南政府 2017 年指导、调控亮点［EB/OL］.［2018 - 02 - 25］. http：//cn. news. chinhphu. vn/Home/越南政府 2017 年指导调控亮点/20181/23937. vgp.

| 名称 | 决议号 | 举措 |
|---|---|---|
| 涉及 2017 年营商环境改善和竞争力提升等主要措施的决议 | 19 - 2017/NQ - CP 号决议 | 开办企业入围前 70 国；保护少数投资者入围前 80 国；提高透明度和信贷获得可能性（按世行的获得方式）入围前 30 国。获得信贷便利度（按世界经济论坛的获得方式）力争 2020 年入围前 40 国 |
| 促进各行业各领域增长的措施 | 24/CT - TTg 号指示 | 农业增长 3.05%，工业与建筑业增长 7.91%，服务业增长 7.19% |
| 推动气体工业同步发展 | 60/QD - TTg 号批准函 | 从气体开采、收集、运输、加工、储备、分配到气体产品进出口等环节；保证收购越南石油总公司和在越石油承包商所产出的 100% 气体；力争实现 2026～2035 年全国气体开采产量达 170～210 亿立方米/年 |
| 辅助工业集中发展三大领域 | 68/QD - TTg 号批准函 | 在 2020～2025 年，越南将集中发展零配件、纺织缝纫—鞋类辅助工业和高科技工业辅助工业 |
| 海港开发和经营的必备条件 | 37/2017/ND - CP 号议定 | 港口企业在获得证书证明其具备从事海港开发与经营活动的条件后，方可进行海港开发与经营业务 |
| 工业群的管理和发展 | 68/2017/ND - CP 号议定 | 本议定共 7 章（48 条），对工业群规划、成立、扩建；工业群技术基础设施建设和生产经营；工业群发展优惠政策和国家对工业群的管理等做出具体的规定 |
| 提高接近第四次工业革命的能力 | 16/CT - TTg 号指示 | 要求从现在到 2020 年期间，集中精力指导将 6 项工作任务落实到位，旨在提高接近第四次工业革命的能力 |
| 越南煤炭行业发展规划变更 | 1265/QD - TTg 号批准函 | 对煤炭行业发展所用的基础设施投资项目清单做出适当的调整；对维持生产项目清单进行补充；补充维持生产项目的闭合界线坐标等 |
| 批准农业结构调整计划 | 1819/QD - TTg 号批准函 | 2020 年农业 GDP 增速达 3% 左右；年均生产率增速达 3.5%；农村人口收入至少为 2015 年的 1.8 倍 |
| 2016～2020 年以经济集团、国有总公司为核心的国有企业重组 | 707/QD - TTg 号批准函 | 实现股份制改革、国有资本撤资，进而达到国有企业组织机构更加合理、资金更倾斜于关键领域的目的；向社会提供必要的公共产品和服务；按照市场机制和法律规定实现股份制改革和撤资，确保公开和透明，杜绝发生群体利益、国有资本和资产流失等不良现象 |
| 国有企业实现股份制改革的必备条件和形式 | 126/2017/ND - CP 号议定 | 对国有企业实现股份制改革的必备条件和形式做出新的规定 |

续表

| 名称 | 决议号 | 举措 |
|---|---|---|
| 实现信贷机构重组 | 1058/QD – TTg 号批准函 | 进一步实现信贷机构重组，在严谨慎重、保护存款者权益、维护系统稳定和安全的情况下，以符合市场机制的方式来彻底处理呆坏账、经济效益差的信贷机构等问题，只有威信好、稳健运营、支付能力好的信贷机构才能继续运营下去 |

### 2. 优化行政结构，推动行政改革

长期以来，越南政府就面临着政府机构臃肿、低效、腐败等问题，所以越南共产党和政府确立了建立精简、专业、高效的国家行政组织机构的目标。为了实现此目标，越南政府专门成立了越南政府行政改革委员会，由越南政府副总理、政治局委员张和平出任委员会主席。"政府行政改革指导委员会负责帮助政府总理研究、指导各部委、行业和地方按照政府所颁布的行政改革计划，推动行政改革工作落到实处、见到实效。此外提出扎实深入推进政府行政改革工作的主张、政策和措施，为由内务部递交政府的长期和年度行政改革计划建言献策。"[①] 2018 年 2 月 8 日，张和平在越南政府行政改革委员会全国会议上提出行政改革的重心工作。具体为推动精干高效的行政机构的革新完善，结合精简编制政策推进分级授权工作；集中建立健全体制机制、政策和法律；加强行政手续改革；加强公务员干部队伍在执行公务过程中的行政纪律；继续有效实施事业单位革新及建立紧密结合行政手续革新的电子政府。随着越南政府向精简、专业、高效的目标迈进，其对越南经济的发展无疑会提供强大的助力。

# 第二节　经济

2017 年是越南经济获得成功的一年，也是越南近几年来第一次完成或超额完成国会提出的全部 13 项目标的一年。国家宏观经济稳定，通胀率保持在合理区间，财政收入及主要经济目标均得以实现。

## 一、经济增长总体情况

在 2016 年第四季度 GDP 增速高达 6.68% 之后，2017 年第一季度越南经济突

---

① 越通社. 越南政府对行政改革指导委员会组成人员进行调整［EB/OL］.［2018 – 02 – 25］. https：//zh. vietnamplus. vn/越南政府对行政改革指导委员会组成人员进行调整/75250. vnp.

然回头下降，GDP 增长率仅达 5.15%。甚至第二季度达 6.28%，许多国内外专家还认为，2017 年是越南经济困难的一年。然而，越南经济在 2017 年后几个月实现的突破性增长已消了上述所有疑虑。2017 年第三季度和第四季度的 GDP 增长率分别达 7.46% 和 7.65%，全年 GDP 增长率约达 6.81%，超过既定的 6.7% 这一目标，也是自 2011 年来的最高水平。经济增长正向纵深发展，体现在全要素生产率（TFP）对经济增长的贡献率有所提高上。2017 年 TFP 贡献率约为 54.19%，高于 2011～2015 年的 33.58% 和 2016 年的 40.68%。人均 GDP 约达 5350 万越盾，相当于 2385 美元，较 2016 年增加了 170 美元。通货膨胀率仅达 3.53%，低于国会的既定目标 4%。[①]

表 10－2　2015～2017 年越南主要经济发展指标

| 年度 | GDP 增长 | 工业生产 指数增长 | 出口商品 金额增长 | 进口商品 金额增长 | 贸易差额 （亿美元） | CPI 同比 增长 | 第三产业 总额增长 | 投资额占 GDP 比值 |
|------|----------|-------------------|-------------------|-------------------|---------------------|---------------|-------------------|-------------------|
| 2015 | 6.68% | 9.8% | 8.1% | 12% | －32 | 0.63% | 9.5% | 32.6% |
| 2016 | 6.21% | 7.5% | 8.6% | 4.6% | 26.8 | 2.66% | 10.2% | 33% |
| 2017 | 6.81% | 9.4% | 21.1% | 20.8% | 27 | 3.53% | 10.9% | 33.3% |

资料来源：越通社《2017 年经济社会发展主要目标落实结果》，2018 年 1 月 2 日。

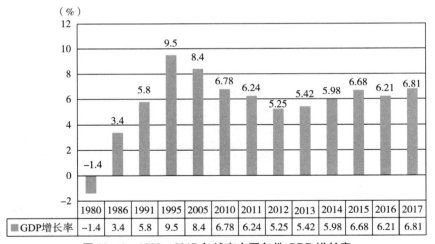

图 10－1　1980～2017 年越南主要年份 GDP 增长率

资料来源：越南统计总局。

① 越通社. 越南努力提高国家竞争力促进经济可持续发展［EB/OL］. ［2018－01－08］. https：// zh. vietnamplus. vn/%E8%B6%8A%E5%8D%97%E5%8A%AA%E5%8A%9B%E6%8F%90%E9%AB% 98%E5%9B%BD%E5%AE%B6%E7%AB%9E%E4%BA%89%E5%8A%9B%E4%BF%83%E8%BF% 9B%E7%BB%8F%E6%B5%8E%E5%8F%AF%E6%8C%81%E7%BB%AD%E5%8F%91%E5%B1%95/ 75157. vnp.

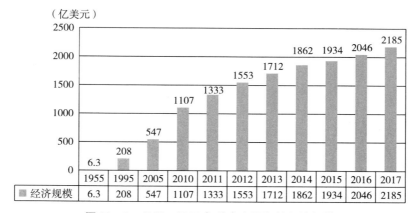

**图 10 - 2　1955～2017 年越南主要年份经济规模**

资料来源：越南统计总局。

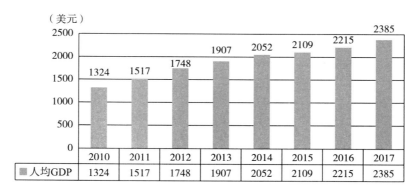

**图 10 - 3　2010～2017 年越南人均 GDP 状况**

资料来源：越南统计总局。

## 二、三大产业

2017 年，越南经济结构发生了积极转变，农业比重逐步降低，工业和服务业比重上升，具体为农林水产业占 15.34%；工业、建筑业占 33.34%；服务业占 41.3%。在整个经济产业 6.81% 的增长率中，农林水产业增长率为 2.9%，对国内生产总值的贡献率为 0.44 个百分点；工业与建筑业增长 8.0%，贡献 2.77 个百分点；服务业增长 7.44%，贡献 2.87 个百分点。①

---

① 越通社 . 2017 年越南经济获得双赢通胀率仅达 3.53% ［EB/OL］. ［2017 - 12 - 31］. http：// cn. dangcongsan. vn/economy/2017% E5% B9% B4% E8% B6% 8A% E5% 8D% 97% E7% BB% 8F% E6% B5% 8E% E8% 8E% B7% E5% BE% 97% E5% 8F% 8C% E8% B5% A2% E9% 80% 9A% E8% 83% 80% E7% 8E% 87% E4% BB% 85% E8% BE% BE353 - 468190. html。

### 1. 第一产业

2017 年，越南第一产业增长 2.9%，其中水产业增长 5.54%，林业增长 5.14%，农业增长 2.07%，整个产业对国内生产总值的贡献率为 0.44 个百分点。在出口方面，2017 年，越南农业创下许多新纪录，农林水产品出口额达 363.7 亿美元，超额完成政府下达的 320～330 亿美元，同比增加 40 多亿美元。水产出口额首次达到 84 亿美元，木制品和林产出口额达 80 亿美元。此外，农业领域的引资方面也有起色。2017 年，农林水产领域企业注册成立数量为近 2000 家，同比增长 3.8%，将从事该领域的企业数量提升到 5600 家。许多大型企业和集团已选定高科技农业、有机农业为发展方向。2017 年农业部门已加大食品安全和质量管理力度，注重食品安全问题。截至目前，全国已成功建立安全农林水产品供应链试点模式 744 个。①

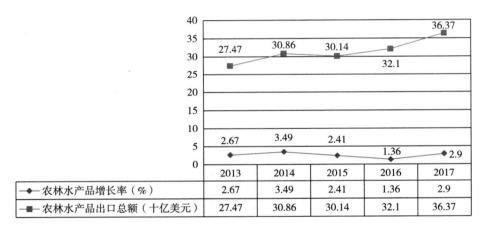

**图 10－4　2013～2017 年越南农林水产品增长趋势及出口总额**
资料来源：农业与农村发展部。

### 2. 第二产业

2017 年，越南第二产业增长 8%，其中工业增长 7.85%，建筑业增长 8.7%，整个产业对经济增长贡献 2.77 个百分点。在出口方面，加工制造产品的出口额达到 1714 亿美元，占出口总额近 80.2%，同比增长 22.4%。出口额超过 100 亿美元的加工工业品包括各类电话及其零配件，电脑、电子产品及其零部件，纺织品和服装，鞋类，机械及设备、工具和其他零配件。上述五类商品出口

① 越通社. 农业部门完成 2017 年各重要指标［EB/OL］.［2017－12－30］. https：//zh. vietnam-plus. vn/农业部门完成 2017 年各重要指标/74819. vnp.

额达 1280 亿美元,占加工工业品出口总额的 73.5%。2017 年新设企业的数量、规模或注册资本等方面都创下新纪录。2017 年,建设业保持较高增长势头,从 2007 年的近 50 亿美元提升到 2017 年的 128 亿美元,同比增长 8.7%,对国内生产总值贡献率位居第三。该行业新成立企业 1.6 万家,占新成立企业的 12%,同比增长 10.6%。全国城镇化率达 37.5%,同比增长 0.9%。目前,全国都市数量 813 个,同比增长 11 个。城市建设总体规划覆盖率达 100%,农村建设规划覆盖率达 99.4%。据建设部的统计数据,目前,全国人均住房面积为 23.4 平方米,同比增加 0.6 平方米。①

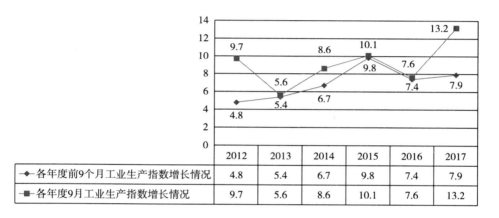

| | 2012 | 2013 | 2014 | 2015 | 2016 | 2017 |
|---|---|---|---|---|---|---|
| ◆ 各年度前9个月工业生产指数增长情况 | 4.8 | 5.4 | 6.7 | 9.8 | 7.4 | 7.9 |
| ■ 各年度9月工业生产指数增长情况 | 9.7 | 5.6 | 8.6 | 10.1 | 7.6 | 13.2 |

**图 10 - 5 越南各年度前 9 个月工业生产指数增长情况**

资料来源:越南统计总局。

3. 第三产业

2017 年,越南第三产业增长 7.44%,对经济增长贡献 2.87 个百分点。其中批发与零售业增长 8.36%,房地产增长 53.5%。其他行业情况如下文所述:

(1)商品零售业。2017 年越南零售业销售额约达 1295.6 亿美元,同比增长 10.9%,高于 2016 年的 1180 亿美元。根据 A. T. Kearney 的 "2017 年全球零售业发展指数(GRDI)" 报告,越南 GRDI 指数提升五级,排名第六,仅排在印度、

---

① 越南人民报网. 2018 年越南建筑业将继续保持良好增长态势 [EB/OL]. [2018 - 01 - 22]. http://cn. nhandan. org. vn/economic/item/5798801 - 2018% E5% B9% B4% E8% B6% 8A% E5% 8D% 97% E5% BB% BA% E7% AD% 91% E4% B8% 9A% E5% B0% 86% E7% BB% A7% E7% BB% AD% E4% BF% 9D% E6% 8C% 81% E8% 89% AF% E5% A5% BD% E5% A2% 9E% E9% 95% BF% E6% 80% 81% E5% 8A% BF. html.

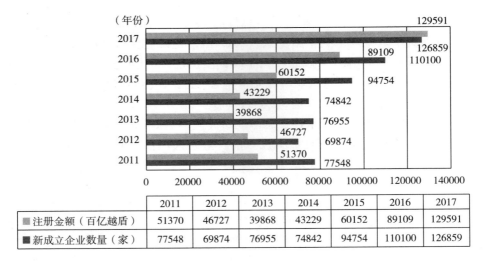

| | 2011 | 2012 | 2013 | 2014 | 2015 | 2016 | 2017 |
|---|---|---|---|---|---|---|---|
| ■ 注册金额（百亿越盾） | 51370 | 46727 | 39868 | 43229 | 60152 | 89109 | 129591 |
| ■ 新成立企业数量（家） | 77548 | 69874 | 76955 | 74842 | 94754 | 110100 | 126859 |

**图 10－6　2011～2017 年越南新成立企业数量和注册金额**

资料来源：越南统计总局。

中国、马来西亚、土耳其和阿拉伯联合酋长国等国之后。[①]

（2）交通运输业。2017 年，越南的运输业正朝着正确的方向发展。铁路业全部总公司的营业总额进一步呈现恢复性增长态势，运输量增长了 9%，阻挡了铁路运输市场份额的严重萎缩。另外，越南铁路工业呈现猛增态势，产量达计划的 169%，相当于去年同期的 256.1%；营收额达计划的 197.5%，相当于去年同期的 512.5%。[②] 为加速越南南北高速公路建设以满足运输大动脉的迫切需要，越南交通运输部对外发布 8 个招标项目，以 PPP 模式启动投资建设，预计投资总额约 46 亿美元，其中越南政府投资约 18 亿美元，建设期为 2017～2020 年。[③]

（3）旅游业。2017 年，越南接待游客量近 1300 万人次，同比增长近 30%。越南旅游营业收入约达 500 万亿越盾（约合 227 亿美元）。越南跻身 2017 年全球十大快速增长旅游目的地名录和全球游客量增长最快的十大城市名单。这主要与

① 越通社．越南零售市场是外国零售商潜力巨大的市场［EB/OL］．［2018－01－05］．https://zh.vietnamplus.vn/%E8%B6%8A%E5%8D%97%E9%9B%B6%E5%94%AE%E5%B8%82%E5%9C%BA%E6%98%AF%E5%A4%96%E5%9B%BD%E9%9B%B6%E5%94%AE%E5%95%86%E6%BD%9C%E5%8A%9B%E5%B7%A8%E5%A4%A7%E7%9A%84%E5%B8%82%E5%9C%BA/75049.vnp.

② 越通社．越南铁路运输业逐见起色［EB/OL］．［2018－01－24］．https://zh.vietnamplus.vn/%E8%B6%8A%E5%8D%97%E9%93%81%E8%B7%AF%E8%BF%90%E8%BE%93%E4%B8%9A%E9%80%90%E8%A7%81%E8%B5%B7%E8%89%B2/75795.vnp.

③ 中国驻胡志明总领馆经商室．越南交通运输部发布 8 个南北高速公路项目招标［EB/OL］．［2017－12－28］．http://vietchina.org/ssxw/8568.html.

· 208 ·

越南 2017 年 1 月通过的越共中央政治局已经出台关于将旅游业发展成为尖端产业的第 8 号决议和 6 月越南国会通过 2017 年《旅游法》有关，此外，宽松的签证政策也有助于提升越南旅游吸引力。①

（4）房地产业。2017 年越南房地产业持续稳定发展。截至 11 月，越南新注册不动产企业 4500 家，建筑类企业 155300 家，注册资金规模由 200 亿盾/企业上升到 680 亿盾/企业。在越南上市的不动产公司数量由 11 家增加到近 60 家。截至 2017 年 9 月，越南上市不动产公司营收增长 40%，利润增长 6%；出租类办公楼、各类公寓住宅、商铺等市场价格上涨 5%～10%。②

## 三、对外经济

### 1. 对外贸易

2017 年，越南商品进出口总额达 4249 亿美元，首次突破 4200 亿美元关口，在 6 年内增加 2000 亿美元。其中，出口额约达 2138 亿美元，同比增长 21.7%，创许多年来的历史新高。其中，内资企业的出口额达 585.3 亿美元，同比增长 16.2%。外资企业的出口额达 1552.4 亿美元，同比增长 23%。在出口商品类中共有 5 类达到 100 亿美元以上，包括手机及其零件，纺织品服装，电子产品及其零件，鞋类和机械设备、工具及配件。出口额达 10 多亿美元的商品类共 29 类，比 2016 年增加 4 类。出口活动的增长助推 GDP 增长，有助于创造出更多的就业机会，助推消费。2017 年全国商品进口额约达 2111 亿美元，同比增长 20.8%。其中，内资企业进口额达 847 亿美元，同比增长 17%；外资企业进口额达 1264 亿美元，同比增长 23.4%。多年来，越南出口商品的共同之处就是主要为原矿产及一些原农产品或者以加工及组装形式并依赖于进口原材料的加工工业品。辅助工业发展缓慢，尚未生产出达标的产品，旨在能够加入对出口企业的产品及其零配件供应链。2017 年，越南贸易顺差达 26.7 亿美元，创历史新高。2017 年是越南连续第二年出现贸易顺差。其中，内资企业实现贸易逆差 261 亿美元，外资企业实现贸易顺差 288 亿美元。③

① 越通社 . 2017 年越南旅游产业成就显著［EB/OL］.［2018 - 01 - 09］. https：//zh. vietnamplus. vn/2017% E5% B9% B4% E8% B6% 8A% E5% 8D% 97% E6% 97% 85% E6% B8% B8% E4% BA% A7% E4% B8% 9A% E6% 88% 90% E5% B0% B1% E6% 98% BE% E8% 91% 97/75370. vnp.
② 中华人民共和国商务部 . 2018 年越南房地产业将迎来 10 年发展周期［EB/OL］.［2017 - 12 - 12］. http：//www. mofcom. gov. cn/article/i/dxfw/cj/201712/20171202683957. shtml.
③ 越通社 . 回顾 2017 年：越南经济画卷上的亮点［EB/OL］.［2018 - 01 - 06］. https：//zh. vietnamplus. vn/% E5% 9B% 9E% E9% A1% BE2017% E5% B9% B4% E8% B6% 8A% E5% 8D% 97% E7% BB% 8F% E6% B5% 8E% E7% 94% BB% E5% 8D% B7% E4% B8% 8A% E7% 9A% 84% E4% BA% AE% E7% 82% B9/75083. vnp.

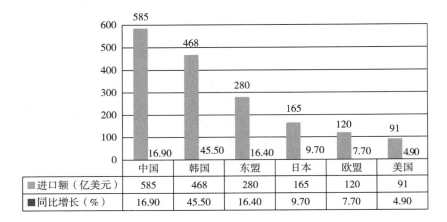

| | 中国 | 韩国 | 东盟 | 日本 | 欧盟 | 美国 |
|---|---|---|---|---|---|---|
| ■进口额（亿美元） | 585 | 468 | 280 | 165 | 120 | 91 |
| ■同比增长（%） | 16.90 | 45.50 | 16.40 | 9.70 | 7.70 | 4.90 |

**图 10 - 7　2017 年越南主要进口市场**

资料来源：越通社：《2017 年越南商品进出口额突破 4000 亿美元大关创新纪录》，2017 年 12 月 28 日。

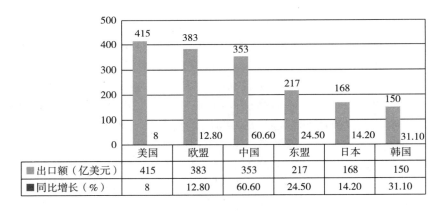

| | 美国 | 欧盟 | 中国 | 东盟 | 日本 | 韩国 |
|---|---|---|---|---|---|---|
| ■出口额（亿美元） | 415 | 383 | 353 | 217 | 168 | 150 |
| ■同比增长（%） | 8 | 12.80 | 60.60 | 24.50 | 14.20 | 31.10 |

**图 10 - 8　2017 年越南主要出口市场**

资料来源：越通社：《2017 年越南商品进出口额突破 4000 亿美元大关创新纪录》，2017 年 12 月 28 日。

**2. 吸引外资**

2017 年，越南吸引外国投资创 10 年来新高，实际到位资金也实现了历史性突破。截至 2017 年 12 月 20 日，越南全国获投资许可证的新项目共有 2591 个，协议资金总额为 212.7 亿美元，同比增长 42.3%。此外，增资项目 1188 个，增资总额近 84.1 亿美元，同比增长 49.2%。境外投资商购买股份 5002 次，总价值为 61.9 亿美元，同比增长 45.1%。境外投资商对越南 19 个领域进行投资。其一最吸引境外投资商目光的领域是加工制造业。该领域 FDI 资金总额为 158.7 亿美元，占全国 FDI 总额的 44.2%。其二是电力生产及分配领域，投资总额达 83.7

亿美元，占全国 FDI 总额的 23.3%。其三是房地产领域，FDI 总额达 30.5 亿美元，占全国 FDI 总额的 8.5%。目前对越南投资国家和地区共 115 个，日本以 91.1 亿美元协议资金总额占越南 FDI 总额的 25.4%，成绩位居第一。位居第二的是韩国，对越注册资金总额 84.9 亿美元，占全国 FDI 总额的 23.7%。新加坡分别以 53 亿美元（注册资金）和 14.8%（占越南 FDI 总额）的数字位居第三。境外投资商对越南 59 个省市进行投资。其中胡志明市是吸引境外投资商最多的城市，对该市协议资金总额达到 65 亿美元，占全国 FDI 总额的 18.1%。第二是北宁省（34 亿美元、9.5%）。第三是清化省（31.7 亿美元、8.8%）。①

但是，越南过分吸引外资也带来了毁坏环境、过度开发自然资源、牵制国内企业发展等负面影响。外商投资发挥的带动作用仍未达所望，对国内企业的支撑作用不太明显。越南国内外企业参加全球供应链的比例仅达 21%，低于泰国的 30% 和新加坡的 46%。因此，越南要有选择地引进 FDI 投资，首先，新的 FDI 引进战略中的优先发展行业要得到调整，倾向于绿色工艺和先进工艺，尤其是接近第四次工业革命的工艺。与此同时要对 FDI 企业优惠政策进行全面审核，进而进行调整，经济效益高、不会对环境造成影响、符合新的投资规定等项目将享受更多优惠。其次，从投资促进及 FDI 项目审核工作，到颁发投资许可证、项目展开及效果评估等环节进行重新安排，完全有条件寻找符合新的吸引外资战略的跨国集团。投资促进工作一旦有条有序进行，各跨国集团对越南投资的机会也将随之扩大。项目审核工作要向地方利益服务于国家利益的方向转变，项目效果评估要把带动作用作为关键因素。只有如此，外资资金才能真正给越南带来实际价值。②

## 四、财政与金融

### 1. 财政

2017 年，越南国家财政收入达近 1080 万亿越盾，超过测算值 5%，完成年度预算的 88.9%。国家财政支出约达 1130 万亿越盾，完成年度预算的 81.7%。2017 年，越南财政赤字为 174 万亿越盾（约 76.5 亿美元），占 GDP 的 3.48%，

---

①　越通社.2017 年流入越南的 FDI 总额达 358.8 亿美元［EB/OL］.［2017 - 12 - 24］.https：// zh.vietnamplus.vn/2017%E5%B9%B4%E6%B5%81%E5%85%A5%E8%B6%8A%E5%8D%97%E7% 9A%84fdi%E6%80%BB%E9%A2%9D%E8%BE%BE3588%E4%BA%BF%E7%BE%8E%E5%85%83/ 74583.vnp.

②　越通社.回顾 2017 年：越南吸引外国投资创纪录从数字看变化［EB/OL］.［2018 - 01 - 10］.ht- tps：//zh.vietnamplus.vn/%E5%9B%9E%E9%A1%BE2017%E5%B9%B4%E8%B6%8A%E5%8D%97% E5%90%B8%E5%BC%95%E5%A4%96%E5%9B%BD%E6%8A%95%E8%B5%84%E5%88%9B%E7% BA%AA%E5%BD%95 - %E4%BB%8E%E6%95%B0%E5%AD%97%E7%9C%8B%E5%8F%98%E5%8C% 96/75238.vnp.

较上年的 5.7% 大幅收窄。这是越南国家预算开源节流的重要成果，显示经常性开支得到较好控制。越南政府总理阮春福要求越南财政部进一步加强税收监管，做到应收尽收，继续扩大越南政府财政收入来源。① 2017 年，各级税务部门已积极开展增加税收收入，避免国家税收损失，扩大税基，实行课税推定，加快行政审批制度改革，为人民和企业创造便利条件。越南国内税收总收入因此突破 1000 万亿越盾的大关，超出计划的 5.1%。② 关于公债，通过多项重组结构措施，越南财政部继续延长越南政府债券发行期限。

2. 金融

2017 年，虽然国际金融市场面对着两大发展趋势，即继续宽松货币政策及逐步收紧货币政策，导致美元兑全球其他主要货币汇率大幅波动。然而，本着主动、灵活、谨慎的精神，越南国家银行已经最大限度地减轻国际金融市场造成的负面影响，并灵活采取各项工具和措施，完成年初所提出的各项目标任务，在抑制通胀、维护宏观经济稳定、确保经济合理增长和金融机构的安全运行等方面发挥着重要作用。2017 年，越南广义货币供应量 M2 的年增长率约 16%，接近年初设定的 16%~18% 的目标。贷款利率下降 0.5%~1%；信贷增长率达 18.17%；大部分信贷集中在生产经营领域（占贷款总额的 80%）。截至 2017 年 11 月，出口领域信贷同比增长 14.03%，高新技术企业增长 20%，中小型企业增长 11.53% 和农业与农村领域增长 22% 等。越南盾的地位和信任度得到巩固，被"美元化"的情况得到改善。国家银行收购大量外币，越南外汇储备规模达 530 亿美元，创纪录新高。③

2017 年越南证券市场创下许多新纪录。其中 VN - Index 指数突破 970 点（2017 年 12 月 4 日收市时），比 2016 年 12 月 30 日上涨 46%。2017 年底，市值达近 3360 万亿越盾，相当于国内生产总值的 74.6%。2017 年也是外国投资商的交易频繁的一年，股票净购买量达 26 万亿越盾。2017 年 8 月 10 日，衍生证券在河内证券交易所正式开市，标志着越南证券市场结构完善进程的重要进展。值得一提的是，2017 年已在证券市场上市的越南乳业股份公司（Vinamilk）和西贡啤酒酒精饮料公司（Sabeco）等大型企业的国资撤资提高越南证券市场对国内外投

① 中国驻胡志明市总领馆经商室. 越南财政赤字大幅改善 [EB/OL]. [2018 - 01 - 10]. http://edushicj. com/zixun/info/1 - 8 - n102586. html.

② 越通社. 2018 年越南力争税收收入超出目标任务至少 3% [EB/OL]. [2018 - 01 - 15]. https://zh. vietnamplus. vn/2017% E5% B9% B4sabeco% E5% 95% A4% E9% 85% 92% E4% BA% A7% E9% 87% 8F% E8% BE% BE172% E4% BA% BF% E5% 8D% 87/75409. vnp.

③ 越通社. 着力维护 2018 年宏观经济稳定 降低贷款利率 促进信贷合理增长 [EB/OL]. [2018 - 01 - 09]. https://zh. vietnamplus. vn/着力维护 2018 年宏观经济稳定 - 降低贷款利率 - 促进信贷合理增长/75184. vnp.

资商的吸引力。①

# 第三节　外交

## 一、大国外交：保持与大国关系的稳定与发展势力

2017 年在越南的对外关系中与美国的关系无疑最引人注目。2017 年 1 月 20 日特朗普就任美国新总统，随着特立独行的特朗普的上台，对全世界产生了许多不确定的变数。对于越南而言，对于特朗普上台后越美关系的走向，同样有所担忧。特别是特朗普在就职后首个工作日宣布退出 TPP，越南作为 TPP 理论上最大的受惠国，着实被打了一记闷棒。所以，特朗普上台之后越美能否继续保持之前 20 余年的关系，持续稳定并快速地发展，越南无疑也会有所担忧。在此背景下，2017 年 5 月阮春福对美国进行了正式访问，通过此次访问及事后的发展情况表明，越美关系保持了稳定且有保持着深化和发展的趋势。阮春福访问后发表的《越南与美国关于加强全面伙伴关系的联合声明》明确，"作为利益和承诺覆盖全亚太地区的太平洋强国，美国与越南分享许多重要利益。两位领导人强调，越美关系正在迎来许多机遇，其中政治、外交、经济、贸易等领域上的关系不断得以加强。双方在科学技术、国防安全、教育、民间交流、人道主义、处理战争遗留后果及共同关心的地区和国际问题中的合作不断得到加深"。在南海问题上，《联合声明》也含沙射影地提到了中国，提到了"确保航海与航空自由及其他合法利用海洋形式等的重要性，对非法限制海洋自由给亚太地区和平与繁荣造成的不确定因素表示担忧。""不采取致使地区紧张局势升级的行为，例如对有争端的构筑进行军事化等。特朗普总统强调，美国将继续派遣舰船和飞机在国际法律允许的任何地方开展活动。"② 岘港举办 APEC 期间，特朗普在 2017 年 11 月还对

---

① 越通社.2017 年越南十大经济新闻事件［EB/OL］.［2017 - 12 - 31］.https：//zh. vietnamplus. vn/% E5% 9B% BD% E9% 99% 85% E5% AA% 92% E4% BD% 93% E9% AB% 98% E5% BA% A6% E8% AF% 84% E4% BB% B7% E8% B6% 8A% E5% 8D% 972017% E5% B9% B4% E7% BB% 8F% E6% B5% 8E% E6% 88% 90% E5% B0% B1/74963. vnp.

② 越南人民报.越南与美国关于加强全面伙伴关系的联合声明［EB/OL］.［2017 - 06 - 01］.ht-tp：//cn. nhandan. com. vn/documentation/important - documents/item/5147901 - % E8% B6% 8A% E5% 8D% 97% E4% B8% 8E% E7% BE% 8E% E5% 9B% BD% E5% 85% B3% E4% BA% 8E% E5% 8A% A0% E5% BC% BA% E5% 85% A8% E9% 9D% A2% E4% BC% 99% E4% BC% B4% E5% 85% B3% E7% B3% BB% E7% 9A% 84% E8% 81% 94% E5% 90% 88% E5% A3% B0% E6% 98% 8E% EF% BC% 88% E5% 85% A8% E6% 96% 87% EF% BC% 89. html.

越南进行国事访问。在陈大光主席和特朗普总统的见证下，双方签署了总额为120亿美元的6个合作协议和合同。在南海问题上，特朗普在同越南国家主席陈大光谈到南海争端时，自告奋勇地表示准备好要在越南与中国等声索国之间调停南海问题，并称"我是一个很好的调解人。"① 2017年的实践表明，越美关系保持着稳定，且在向进一步深化的方向发展。

在越日关系方面，更是取得了重大突破。2017年2月，日本天皇明仁和皇后美智子访问越南，这在越日关系史上还是首次。除此之外，越南和日本高级领导人还频繁进行互访。安倍晋三在2017年就两次访问越南，阮春福也访问了越南。阮春福访问日本时发表了《越日两国发表关于进一步深化越日纵深战略伙伴关系的联合声明》，在《联合声明》中称，"两位领导强调，越日两国是彼此的重要伙伴，拥有广泛的共同战略利益；两位领导一致认为两国具备进一步深化纵深战略伙伴关系的条件。"② 除了两国的最高领导人之外，其他层次的政府官员互访也非常频繁，进一步密切了越日关系。

2017年，越俄关系继续得到进一步发展，两国高层的交流非常密切。5月，在中国北京出席"一带一路"国际合作高峰论坛期间，越南国家主席陈大光会晤了普京。此后，陈大光和普京进行了互访。6月越南国家主席陈大光对俄罗斯进行正式访问，两国政府发表的《越南与俄罗斯发表联合声明》称，"双方希望在两国传统友谊和互相尊重的基础上，促进两国各领域合作，强调两国在贸易投资、科技和人文领域合作的重要性及同意维护两国政治对话机制"。③ 在岘港APEC会议期间，普京也访问了越南。此外，越南和俄罗斯两国政府的其他高级领导人也进行了互访。如越共政治局委员陈国旺于2017年12月对俄罗斯进行了工作访问，俄联邦委员会主席瓦莲京娜·伊万诺芙娜·马特维延科（Valentina Ivanovna Matviyenko）在2017年的2月和11月两次访问越南。

除此之外，越南与印度、欧盟、澳大利亚和巴西等大国的关系，在2017年继续得到深化与发展。例如，2017年11月，越南政府总理阮春福在出席第31届

---

① 刘姝蓉. 特朗普"自告奋勇"要调停南海 杜特尔特却这么说［EB/OL］.［2017－11－13］. http：//news. 163. com/17/1113/22/D35FKH370001899N. html.

② 越通社. 越日两国发表关于进一步深化越日纵深战略伙伴关系的联合声明［EB/OL］.［2017－06－07］. https：//zh. vietnamplus. vn/% E8% B6% 8A% E6% 97% A5% E4% B8% A4% E5% 9B% BD% E5% 8F% 91% E8% A1% A8% E5% 85% B3% E4% BA% 8E% E8% BF% 9B% E4% B8% 80% E6% AD% A5% E6% B7% B1% E5% 8C% 96% E8% B6% 8A% E6% 97% A5% E7% BA% B5% E6% B7% B1% E6% 88% 98% E7% 95% A5% E4% BC% 99% E4% BC% B4% E5% 85% B3% E7% B3% BB% E7% 9A% 84% E8% 81% 94% E5% 90% 88% E5% A3% B0% E6% 98% 8E/66179. vnp.

③ 越通社. 越南与俄罗斯发表联合声明［EB/OL］.［2018－09－07］. https：//zh. vietnamplus. vn/% E8% B6% 8A% E5% 8D% 97% E4% B8% 8E% E4% BF% 84% E7% BD% 97% E6% 96% AF% E5% 8F% 91% E8% A1% A8% E8% 81% 94% E5% 90% 88% E5% A3% B0% E6% 98% 8E/67091. vnp.

东盟峰会及系列会议期间，会见了印度总理莫迪。此后不久，阮春福和陈大光都相继访问了印度。在 2017 年的 7 月，越南总理阮春福访问了德国和荷兰，阮春福还受邀出席了在德国汉堡举行的二十国集团领导人第十二次峰会，这是越南首次参加二十国集团峰会。

## 二、东盟外交：建立更良好的周边外交环境

2017 年是东盟成立 50 周年的年份，也是越南加入东盟 22 周年纪念日。在 22 年的时间里，越南与东盟的关系突飞猛进。2006～2016 年 10 年间，越南国内生产总值在东盟中所占比例增长了 1 倍，从 2006 年的 3.5% 升至 2016 年的 7%。东盟内部与越南贸易总额增长超过百分之一千，东盟各国对越投资增长 120%。越南与东盟国家在基础设施、机制体制方面的互联互通日益紧密。这是越南企业得以充分利用东盟共同体所带来的机遇的重要因素。[①]

除了与东盟整体关系取得重大进展之外，2017 年越南与老挝和柬埔寨的关系同样非常值得纪念。2017 年是越老建交 55 周年暨签署友好合作条约 40 周年、越柬建交 50 周年。为此，越老和越柬都进行了隆重的纪念。趁着双方联合纪念越老建交 55 周年的势头，2017 年 12 月，老挝人民革命党中央委员会总书记、国家主席本扬·沃拉吉对越南进行正式友好访问。随后越老发表的《联合声明》中重申，"55 年来，越老传统友谊、特殊团结和全面合作关系取得巨大成就，成为两党两国及两国人民的宝贵财富，是确保各自国家革命事业取得成功的重要因素。在越柬建交 50 周年之际，两国也进行了多种形式的纪念活动"。2017 年 4 月越南政府总理阮春福对柬埔寨进行正式访问。双方发表的《联合声明》称，"双方一致认为，巩固与推进越柬友好合作关系发展对两国关系具有十分重要的意义，并承诺继续本着'睦邻友好、传统友谊、全面合作、长期稳定'的方针进一步巩固与推动两国关系向前发展"。2017 年 7 月，阮富仲总书记访问了柬埔寨，与柬埔寨首相洪森签署了有关加强越柬友好合作关系的联合声明及四份合作文件。2017 年 6 月 21 日柬埔寨首相洪森在纪念"洪森的救国之路 40 周年"之际访问越南。2017 年 6 月 23 日由韩桑林主席率领的柬埔寨王国国会高级代表团开始对越南进行正式友好访问，并出席越柬建交 50 周年纪念活动。

对于越南而言，随着在 2017 年黎良明东盟秘书长任期的结束，越南与东盟的关系也需要做出微妙的调整。在黎良明担任东盟秘书长期间，对于推动越南与

---

① 越通社. 越南与东盟成员国并肩前进 22 年［EB/OL］.［2017 - 07 - 31］. https：//zh. vietnamplus. vn/% E8% B6% 8A% E5% 8D% 97% E4% B8% 8E% E4% B8% 9C% E7% 9B% 9F% E6% 88% 90% E5% 91% 98% E5% 9B% BD% E5% B9% B6% E8% 82% A9% E5% 89% 8D% E8% BF% 9B22% E5% B9% B4/68409. vnp.

东盟的关系起到了很大的作用。特别是在南海问题上，黎良明并没有遵循其作为东盟秘书长应有的客观和中立的立场，反而明显地偏向于越南，使越南绑架了整个东盟的利益。随着黎良明在 2017 年 12 月 31 日卸任，越南要在东盟发挥作用，缺少了一根杠杆。

## 三、APEC 外交：提升越南的国际地位

2017 年越南最重要的外交活动当数举办 APEC 会议，2017 年的 APEC 会议在越南中部的新兴城市岘港举行。这是越南少有主场的多边外交活动，堪称 2020 年之前越南最重要的外交活动。2017 年的 APEC 会议于 11 月 6~11 日在岘港市召开，来自 APEC 的 21 个成员经济体领导和约 1 万名国内外代表出席了会议。从越南的角度来看，2017 年的 APEC 会议无疑是非常成功的，主要取得了三方面的成就。

1. 领袖云集，推动 APEC 成功举办

2017 年围绕着 APEC 会议，越南在"10 个省市共举办了 243 场活动"。2017 年 APEC 会议尤其是 APEC 领导人会议周更是成为全世界关注的热点。包括美国、中国、俄罗斯、日本等世界最大经济体领导在内的 APEC 全部成员经济体领导出席在越南岘港举行的 APEC 领导人会议周。出席会议的政治领袖包括中国国家主席习近平、美国总统特朗普、日本首相安倍晋三、印度尼西亚总统佐科、老挝国家主席本扬、柬埔寨首相洪森、缅甸国务资政昂山素季、马来西亚总理纳吉布、韩国总统文在寅、智利总统米歇尔·巴切莱特·赫里亚、加拿大总理贾斯廷·特鲁多、泰国总理巴育·詹欧差、菲律宾总统杜特尔特、新加坡总理李显龙等。除了政治领袖之外，世界 2000 多家企业和越南 800 家企业代表一同出席会议。此外，世行（WB）、亚行（ADB）、世界经济论坛（WEF）、经济合作与发展组织（OECD）、亚洲基础设施投资银行（AIIB）等国际组织领导与会。"仅在 APEC 领导人会议周期间，越南党、国家领导人与各伙伴领导进行近 50 场双边会晤和接触，其中包括世界银行、国际货币资金组织、亚洲基础设施投资银行等世界影响力颇大的一流集团和经济、金融组织。此外，在此期间，APEC 各成员经济体领导举行近 100 场双边会晤和接触。这是亚太地区的地位在世界政治—经济版图上日益提升的生动体现，以及各成员经济体对 APEC 合作征程中的强劲承诺。APEC 领导人会议周期间共有总价值为 200 亿美元的 121 项合作协议和合同得到签署，为各成员经济体的经济社会发展事业做出切实贡献。"①

---

① 越通社. 越南融入国际社会征程中的深刻烙印 [EB/OL]. [2018 - 02 - 09]. https://zh. vietnamplus. vn/% E8% B6% 8A% E5% 8D% 97% E8% 9E% 8D% E5% 85% A5% E5% 9B% BD% E9% 99% 85% E7% A4% BE% E4% BC% 9A% E5% BE% 81% E7% A8% 8B% E4% B8% AD% E7% 9A% 84% E6% B7% B1% E5% 88% BB% E7% 83% 99% E5% 8D% B0/76524. vnp.

2. 达成多项成果

应该公正客观地看到，在越南的努力和撮合之下，APEC各成员经济体取得了诸多共识，并达成了多项成果。其中，最重要的成果无疑是APEC各成员经济体领导人一致通过了《打造全新动力，开创共享未来的岘港宣言》。宣言明确指出，"APEC领导人决心共同采取更强有力的行动，为APEC合作创造全新动力，促进可持续、创新和包容性增长，加强地区经济一体化，发挥企业尤其是超小和中小企业的潜力，加强粮食安全和农业可持续发展"。在宣言中，"APEC领导人再次重申关于建设一个活跃、包容、繁荣，以及面向有能力应对挑战，对人民、劳动者和企业负责的亚太地区的长期承诺。与此同时，承诺本着互相信任、互相尊重、互相包容和互利合作的精神重视亚太地区内部的伙伴关系。各位领导人也鼓励有关各方对APEC合作的进一步参与，进而，合作成果能给亚太地区更多的人民带来利益"。① 在反全球化浪潮席卷全球之际，《岘港宣言》能够获得通过，实属难能可贵。除了《岘港宣言》之外，来自各成员经济体的外交和贸易部长于11月8日至9日召开第29届部长级会议，并通过了《联合声明》。未来之声论坛通过了《2017年青年宣言》，越南发起或多国共同发起《2018～2020年阶段粮食安全和气候变化多年期行动计划》《APEC绿色、可持续和创新中小微企业战略》和《APEC跨境电子商务便利化框架》等倡议。

3. 展现越南的形象，提升其国际地位

对于越南而言，经过多年的努力，特别是1986年实施革新事业之后，国家逐步走上了富裕的道路。与过去相比，今天的越南所取得的经济成果是以前所难以想象的。也正因如此，越南非常迫切地希望能够向世人展现其现代化建设的成果，展现越南新的形象。2017年的APEC会议，正是这一契机。从国际舆论来看，越南通过成功地举办APEC会议，很好地展现了越南的形象，对于提升其国际地位起到了极大的促进使用。例如，俄罗斯卫星通讯社发表《越南处在APEC新经济架构的中心位置》，文章中强调，在岘港召开的APEC领导人会议是在世界经济政策形成的重要节点举行的。英国广播公司（BBC）发表《承办APEC会议，越南得到了什么？》，文章中强调，对越南而言，成功地主办2017年APEC领导人会议至关重要。该活动为越南阐释多边外交政策并加强与多个重要国家的

---

① 岘港宣言：打造全新动力，开创共享未来［EB/OL］.［2017－11－12］. http：//cn. qdnd. vn/cid－7267/7305/nid－544378. html.

关系提供良好机会。① 柬埔寨新闻出版发行量最大的报刊《柬埔寨之光报》1 月 10 日刊登题为 "越南的多边外交成果" 的文章，文章认为，2017 年是越南多边外交成果最为丰硕的一年。② APEC 会议的成功举办对于越南提升其国际地位起到积极作用。从近期来看，对于越南竞选 2020～2021 年任期联合国安理会非常任理事国等职务就起到了极大的推动作用。

# 第四节　国防安全

2017 年越南的军力进一步得到提升。根据全球活力网（globefirepower）公布的排名显示，越南在全球 133 个国家中其军力排名为第 16 位，比 2016 年的第 17 位跃升了 1 位。从中可见，越南的军事力量在国际上得到认可，并极有可能进一步提升和超越其他国家。

## 一、军队建设：完善政策与进行人事调整

### 1. 着手修订和完善《国防法》

越南现行的《国防法》是越南国会于 2005 年 6 月 14 日通过，并于 2006 年 1 月 1 日生效的。对于越南而言，虽然现行的《国防法》取得了很大的成绩，但也显现出了一定的局限性，所以需要着手加以修订。越南国会现已着手对现行《国防法》进行修改，国会代表对于修订《国防法》的必要性并无异议，其焦点在于修改的具体条款。在 2017 年 8 月召开的越南第十四届国会常务委员会第十三次会议上，潘文江中将对《国防法》草案（修正案）进行了说明。"《国防法》草案共有 7 章 45 条，其基本内容包括国防政策；国防活动的基本原则；公民的国防权利与义务；被禁止的行为；国防活动的基本内容；战争状态和紧急状态；

　　① 越通社．2017 年 APEC 会议：国际舆论高度评价东道国越南的贡献和引领作用［EB/OL］．［2017－11－17］．https：//zh. vietnamplus. vn/2017% E5% B9% B4apec－% E4% BC% 9A% E8% AE% AE% E5% 9B% BD% E9% 99% 85% E8% 88% 86% E8% AE% BA% E9% AB% 98% E5% BA% A6% E8% AF% 84% E4% BB% B7% E4% B8% 9C% E9% 81% 93% E5% 9B% BD% E8% B6% 8A% E5% 8D% 97% E7% 9A% 84% E8% B4% A1% E7% 8C% AE% E5% 92% 8C% E5% BC% 95% E9% A2% 86% E4% BD% 9C% E7% 94% A8/73078. vnp.

　　② 越通社．柬埔寨媒体高度评价越南多边外交成果［EB/OL］．［2018－01－10］．https：//zh. vietnamplus. vn/% E6% 9F% AC% E5% 9F% 94% E5% AF% A8% E5% AA% 92% E4% BD% 93% E9% AB% 98% E5% BA% A6% E8% AF% 84% E4% BB% B7% E8% B6% 8A% E5% 8D% 97% E5% A4% 9A% E8% BE% B9% E5% A4% 96% E4% BA% A4% E6% 88% 90% E6% 9E% 9C/75259. vnp.

人民武装力量；保障国家国防安全；防务机构和组织的任务和权限等。"① 此后，在 2018 年 1 月 10 日下午越南第十四届国会常务委员会第 20 次会议期间，国会常务委员会就《国防法》草案（修正案）存在不同意见的内容继续展开讨论。可以预见，在不久之后，经过修订后的《国防法》会呈现在越南人民的面前。

2. 对人事安排做出调整

2017 年，越南共产党和政府对越南人民军的人事做出了较大的调整。国防部直属单位、军兵种、各大军区、4 大集团军和军事院校的主官都有所调整。在核心层，潘文江出任越副防长兼总长、阮仲义任总政副主任晋升上将。从越南军队的人员调整来看，越南军队在向年轻化、实战化和专业化方面转变。年轻化表现为出现了大量 1965 年之后出生的年轻将领，这些青壮年将领的出现使越南军队领导人的新老更替进一步加速。实战化表现为曾经参加过实战的领导人更容易得到晋升，例如，潘文江在 1978 年入伍后在越南太原省军事指挥部（省军区）服役，1979 年参加了中越的边境战争。阮仲义也参加了中越边境战争，陈越科参加过侵柬战争。在专业化方面表现为有专业技能，受到更好、更专业知识教育的将领，进一步得到重用。

## 二、国防政策：加强越共对军队的领导

长期以来，越南人民军坚持党对军队绝对领导的原则。此原则现在得到了坚持，并有进一步加强的趋势，其主要表现在以下三方面：

1. 授予将军级军衔须经政治局同意

根据越南现行的军衔体制，将军级军衔分为少将、中将、上将、大将。越南现行的《越南人民军队法》规定，授予少将、中将、上将、大将衔时由越南国家主席签发决定。2018 年 1 月 2 日，越共中央政治局发布 "105 - QD/TW" 号决定，规定以后在越南人民军、公安力量中，晋升少将、中将、上将、大将衔，在公布决定前必须得到越共中央政治局的同意。这意味着，越南国家主席的主席令在签发前，必须得到越共中央政治局的同意才行。这也进一步加强了越共对军队的进一步领导。

2. 继续军队经商原则

近年在越南国内叫停军队经商的呼声日盛，但从现在的情况来看，改变此状况还有待时日。在 2017 年 7 月，越南国防部长吴春历和国防副部长阮志咏接连

---

① 人民军队. 越南国会常务委员会对《国防法》草案（修正案）提出意见 [EB/OL]. [2018 - 02 - 28]. http://cn.qdnd.vn/cid - 6123/7182/越南国会常务委员会对 - 国防法 - 草案 - 修正案 - 提出意见 - 541632.

表达了军队继续经商的必要性。吴春历大将强调，"经济与国防、国防与经济相结合是党、国家、中央军委及国防部的一贯主张。军队参加经济生产与建设的目的为：巩固国家国防潜力，加强国家潜力，巩固国家独立自主地位、国防工业及武器装备；融入国际社会，通过合作提高国家地位。在经济发展事业中，军队企业已不断革新与融入，占领国内市场和走上国际市场，成为可靠的国际经济伙伴。"吴春历大将肯定"参加生产劳动，发展经济已经、正在和继续成为军队的一个职能和任务。"① 阮志咏在接受越通社记者采访时强调，"越南人民军三大任务包括战斗、工作和参加生产经营活动。军队参加的经济活动即为国防经济，其服务于国防任务和经济社会发展任务。"②

3. 加强对人民军的政治领导

越南共产党对越南人民军进行领导的重要方式，就是通过越南人民军总政治局对之进行政治领导。在 2017 年，越南共产党通过各种方式继续加强对人民军的政治领导。2017 年 12 月 26 日，越共中央总书记阮富仲在召开评估领导、指导落实 2017 年军事国防任务的结果和部署 2018 年军事国防工作任务的全军军政会议上发表指导性的讲话时表示，"回顾工作任务落实一年来的历程，你们已配套且强烈地领导、指导开展并全面完成既定目标和任务，其中多项任务获得出色的结果。我深信，中央军委、国防部和全军一定能胜利完成 2018 年被交付的一切任务；继续维护和弘扬胡伯伯部队的优良品德，不辜负党、国家和人民的信任和爱戴。"③ 从中可看出，越南共产党在 2017 年继续坚持着对越南人民军的坚强领导，且有进一步加强的趋势。

## 三、武器装备：采购先进武器推动军事现代化

随着越南经济实力的提升，可以用更多的金钱用于对外购买先进武器。从表10－3 可以看出，越南的国防开支近年来维持着较高的增长速度。

近年来，随着美日等国加大对越南的拉拢，越南在采购先进武器方面获得了更多的优势和主动权。2016 年底，越南购买了 250 枚以色列 SPYDER 导弹，并完成了该系统的实弹打靶训练及接收工作。2017 年，可以堪称越南武器采购丰收的一年。越南陆军从俄罗斯订购了 64 辆，总价 2.5 亿美元的 T－90S/SK 主战

① 越通社. 参加生产劳动 发展经济一直是军队的职能和任务［EB/OL］.［2018－02－28］. https：//zh. vietnamplus. vn/参加生产劳动－发展经济一直是军队的职能和任务/67614. vnp.

② 越通社. 阮志咏上将：越南人民军一边执行国防任务，一边努力为国家经济社会发展做出贡献［EB/OL］.［2018－02－28］. https：//zh. vietnamplus. vn/阮志咏上将越南人民军一边执行国防任务一边努力为国家经济社会发展做出贡献/67490. vnp.

③ 人民军队. 2017 年越南全面完成军事国防任务［EB/OL］.［2018－02－28］. http：//cn. qdnd. vn/cid－6126/6127/nid－547024. html.

表 10 - 3    2010～2016 年越南军费开支及军购情况

| 年份 | 2010 | 2011 | 2012 | 2013 | 2014 | 2015 | 2016 |
|---|---|---|---|---|---|---|---|
| 按现行价格计算军费开支（百万美元） | 2672 | 2687 | 3361 | 3727 | 4256 | 4563 | 5017 |
| 军费开支在政府支出中占比（％） | 7.4 | 7.3 | 7.1 | 8.1 | 8.0 | 8.2 | 7.4 |
| 军购在全球排名 | 36 | 10 | 13 | 18 | 5 | 9 | 8 |
| 年度购置最多的武器类型 | 战机 | 战机 | 战机 | 军舰 | 军舰 | 军舰 | 军舰 |

资料来源：Stockholm International Peace Research Institute（https：//www. sipri. org/）。

坦克。2017 年，"越南海上力量就收到了至少 6 艘战舰，其中有 3 艘千吨级战舰和 2 艘百吨级导弹艇是在最近这 3 个月内收到的，这 5 艘舰艇分别是 2 艘俄罗斯生产的猎豹级护卫舰、1 艘美国赠送的汉密尔顿级巡逻舰和 2 艘越南自产的闪电级导弹艇。"①

特别值得注意的是，随着美国解除对越南的武器禁运，美国加大了与越南的军事合作，甚至出现了美国主动赠送武器给越南的场景。2017 年 5 月 26 日，美国海岸警卫队在夏威夷向越南赠送了一艘汉密尔顿级远洋巡逻舰。2018 年 1 月 25 日，越南国家主席陈大光在主席府会见应国防部长吴春历大将邀请对越南进行正式访问的美国国防部长马蒂斯时建议美国 "于 2019 年继续向越南移交汉密尔顿级巡逻舰"。② 从现有的发展趋势来看，越南在 2018 年依然保持大规模武器采购的势头。2018 年伊始，在 1 月 24 日越南海军从俄罗斯购买的第四艘 "猎豹 3.9" 护卫舰就到达金兰湾。随着该舰的到位，越南海军从俄罗斯购买的护卫舰全部到位，进一步提升了越南海军的实力。

# 第五节　社会文化

## 一、教育事业

1. 基础教育

长期以来，由于受历史原因的影响，越南普遍的受教育水平并不是非常高。

---

① 新浪军事. 越南海军 3 个月接收 5 艘新战舰　火力不输中国 056 舰 ［EB/OL］. ［2018 - 02 - 28］. http：//mil. news. sina. com. cn/jssd/2017 - 12 - 19/doc - ifyptkyk5276827. shtml.

② 越通社. 越南国家主席陈大光会见美国国防部长马蒂斯 ［EB/OL］. ［2018 - 02 - 28］. https：// zh. vietnamplus. vn/越南国家主席陈大光会见美国国防部长马蒂斯/75980. vnp.

但是自 1986 年实行革新事业以来，越南普通民众的受教育水平得到了迅速的提升。虽然受过良好高等教育的比例还比较低，但在基础教育方面已经得到了根本的改观。现在在越南，除了极个别由于年龄或者身体的原因无法识字之外，普通国民都已能够识字。从越南现在公布的有关数据来看，越南在不断夯实基础教育的根基，2017 年依然在持续发展。2017 年 1 月 23 日，越南教育培训部同联合国儿童基金会驻越南办事处联合举行《2016 年失学儿童报告：越南的研究》（以下简称《报告》）的公布研讨会。《报告》指出，"失学儿童明显下降，其中学龄前儿童锐减。报告还指出农村地区失学儿童比例高于城市。在小学年龄段，农村地区失学儿童比例高于城市的 0.5 倍，初中年龄段该比例为 0.7 倍。"据《报告》，"贫穷和饥饿继续为阻止儿童上学的主要障碍。此外，童工、随父母移民、气候变化、自然灾害等也是让儿童不能上学的原因。"从这份报告来看，越南的基础教育取得了很大的成绩，达到了预期目标。①

2. 高等教育

在高等教育方面，从现有的发展情况来看，越南的高等教育在数量方面取得了长足进展，但是在质量方面依然有很大的提升空间。越南作为一个人口不足 1 亿的发展中国家，其大学的数量竟然有 1000 多所，但其规模都比较小。越南的大学，现在多数维持在 1000 名学生左右。越南高等教育的质量，更是需要大力提升。经过多年的努力，越南高等教育的水平也有了一定的提升，在 2017 年继续维持此趋势。据越南教育与培训部报告显示，"2017 年标志着越南大学教育评估活动在融入国际与地区进程中的进展。这一年全国共有 4 所大学（河内百科大学、岘港大学直属百科大学、胡志明市国家大学直属百科大学和建设大学）达到 HCERES 标准，以及越南河内国家大学下属自然科学大学与胡志明市国家大学直属百科大学达到 AUN – QA 标准。"②

3. 国际合作

为了发展越南的教育事业，越南进行了多种形式的国际合作，特别是加强与美日欧等先进国家的教育合作。与美国的教育合作最重要的成果是在 2015 年确

①　越通社. 越南失学儿童比例明显下降 ［EB/OL］. ［2018 – 01 – 23］. https：//zh. vietnamplus. vn/% E8% B6% 8A% E5% 8D% 97% E5% A4% B1% E5% AD% A6% E5% 84% BF% E7% AB% A5% E6% AF% 94% E4% BE% 8B% E6% 98% 8E% E6% 98% BE% E4% B8% 8B% E9% 99% 8D/75841. vnp.

②　越通社. 胡志明市国家大学直属百科大学获得东盟大学联盟高等教育级质量保障证书 ［EB/OL］. ［2018 – 01 – 23］. https：//zh. vietnamplus. vn/% E8% 83% A1% E5% BF% 97% E6% 98% 8E% E5% B8% 82% E5% 9B% BD% E5% AE% B6% E5% A4% A7% E5% AD% A6% E7% 9B% B4% E5% B1% 9E% E7% 99% BE% E7% A7% 91% E5% A4% A7% E5% AD% A6% E8% 8E% B7% E5% BE% 97% E4% B8% 9C% E7% 9B% 9F% E5% A4% A7% E5% AD% A6% E8% 81% 94% E7% 9B% 9F% E9% AB% 98% E7% AD% 89% E6% 95% 99% E8% 82% B2% E7% BA% A7% E8% B4% A8% E9% 87% 8F% E4% BF% 9D% E9% 9A% 9C% E8% AF% 81% E4% B9% A6/75827. vnp.

定共同建设越南富布赖特（Fulbright）大学，该项目已经取得明显的进展。据美国 SHOP 公司介绍的关于在胡志明市高科技工业园区建设越南富布赖特（Fulbright）大学的总体规划与建设方案，"越南富布赖特大学建筑较为现代化，校内设施齐全，占地面积 21.5 万平方米，项目实施期限为 20 年，分成三期建设，能够满足 5000 名大学生的学习和住宿需求"①。与日本的教育合作成果，最重要的是共同建设越日大学。越日大学于 2014 年 7 月 21 日建设，目的是与地区和世界先进大学靠拢接轨，以及成为世界教育进步和越日两国教育优势的聚集地。虽然刚成立几年，但越日大学已取得了明显的进步。与此同时，越南欧洲管理大学也即将成立，意味着越南与美国、日本和欧洲都有了联合大学。

## 二、医疗卫生

### 1. 年龄结构

在过去相当长的时间里，越南在人口结构方面是有明显的竞争优势的。但现在已经有越来越多的越南人开始担心，越南人口的年龄结构会使越南在成为发达国家之前就出现人口老龄化的问题。越南卫生部副部长范黎俊 2017 年 7 月 17 日在河内举行的适应人口老龄化国际研讨会上表示，"越南于 2011 年正式进入人口老龄化阶段，目前越南老年人口约 1010 万，占总人口的 11%，80 岁以上的老年人口为 200 万人。预计到 2030 年越南老年人口将占总人口的 17%，2050 年该数字为 25%"。②

### 2. 制度建设

为了发展越南的医疗卫生事业，越南共产党和越南政府都制定了相应的规章制度。在 2017 年，越共中央总书记阮富仲批准越南共产党第十二届中央委员会第六次全体会议关于在新时期下保护、照顾和提升民众健康水平的决议（第 20 号决议）。"该决议的主要目标是增强越南人体制，提高心理健康、身材、寿命及生活质量；建立公平、优质、有效且达到国际标准的卫生系统；促进医学科学发展；确保所有人都能享受到健康保健服务；推进医务人员队伍建设；从供应链

---

① 越通社. 美国 SHOP 公司：越南富布赖特大学能够满足 5000 名大学生的学习和住宿需求 [EB/OL].［2017 - 12 - 15］. https：//zh. vietnamplus. vn/% E7% BE% 8E% E5% 9B% BDshop% E5% 85% AC% E5% 8F% B8% E8% B6% 8A% E5% 8D% 97% E5% AF% 8C% E5% B8% 83% E8% B5% 96% E7% 89% B9% E5% A4% A7% E5% AD% A6% E8% 83% BD% E5% A4% 9F% E6% BB% A1% E8% B6% B35000% E5% 90% 8D% E5% A4% A7% E5% AD% A6% E7% 94% 9F% E7% 9A% 84% E5% AD% A6% E4% B9% A0% E5% 92% 8C% E4% BD% 8F% E5% AE% BF% E9% 9C% 80% E6% B1% 82/74248. vnp.

② 越通社. 到 2030 年越南老年人口将占总人口的 17% [EB/OL].［2017 - 07 - 18］. https：//zh. vietnamplus. vn/% E5% 88% B02030% E5% B9% B4% E8% B6% 8A% E5% 8D% 97% E8% 80% 81% E5% B9% B4% E4% BA% BA% E5% 8F% A3% E5% B0% 86% E5% 8D% A0% E6% 80% BB% E4% BA% BA% E5% 8F% A3% E7% 9A% 8417/67760. vnp

角度提高医药行业整体竞争力等。"① 同时，越南政府总理阮春福也批准 2016～2020 年阶段地方医疗卫生系统发展投资目标计划。"根据该计划，力争 2020 年，实现每万人 26.5 张病床的指标；继续集中投资，完成旨在发展地方卫生系统的各个项目。计划实施经费近 20 万亿越盾，共有 3 个项目，其中包括投资现代医疗设施，投资新建符合规划的医疗设施；投资改造、扩建一些省县级综合医院等。此外，该计划也协助投资沿海和岛上医疗卫生设施，实施 2020 年越南海洋岛屿卫生系统发展提案。"②

3. 医疗水平

2017 年越南的医疗事业进一步发展，特别是在基层医疗方面发展非常迅速。例如，在广宁省，"截至 2016 年，广宁省各乡、坊、市镇的全部医疗站均达到 2011～2020 年阶段乡级卫生国家标准，有助于逐步提高人民保健工作质量……2011～2016 年阶段，广宁省向乡级医疗站提供 67 个项目的 1.0233 万个设备，投资总额超过 290 亿越盾。此外，全球基金会卫生系统资助项目向广宁省医疗站提供 2432 个医疗设备、工具和袋子。为了提高乡级医疗站的看治病质量，广宁省卫生部门还在省内贫困乡份开展'流动医院'下乡服务活动。2017 年，广宁省在 9 个贫困县中的 41 个乡份举行上述活动。2017 年前 9 个月，该省为 1.7 万人次提供医疗服务。"③ 2017 年 6 月，卫生部部长阮氏金进在第十四届国会第三次会议上表示，提升基层医疗水平是越南卫生部门在这一任期内的头等优先任务之一。目前，越南基层医疗领域已取得一些成就并受到国际认可，如基层医疗网络覆盖到乡村；达到降低孕产妇、婴儿死亡率和提高寿命、营养等千年发展目标；基本做好医疗卫生和预防保健工作等。

4. 医保覆盖

随着越南经济的发展，越南在医保覆盖方面逐步向"全覆盖"方面推进。

① 越通社. 越共第十二届六中全会关于保护和提升民众健康水平的决议［EB/OL］.［2017－10－31］. https：//zh. vietnamplus. vn/%E8%B6%8A%E5%85%B1%E7%AC%AC%E5%8D%81%E4%BA%8C%E5%B1%8A%E5%85%AD%E4%B8%AD%E5%85%A8%E4%BC%9A%E5%85%B3%E4%BA%8E%E4%BF%9D%E6%8A%A4%E5%92%8C%E6%8F%90%E5%8D%87%E6%B0%91%E4%BC%97%E5%81%A5%E5%BA%B7%E6%B0%B4%E5%B9%B3%E7%9A%84%E5%86%B3%E8%AE%AE/72133. vnp.

② 越通社. 地方医疗卫生系统发展投资目标计划获批［EB/OL］.［2017－08－29］. https：//zh. vietnamplus. vn/%E5%9C%B0%E6%96%B9%E5%8C%BB%E7%96%97%E5%8D%AB%E7%94%9F%E7%B3%BB%E7%BB%9F%E5%8F%91%E5%B1%95%E6%8A%95%E8%B5%84%E7%9B%AE%E6%A0%87%E8%AE%A1%E5%88%92%E8%8E%B7%E6%89%B9/69618. vnp.

③ 越通社. 越南广宁省建设达到国家标准的医疗站［EB/OL］.［2017－10－26］. https：//zh. vietnamplus. vn/%E8%B6%8A%E5%8D%97%E5%B9%BF%E5%AE%81%E7%9C%81%E5%BB%BA%E8%AE%BE%E8%BE%BE%E5%88%B0%E5%9B%BD%E5%AE%B6%E6%A0%87%E5%87%86%E7%9A%84%E5%8C%BB%E7%96%97%E7%AB%99/71871. vnp.

从整个越南来看，"在各级行业，特别是卫生部和社会保险的努力奋斗下，医保政策落实情况已取得重要结果。越南实现医保参保率由 1993 年的 5.6％增至 2011 年的 63.7％，迄今已达到 82％以上……力争实现 2020 年前全国医疗保险参保率达 90％的目标"①。在地方层面，"为了稳步提升医保参保率，北江省决定 2018 年为中等收入农户提供 20％的补助；加大对企业参保缴费的执法监督和稽核力度；做好医保政策宣传，让人民能了解参加医疗保险的重要性等。截至 2017 年 9 月，该省参加医疗保险的人数达 150 万人，占全省人口的 92％。由该省教育与培训厅管理参加医疗社会的学生、大学生人数分别达 28 万名（98.9％）、5.5 千名（71.6％）。农林业中等收入户参加医疗保险的人数达 15.7 万人（96％）。"② 在岘港市，"岘港市社会保险机构透露，截至 2017 年 6 月，该市医疗保险覆盖率达 96.5％，基本上已完成全民医保目标，并继续扩大参保对象范围，力争至 2020 年实现该市医疗保险全覆盖。"③

## 三、体育佳绩

### 1. 着手修改《体育法》

越南现行的《体育法》已经实行多年，在取得诸多成绩的同时，也出现了越来越多的局限性。正因如此，越南政府和国会在 2017 年开始着手修改《体育法》。2017 年 11 月，在越南国会主席阮氏金银主持下召开第十四届国会第四次会议。在国会副主席丛氏放的引导下，国会就《体育法》修正案进行讨论。2018 年 2 月，越南国会常务委员会第 21 次会议就《体育法（修订草案）》展开讨论，其中包括体育与性别平等、高成绩体育发展、学校体育、体育资源、体育用地、体育领域中的社会化和优惠政策、退役后的运动员再就业问题、残疾运动员等问题。由于《体育法》涉及群众的切身利益，所以越南国会对其修订非常慎重。

---

①　越通社．阮春福总理：实现医保有效且可持续发展［EB/OL］．［2017 - 07 - 01］．https：// zh. vietnamplus. vn/％E9％98％AE％E6％98％A5％E7％A6％8F％E6％80％BB％E7％90％86％E5％AE％9E％E7％8E％B0％E5％8C％BB％E4％BF％9D％E6％9C％89％E6％95％88％E4％B8％94％E5％8F％AF％E6％8C％81％E7％BB％AD％E5％8F％91％E5％B1％95/67126. vnp.

②　越通社．越南北江省：力争北江省医疗保险覆盖率达到 97％［EB/OL］．［2017 - 10 - 18］．ht-tps：//zh. vietnamplus. vn/％E8％B6％8A％E5％8D％97％E5％8C％97％E6％B1％9F％E7％9C％81％E5％8A％9B％E4％BA％89％E5％8C％97％E6％B1％9F％E7％9C％81％E5％8C％BB％E7％96％97％E4％BF％9D％E9％99％A9％E8％A6％86％E7％9B％96％E7％8E％87％E8％BE％BE％E5％88％B097/71624. vnp.

③　越通社．岘港市力争 2020 年实现医疗保险全覆盖［EB/OL］．［2017 - 07 - 16］．https：// zh. vietnamplus. vn/％E5％B2％98％E6％B8％AF％E5％B8％82％E5％8A％9B％E4％BA％892020％E5％B9％B4％E5％AE％9E％E7％8E％B0％E5％8C％BB％E7％96％97％E4％BF％9D％E9％99％A9％E5％85％A8％E8％A6％86％E7％9B％96/67382. vnp.

2. 在国际体坛取得优异成绩

2017 年，越南体育在诸多国际赛事中取得可喜成绩。"越南运动员共获得金牌 425 枚、银牌 301 枚、铜牌 319 枚。"① 2017 年 8 月，第 29 届东南亚运动会在马来西亚首都吉隆坡举行。在此次运动会上，越南体育代表团获 58 金、50 银和 60 铜，在奖牌榜上排在第三位。仅次于东道国马来西亚队（145 金、92 银、86 铜）和泰国队（72 金、86 银、88 铜）。在不久之后举行的为期一周的第九届东南亚残疾人运动会上，越南代表团共夺得 40 金、61 银和 60 铜，在奖牌榜上位居第四。与此同时，越南其他运动健将同样在国际赛场当中取得非常优异的成绩。例如，越南残疾运动员黎文功在 2017 年世界残疾人举重锦标赛获得的金牌等。

3. U23 取得佳绩

亚足联 U23 锦标赛亦称 U23 亚洲杯，是由亚洲足球联合会举行的 23 岁以下男子足球锦标赛赛事，每两年举办一届，2018 年初在中国举办的 U23 赛事，虽然越南队在决赛时最终惜败于乌兹别克斯坦队，但其成绩已经令许多国家赞叹。2018 年 U23 亚洲杯结束后，亚洲 FOX 体育台著名体育评论员 Scott Mc Intype 评选出本届 U23 亚洲杯的"最佳阵容"。凭借越南足球队在本届 U23 亚洲杯上一次次创造奇迹的成绩，越南 U23 足球队守门员裴进勇和前锋阮光海入围。② 此后，越南足球队获得了诸多荣誉，以至于需要阮春福总理等待 5 小时给他们授勋。经过批准，阮春福总理"向越南 U23 球队集体授予一等劳动勋章，向守门员裴进勇和前锋阮光海授予三等劳动勋章，对他们在 2018 年中国 U23 亚洲杯中取得优异成绩给予表扬；向越南 U23 球队韩国籍主教练朴恒绪授予三等劳动勋章，对他在越南 U23 球队训练和指导球队进行比赛中获得优异成绩给予表扬。"③

① 越通社.2018 年越南体育将努力为第 18 届亚运会做好准备［EB/OL］.［2017 - 12 - 26］. https://zh. vietnamplus. vn/2018 E5% B9% B4% E8% B6% 8A% E5% 8D% 97% E4% BD% 93% E8% 82% B2% E5% B0% 86% E5% 8A% AA% E5% 8A% 9B% E4% B8% BA% E7% AC% AC18% E5% B1% 8A% E4% BA% 9A% E8% BF% 90% E4% BC% 9A% E5% 81% 9A% E5% A5% BD% E5% 87% 86% E5% A4% 87/74655. vnp.

② 越通社. 越南 U23 足球队两名代表入选 U23 亚洲杯的"最佳阵容"［EB/OL］.［2018 - 01 - 30］. https://zh. vietnamplus. vn/% E8% B6% 8A% E5% 8D% 97u23% E8% B6% B3% E7% 90% 83% E9% 98% 9F% E4% B8% A4% E5% 90% 8D% E4% BB% A3% E8% A1% A8% E5% 85% A5% E9% 80% 89u23% E4% BA% 9A% E6% B4% B2% E6% 9D% AF% E7% 9A% 84% E6% 9C% 80% E4% BD% B3% E9% 98% B5% E5% AE% B9/76140. vnp.

③ 越通社. 政府总理阮春福会见越南 U23 球队 授予球队一等劳动勋章［EB/OL］.［2018 - 01 - 29］. https://zh. vietnamplus. vn/% E6% 94% BF% E5% BA% 9C% E6% 80% BB% E7% 90% 86% E9% 98% AE% E6% 98% A5% E7% A6% 8F% E4% BC% 9A% E8% A7% 81% E8% B6% 8A% E5% 8D% 97u23% E7% 90% 83% E9% 98% 9F - % E6% 8E% 88% E4% BA% 88% E7% 90% 83% E9% 98% 9F% E4% B8% 80% E7% AD% 89% E5% 8A% B3% E5% 8A% A8% E5% 8B% 8B% E7% AB% A0/76083. vnp.

### 四、推进文化传播

#### 1. 推动越南文化走向世界

越南文化有其独特之处，越南政府和人民对于其自身的文化也有强烈的自豪感。所以，越南也利用各种机会推广其文化。例如，2017 年亚太经合组织（APEC）领导人会议周期间，就大力地推广越南的陶瓷。同时，还专门举办了"2017 年越南亚太经合组织会议"电影周（2017 年 APEC 电影周）。此外，越南政府也在积极谋求越南文化获得国际社会的认可。在 2017 年，越南联合国教科文组织国家委员会组织开展了多项重大事件，包括纪念委员会成立 40 周年；主动倡议举行一系列的国际活动，纪念联合国教科文组织通过有关向胡志明主席授予"越南民族解放英雄和杰出文化名人"称号的决议 30 周年。通过深广参与联合国教科文组织论坛，"越南成功推动联合国教科文组织将'富寿春歌'和'中部发牌唱曲'列入人类非物质文化遗产代表作名录，使越南人类非物质文化遗产数量升至 12 个，肯定了越南丰富的特色文化。特别是'春歌'是首个从需要紧急保护的世界非物质文化遗产名单转入人类非物质文化遗产代表作名录的遗产，真正成为了越南民族的骄傲，体现了越南为成功保护并传承濒临失传的遗产所做出的努力。"①

#### 2. 范生珠竞选 UNESCO 总干事

在推进文化传播的过程中，越南的另一举措是积极地推动越南政府官员和学者担任国际组织的要职。在 2016 年，越南代表、越南艺术文化研究院副院长阮氏贤副教授、博士战胜亚太地区其他两位候选人成为当选联合国教科文组织非物质文化遗产咨询委员会成员的第一个越南人。在 2017 年，越南积极运作推动范生珠竞选联合国教科文组织（UNESCO）总干事一职。范生珠拥有非常丰富的履历，曾任越南驻比利时和卢森堡大使兼任驻欧盟使团团长、越南联合国教科文组织国家委员会秘书长、越南外交部部长 助理、越南政府总理的联合国教科文组织事务特使、越南常驻教科文组织代表团团长等职。虽然范生珠的竞选以失败告终，但也展现出了越南积极推动本国官员谋求国际组织要职的意愿和志向。

---

① 越通社. 越南联合国教科文组织国家委员会努力提高越南在国际舞台上的形象［EB/OL］.［2018 – 02 – 01］. https：//zh. vietnamplus. vn/越南联合国教科文组织国家委员会努力提高越南在国际舞台上的形象/76227. vnp.

# 第六节　发展展望

2018 年，越南决心继续保持政治社会稳定，进一步改善政治制度，健全法律政策，加快建设法治国家步伐，提升国家管制和宏观经济管理能力，加强反贪反腐工作力度，使其更加透明、健康、安全和有效。经济上将继续稳定宏观经济，抑制通货膨胀，在经济结构调整与经济增长模式转型的进程中朝着提质、增效、提高生产率和竞争力方向实现突破性、实质性转变。外交上将继续落实以融入国际经济一体化为核心的全面融合主张；同各缔约国一道努力推进《越欧自贸协定》《跨太平洋伙伴关系全面进展协定》（CPTPP）、《区域全面经济伙伴关系协定》（RCEP）等早日签署。2018 年，越南社会民生政策将集中提高人力资源素质，为劳动者创造更多的就业机会，完善劳动领域的法律机制，保障人民的社会保障权。